小売業の
国際電子商品調達

ウォルマート、アジェントリクス、
シジシーの事例を中心に

川端庸子 *Kawabata Yasuko*

International e-Procurement in the Retail Industry

阪南大学叢書 93

同文舘出版

はしがき

現代のグローバル経済化に伴い，小売業においても国際化が進展してきている。また，1990年代後半のインターネットを始めとする情報化の進展は，小売業の国際化と調達行動に大きな影響を与えた。

例えば，世界小売企業売上高第1位であるウォルマートは，1999年に自社のシステムであるリテールリンクを使用して電子調達を始めた。折りしも，小売企業による海外出店活動が急速に進んでおり，ウォルマートに対する脅威を背景として，2000年に第2位以下の小売企業が主体となって電子調達機関を相次いで設立し，本格的に国際的な電子調達に取り組むようになったのである。

本書の目的は，小売業の国際化に伴う行動側面を明らかにし，従来の研究ではほとんど論じられることがなかった，小売業における国際電子調達に焦点を当てて検討を行うことである。小売業国際化の行動側面は海外出店，国際知識移転，国際商品調達の3要素で構成される。そこで，本書の構成は次のようになっている。

本書は2つのパートから構成されており，第Ⅰ部は小売業国際化研究の検討，第Ⅱ部は国際電子商品調達の実証研究になっている。第Ⅰ部は第1章～第4章であり，小売業国際化研究の課題と主要な問題点に関して検討している。この検討をもとに，第Ⅱ部の第5第以降では，国際電子商品調達に焦点を当てて，ウォルマートのリテールリンク，競合企業のアジェントリクス，シジシーの国際商品調達について検討している。

本書の特徴は，これまであまり明らかにされてこなかった小売業における国際電子商品調達について明らかにしようとしている点にあるが，特に，以下の2点を大きな特徴として指摘できる。

第1に小売業国際化研究において国際商品調達を中心に据えたことである。従来，小売業国際化研究においては海外出店が最大の研究課題であったし，現在でもそうである。本書も海外出店について第2章で詳細に言及するなど配慮しつつ，海外出店に比べ強調されることが少なかった国際商品調達を小売業国際化研究のメインテーマとして選択している。シジシーについてはCiNii（国立情報学研究所論文情報ナビゲータ）で検索しても，本書以外は雑誌記事が数本あるだけである。

第2に，これまでほとんど研究されることがなかった小売業の国際電子商品調達について，国内外の文献やインタビューなどを通して詳細に明らかにしたことである。リテールリンクについては外部からの調査を認めていないので二次資料に頼るしかないが，最大限の努力をして全体像の把握に努めている。GNX（ジーエヌエックス＝Global Net Xchangeの略称であり，以下では簡略化のためGNXと表記する）とWWRE（ダブルダブルアールイー＝World Wide Retail Exchangeの略称であり，以下ではWWREと表記する）ならびにアジェントリクスに関する筆者の研究は，アジェントリクス社内にも資料が残っていない貴重なものである。

本書は，小売業の国際化や電子商品調達に関心をよせる研究者の方や学生，電子商品調達をしようと考えておられる実務家の方々にも，何らかの価値有るものとしてお役に立つことができれば，筆者のこれ以上ない幸せであると考えている。

また，本書は，筆者にとって初めての単著であり，博士学位請求論文に加筆修正したものである。本書を上梓するにあたり，多くの方々の指導とご教示を賜った。この場を借りて改めて御礼申し上げたい。

特に，学部時代からの恩師である明治大学経営学部教授の大石芳裕先生には，深く感謝を申し上げたい。筆者が研究者の道を志す決意を固めた契機は，大石ゼミに入室し，大石先生のご研究と教育活動の一端に触れる機会に恵まれたことに他ならない。研究の基礎的素養が全く備わっていなかった筆者を大石先生は，厳しくも温かく御指導してくださった。物事の本質をとらえることの大切さ，研究の方法，研究者そして教育者としての心構えなど，様々なことをご教示いただいた。大石先生の御指導なくしては，本書の完成も，筆者の研究者としての道もなかった。大石先生には深く感謝するとともに，先生の大恩に応えるため改めて研究・教育活動に精進することを決意する次第である。

そして，本書の基礎となった博士論文の審査をしてくださった中央大学商学部の木立真直先生，明治大学商学部教授の村田潔先生，明治大学経営学部教授の佐野正博先生にも心から御礼申し上げたい。木立先生は，小売業の国際化戦略の専門家であり，木立先生から御指導をいただけたことは，大変光栄なことである。村田先生は，企業情報倫理の研究者であり，研究上の問題点や課題を詳細かつ鋭く御指摘いただき，村田先生からの御指導は大変勉強になった。佐野先生は，企業の技術戦略の研究者であり，修士論文に続いて御指導いただき，今後の研究課題について多くの御指摘をいただいた。

また，筆者が所属する学会・研究会の中では，横浜国立大学名誉教授の竹田志郎先生，大阪商業大学総合経営学部教授の安室憲一先生，近畿大学経営学部教授の田端昌平先生，関西学院大学商学部教授の藤澤武史先生，広島市立大学国際学部教授の大東和武司先生，西南学院大学商学部教授の渦原実男先生，成美大学経営情報学部准教授の宮内拓智先生，東京経済大学経営学部教授の丸谷雄一郎先生，長崎県立大学経済学部教授の山口夕妃子先生，ハリウッド大学院大学教授の今井利絵先生，兵庫県立大学経営学部准教授の原田将先生を始め多くの先生方に筆者の学会報告ではお世話になり，有益なコメントをいただいている。ならびに，慶応義塾大学准教授の井口知栄先生，近畿大学経営学部准教授の四宮由紀子先生，兵庫県立大学経営学部准教授の西井進剛先生，四国大学経営情報学部助教の笠原民子先生には，日頃より研究上の刺激を頂戴している。こうした諸先生方からのコメントやアドバイスは，筆者の研究の進展に大きく寄与している。御礼申し上げる次第である。

そして，筆者が在籍している阪南大学経営情報学部の先生方にもこれ以上ない教育研究環境を与えていただいている。筆者が曲がりなりにも研究を続けられ本書を上梓できたのも，山内孝幸学部長，安井恒則先生，加藤正治先生，渡哲郎先生，御園謙吉先生，伊田昌弘先生，花川典子先生，水野学先生，吉城唯史先生，中條良美先生，関智宏先生，奥康平先生をはじめ経営情報学部の先生方のご厚情の賜物である。同じく流通学部の馬場雅昭先生，仲上哲先生，井上博先生，平山弘先生にも日頃より何かとお世話になっている。これまで筆者は，大変多くの先生方にお世話になっている。紙面上の制約があり，全ての先生方のお名前を記載することができないが，お世話になった全ての先生方にあらためて御礼申し上げたい。

加えて，インタビュー調査では，多くの企業にご協力をいただいた。特に，本書で事例研究として取り上げている株式会社アジェントリクス・エーピーの飯塚博文氏，岡本和之氏，廣瀬友子氏，株式会社イオンの縣厚伸氏，株式会社イオンアイビスの石塚盛一氏，澤田彰浩氏，株式会社シジシーの芹澤政満氏，菅原泰氏，水村真太郎氏には，小売業の電子調達についていろいろ教えていただいた。ご多忙にも関わらず，筆者の研究に理解を示し，ご協力をいただいたことに感謝の意を表したい。

本書のベースとなった原稿の執筆にあたっては，いくつかの研究助成を頂戴している。まず，2010 年～ 2011 年度の 2 年間においては阪南大学産業経済研究所から研究助成を得た。また，2012 年～ 2014 年度の 3 年間において文部科学省科学研究費補助金 (若手研究 (B)，研究課題番号 24730376) から助成を得ている。さらに，本書の刊行にあたっては，阪南大学産業経済研究所から出版助成を得た。

阪南大学は諸先輩方のご尽力により，教育研究に対して非常にすばらしい研究助成制度が整備されている。今回，筆者が本書を上梓する機会を与えていただいたのも「阪南大学叢書」刊行助成制度があればこそである。叢書刊行にあたっては，阪南大学産業経済研究所所長の和田渡先生，研究助成支援担当部長の秋吉孝子氏，研究助成課課長の高田雅之氏および同研究所職員の方々にも大変お世話になった。そして，日頃よりお世話になっている阪南大学の関係者の方々にも，心より御礼申し上げる。

また，本書の刊行にあたり，同文舘出版取締役編集局長の市川良之氏には格別なご配慮をいただいた。出産前後での執筆活動のなか，市川氏の適切な励ましがなければ，本書の刊行はもっと遅くなってしまっただろう。深く感謝申し上げたい。

最後に，研究者の道を志すことを支えてくれた両親と研究者の仕事に深い理解を示してくれる夫，そして元気に生まれ笑顔をみせてくれる6ヵ月の娘に心から感謝したい。

2012年6月22日

川端　庸子

目　　次

小売業の国際電子商品調達

—ウォルマート，アジェントリクス，シジシーの事例を中心に—

序章
本書の問題意識と構成[1]

第1節　本書の問題意識と課題

小売業は流通の末端にあり，消費者に最も近いところに位置する産業であるため，消費者の嗜好が強く反映され，地域性の強い分散した市場をもつ。そのため，一般的に小売業は国際化しにくい産業だといわれてきた。例えば，Porter（1989）は，小売業を国際化しにくいマルチドメスティック産業の典型としてあげている。マルチドメスティック産業とは，各国における競争がそれ以外の国の競争と無関係に行われており，競争は国ごとに行われる。そのため，この業界では多国籍企業が本国からノウハウを一気に外国へ移すことができ，競争優位を容易に得ることができる。しかし，その際にノウハウという無形の資産を国別に適合させるために修正を行わなくてはいけない。その結果，長い目でみた競争の成果は各国の条件によって決定される。つまり，企業の競争優位性は国によって大いに異なってくる。それに対し，民間航空機，自動車などの産業は１カ国での競争優位が他の国の競争優位によって大きく左右される産業であり，これらの産業をグローバル産業と呼ぶ。グローバル産業は，世界規模の活動を統合すると何らかの競争優位が

1　本書では，一般的に片仮名表記できる主要な企業名，その他の固有名詞（国名等）や普通名詞は片仮名で表記し，英語表記の人名，その他の企業名はそのまま英語で表記している。「株式会社」等の日本語・英語表記を省略している。また，地域名は一般的に漢字表記できるものは漢字で表記している。

生まれる業界である。[2]

製造業が比較的広範囲の市場を対象としているのに比べ，小売業は小規模で分散した市場を対象としているため，地域特性が強く反映される産業特性をもつと一般に考えられている。小売業は商品流通の末端部分に位置し消費者を対象に商品の売買を行うため，消費者に固有の小規模性・分散性・個別性に規定されている。そのために，小売市場は空間的・地域的範囲において強く制約されている。そういった意味でも，小売業は地域に密着した地域産業および立地産業，さらに生活文化産業としてのドメスティック産業と特徴づけられてきた。[3]

国際化を企業の活動範囲が国境を越えて拡大していく傾向とするならば，企業の国際化は今や改めて注目すべき現象ではない。販売市場が国内に限定されている企業においても，商品は海外から調達されているように，あらゆる活動が国内のみで完結しているという企業はもはや皆無といってよい。また，国際化した企業に関する研究について多くの蓄積がある。国際化の進展に伴い，企業の活動範囲が拡大していく傾向にあり，国際化の研究からグローバル化の研究に焦点が移行している。

1960年代以降の国際化研究や1990年代以降のグローバル化研究は，主に製造企業を対象として想定していたが，それには大きく3つの理由が考えられる。第1に，企業の国際化およびグローバル化が製造企業から先行してはじまったことである。そのため製造企業を主体とする研究に集中されてきたのである。第2に，小売企業が国際化しにくいと考えられてきたことである。小売業は直接消費者に販売するため，それぞれの国や地域の社会・文化による影響を受けやすく，製造業に比べ小規模で分散した市場を対象とするため，地域性がより重要視されるのである。第3に，小売業が製造業に比べて資本力や経営資源において小規模であることである。国際的な活動には多

2　Porter（1989），訳22-24ページ。
3　岩永（2009），5ページ。

くの資金を必要とするために，比較的小規模な小売業においては国際化が進展しにくいと考えられてきた。

「国際化（Internationalization）」とは，一般に国境の存在や意義を意識した行動や現象である。これは国境を越えるごとに経営のやり方や，商品を変えて対応することを意味する[4]。また，「グローバル化（Globalization）」は，一般に国境の意義を乗り越えたボーダレスであり，地球単位で営まれる行動や現象であるとされている[5]。小売業研究においては「小売国際化」という言葉と「小売グローバル化」という言葉について明確に区別して使われてきたわけではない。アメリカにおいては，「グローバル化」という言葉を用いる傾向がある。しかし，この研究分野における中心地のヨーロッパにおいては，「国際化」という言葉を使用する。一部，標準化と結びついた概念だけ「グローバル化」という言葉を使用している。本書において，小売業における国境の存在や意義の大きさと，研究の中心地であるヨーロッパの慣習に従い，現段階では「国際化」という言葉を使用する。

もし，社会的・文化的な地域的特性や，資本力や経営資源の小規模性から小売業を考察するならば，国境を超える国際化は極めて困難であるし，まして地球規模で活動するグローバル化など不可能に思える。しかし，日系小売業海外進出[6]や外資系小売業日本参入の動きが著しく，小売業国際化に関心が高まっている。『日経流通新聞』2000年7月18日付における，グローバル企業の国際化比率ランキング（1999年度）によると，進出外国数，海外売上高比率の順に記載すると，イケア（スウェーデン）28カ国89%，マークス＆スペンサー（イギリス）27カ国17%，トイザらス（アメリカ）26カ国27%，カルフール（フランス）21カ国38%，メトロ（ドイツ）21カ国39%の5社は20カ国以上に進出しており，マクロ（オランダ）12カ国100

4　川端基夫（2000），10ページ。
5　同上書。
6　詳細は本書第2章に譲る。

%，イケア（スウェーデン）28カ国89%，デレーズ（ベルギー）9カ国79%，アホールド（オランダ）17カ国76%，デイリーファーム（香港）8カ国67%，テンゲルマン（ドイツ）8カ国67%の6社は海外売上高比率が50%を超す。これらの例から，小売業も国際化の仲間入りをしてきているように思われる。

1990年代に入り，新たな経済圏の誕生，規制緩和，国境を越えた交通・通信網の発達，情報伝達の活発化により，小売業国際化はさらに本格化している。例えば，2009年度売上高世界第1位のウォルマート（アメリカ）は，1990年に全米第1位の小売企業になった後，1991年にメキシコシティへ海外店舗第1号店をオープンさせ，1992年にプエルトリコへ，1994年にカナダへ，1995年にアルゼンチンとブラジルへ，1996年に中国へ，1999年にイギリスへ進出し，2005年に日本へ進出した。ウォルマートのアニュアルレポート2010によると，2009年度同社連結売上高は，4,012億4,400万ドル（対前年比7.2%増）である。内訳は，アメリカウォルマート部門が2,557億4,500万ドル（前年比6.8%増），国際部門が986億4,500万ドル（9.1%増），サムズクラブ部門が468億5,400万ドル（5.6%増）と全部門で増収であった。部門別の営業利益は，アメリカウォルマート部門が187億6,300万ドル（7.1%増），国際部門が49億4,000万ドル（4.6%増），サムズクラブ部門が16億1,000万ドル（0.5%減）であった[7]。

小売業国際化研究は1960年代からみられる。1960年代，Yoshino（1966）は“International Opportunities for American Retailer”の論文を発表し，Hollander（1968）は“The Internationalization of Retailing: A foreword”の論文を書いている。これらの論文は，先駆的な事例を取り扱っているものの萌芽的な研究にとどまっている。

7　ウォルマート『アニュアルレポート2010』，ウォルマートのHP，〈http://walmartstores.com/sites/AnnualReport/2009/〉，2010年6月10日アクセス。

1970 年代，Hollander（1970）は *Multinational Retailing* という本を刊行しており，Waldman（1977）は，*Strategies of International Mass Retailers* という本を刊行している。1970 年代においては，小売業における国際化戦略や小売業国際化に関する定義を中心に検討されていた。

1980 年代，鈴木（1980）は「小売業経営技術の移転」の論文を書き，Kacker（1985, 1988），Kanak（1986）と Ho and Sin（1987）は小売業知識移転に関する論文を書いている。Mitton（1987）はイギリスへの海外小売業の市場参入についての研究，Malayang（1988）は日系小売業による海外進出についての研究をしており，個別の企業や国における事例研究が少しずつみられるようになった。

その後 1980 年代末から，ヨーロッパ連合（European Union: EU）という新たな経済圏の出現予測を背景として，イギリスを中心としたヨーロッパ諸国の研究者によって多くの研究がはじめられることとなった。

1990 年代，学術的ジャーナルにおいて特集を組まれるようになった。例えば，1992 年には *European Journal of Marketing* 誌の第 26 巻 9 号において "Retail Marketing: International Perspective" という特集が組まれている。1995 年には *The Service Industries Journal* 誌の第 15 巻 4 号において "The Internationarisation of Retailing" という特集が組まれている。1990 年代における小売業国際化の進展がこうした特集を惹起したものと思われる。

2000 年代に入ると *International Marketing Review* 誌の第 17 巻 4・5 号において "Internationalisation of Retailing" が，2002 年には *International Journal of Retail and Distribution Management* 誌の第 30 巻 2 号において "International Retailing" が，2004 年には *Journal of Global Marketing* 誌の第 18 巻 1・2 号にて "International Retailing Plans and Strategies in Asia" が，そして 2007 年には *Journal of Economic Geography* 誌において "Transnatinal Retail and the Global Economy" が，特集として組まれている。これらは，小売業国際化が重要な研究領域として確立されていることを示唆している。

マルチドメスティック産業の典型といわれていた小売業において，「どうして国際化するのか」，「どうやって国際化するのか」，「国際化はどのような行動側面をもつのか」，「どのように国際化が進展していくのか」，「何が国際化の推進力になるのか」といった多国籍製造企業でも検討課題となったテーマが重要な研究課題となっている。

本書の目的は，小売業国際化を進展させる要因について行動側面から検証することである。以下では，本書全体の問題意識，明らかにする課題，そして本書の構成について示す。

すでにみたように，小売業国際化に関する研究は1960年代欧米からはじまり，1980年代以降日本においても活発化した。海外出店活動や海外商品調達活動が普遍化するにつれて，先進国における小売業国際化に関する研究が盛んになった。向山（1996）は，小売業におけるグローバル化行動を，国内完結型の活動では決して獲得することのできない競争上の優位性を求めて小売業が戦略行動を深めていくことであると定義している。

本書では，競争上の優位性を求めて小売業がどのように戦略を立て実行しているのかを，行動側面から考察する。小売業国際化における行動側面は出店，知識移転，商品調達の大きく３つに分かれる。これら３つの行動は，小売業国際化において欠かすことができない要因である。

筆者は上記のうち，特に重要な行動は商品調達であると考えている。その理由として，小売業の産業構造そのものの特性があげられる[8]。小売業は商品の交換を促すべく，生産・消費間の隔離を架橋するのに必要な機能を遂行することによって，商品を円滑に流通させることを専門の業とするものであり，消費者の購買代理を行うという機能をもつ。つまり，製品を作り出す製造業とは異なり，小売業は仕入れた商品を店舗で販売することを専門としている再販売業者である。

8　詳細は本書第３章に譲る。

購買代理機能である商品調達を効率よく行うことで，小売企業は消費者にとって魅力的な商品を仕入れることができる。そのため，消費者が小売業を選択する基準となる魅力的な品揃えをするためには，いかに商品調達をするかが重要となる。

魅力的な品揃えを行うために，1960年代から小売業は国際商品調達を行ってきた。1964年に，百貨店における商品調達の相互援助機関であるコンチネンタル・デパートメントストア（Continental Department Store Group）が設立された。Dawson（1993）は国際商品調達の理由として，低価格商品の調達，品揃えの強化，高品質商品の調達，商品入手可能性の確保をあげている。

1990年代後半からインターネットをはじめとする情報化の進展に伴い，小売業における商品調達においてもITを利用するようになってきた。ウォルマートをはじめとした国際的な大規模小売業においてITを利用した商品調達がみられるようになり，2000年には，ウォルマート以外の国際的な大規模小売業による電子商品調達機関が設立された。これらの電子商品調達機関を活用した国際商品調達が活発に行われるようになり，国際電子商品調達に関心が集まっている。国際電子商品調達とはどのようなものであるのか，その背景，内容，実態，効果，そして小売業国際化への影響について明らかにする。

なお，本書内において，解説や分析を深めるために主研究対象以外についてふれることもあるが，本書の主な研究対象はスーパーとする。

第2節　本書の構成

以上のような問題意識のもと，本書では小売業国際化と電子商品調達との関係に注目する。

詳細は第1章で検討するが，小売業国際化研究とは「小売業が国際化するのはなぜなのか」，「どうして国際化できたのか」，そして「小売業はどのようにして国際化するのか」といった研究を中心として，「それらの国際化した小売業は具体的にどのような行動側面をもつのか」を分類する研究である。

小売業による商品調達に関する研究は，輸入や開発輸入を含む商品調達活動に焦点を当てている。商品調達活動における現代的特徴として，電子調達による商品調達活動がある。筆者は，小売業においては商品調達が国際化を進展させる駆動力になると考えている。

このような認識のもと，本書は，図表序-1のように2つのパートから構成される。

本書は2つのパートから構成される。第Ⅰ部は小売業国際化研究の検討であり，第1章～第4章が含まれる。第1章では先行研究のレビューを通じて，小売業国際化研究においてどのような課題が設定されてきたかということを明らかにしている。第2～4章で，主要な問題点である海外出店，国際知識移転，国際商品調達それぞれについて論じている。第Ⅱ部は国際電子商品調達の実証研究であり，第5章～第7章で国際商品調達における電子商品調達（ウォルマートのリテールリンク，競合企業のアジェントリクス，中小企業のシジシー）について論じている。終章では，本書の要約と意義，および今後課題を述べている。

第1章では，小売業国際化の先行研究を考察し，小売業国際化の研究史，その背景，定義，研究類型などを明らかにする。そして，本書が対象とする小売業国際化研究の領域を整理し，国際化以後における小売業の活動である海外出店，国際知識移転，国際商品調達に注目する必要性を指摘する。

第2章では，小売業の海外出店の歴史を検討し，欧米系小売企業と日系小売企業を時系列で整理し，両者の海外出店の特徴を示す。また，欧米系大規模小売業のうちウォルマート，カルフール，テスコの3社による海外出店の特徴を指摘する。欧米系小売企業における海外出店と日系小売企業における海外出店の共通点は，海外出店の初期において地理的，社会的，文化的に近

図表　序−1

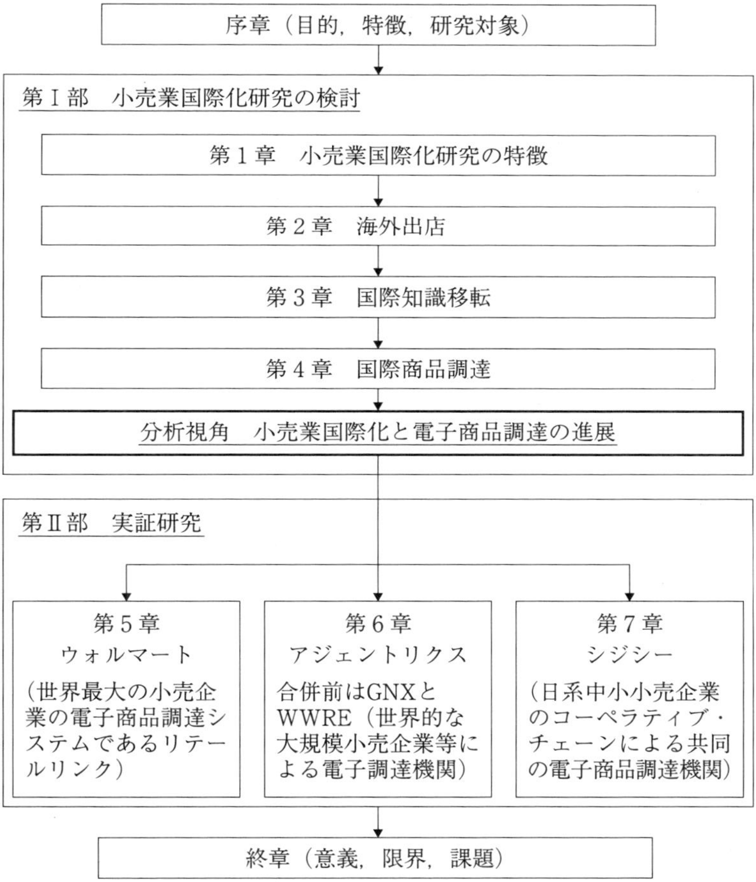
序章（目的，特徴，研究対象）
第Ⅰ部　小売業国際化研究の検討
第１章　小売業国際化研究の特徴
第２章　海外出店
第３章　国際知識移転
第４章　国際商品調達
分析視角　小売業国際化と電子商品調達の進展
第Ⅱ部　実証研究
第５章
ウォルマート
（世界最大の小売企業の電子商品調達システムであるリテールリンク）
第６章
アジェントリクス
合併前はGNXとWWRE（世界的な大規模小売企業等による電子調達機関）
第７章
シジシー
（日系中小小売企業のコーペラティブ・チェーンによる共同の電子商品調達機関）
終章（意義，限界，課題）

いところに出店先を選んでいるということである。一方，両者の相違点は，欧米系小売企業の海外出店は専門店業態の積極的な出店からはじまったのに対し，日系小売企業の海外出店は自国民の海外旅行者を相手とした百貨店からはじまる受身的な海外出店であったことにある。さらに，欧米系小売企業は20世紀初頭から国際化の継続的な深化を図っているのに対し，日系小売企業の国際化は1950年代末と遅くはじまった上に進展程度も見劣りする。

第3章では，小売業における国際知識移転の特徴と今後の展望を明らかにしている。従来は小売業における知識移転は一方向であったものが双方向になっており，今後の展望として，小売業国際化の進展とともに本国と進出先国双方で知識獲得と知識移転を繰り返していくことが示唆する。

第4章では，小売業における国際商品調達について検討している。小売業の競争優位と国際商品調達は深く関連していることや，その中でも国際電子調達はコスト的・時間的・空間的な制約を大幅に解消し，情報共有や新規取引機会拡大などのメリットも有することを指摘し，国際電子商品調達の分析視角を提示する。

第5章では，世界最大の小売企業であるウォルマートの電子調達システムであるリテールリンクについて検討している。リテールリンクは，買い手がウォルマート1社に対し売り手が多数というシステムであり，閉鎖的なネット取引であることを指摘する。また，リテールリンクの効果には，調達価格削減の効果，欠品率削減の効果，在庫削減の効果などがあることを示す。

第6章では，ウォルマートに対抗して複数の大規模小売企業が構築した国際電子商品調達機関であるGNXとWWRE，および両者が合併したアジェントリクスについて詳述している。この機関は買い手と売り手が多数のeマーケットプレイスであり，オープンなネット取引であることを示す。さらに，アジェントリクスエーピーの取引実績を提示し，その効果を指摘する。

第7章では，海外出店している大規模小売企業ではなく，日系中小小売企業に焦点をあて，日系中小小売企業のコーペラティブ・チェーンとして1973年に設立されたシジシーとその国際商品調達について検討している。

シジシーは，生産過程への積極的関与を行い，サードパーティー活用を含めたロジスティクスの強化を進めながら商品全体の4分の1を国際商品調達していることを明らかにする。

最後に，終章で本書を総括し，今後の研究課題を示す。

【付記】

各章は，筆者自身による過去の論文に大幅な加筆・修正を加えたものである。初出一覧は以下のとおりである。

はじめに　書き下ろし。

序章　書き下ろし。

第1章　「小売業国際化におけるGNXとWWRE」明治大学大学院『経営学研究論集』，第16号，2002年，413-419ページ。
『小売業における国際化行動研究』明治大学大学院経営学研究科2002年度修士論文，2003年，5-26ページ。

第2章　『小売業における国際化行動研究』明治大学大学院経営学研究科2002年度修士論文，2003年，27-42ページ。
「東南アジアにおけるグローバル・マーケティングの進展プロセス―デンカ社の有機系素材事業と電子材料事業を事例として―」阪南大学学会『阪南論集 社会科学編』第44巻第2号，2009年，85-101ページ。

第3章　「小売業における国際知識移転プロセス」阪南大学学会『阪南論集 社会科学編』第41巻第2号，2006年，29-39ページ。
"A Comparative Study on Japanese Management and Tradition Indian Principles", *THE HANNAN RONSYU, Social Science*, Vol.45, No. 3, 2010, pp. 247-257.（共著）日本語訳にて。

第4章　「小売業国際化と企業間電子商取引」世界経済研究協会『世界経済評論』Vol.48，No.11，2004年，56-65ページ。

第5章　「グローバル小売業におけるIT活用の現状と課題　―リテールリンクとAgentricsを中心に―」阪南大学学会『阪南論集 社会科学編』第42巻第2号，2007年，39-54ページ。

第6章　「小売業国際化におけるGNXとWWRE」明治大学大学院『経営学研究論集』，第16号，2002年，419-434ページ。
「IT化による商業のグローバル化」野澤正徳編著『インターネット時代の経済・ビジネス』2005年，税務経理協会，53-70ページ。

「グローバル小売業におけるIT活用の現状と課題　―リテールリンクとAgentricsを中心に―」阪南大学学会『阪南論集 社会科学編』第42巻第2号，2007年，39-54ページ。

第7章　「日本の中小小売業における経営戦略」阪南大学学会『阪南論集 社会科学編』第43巻第2号，2008年，133-152ページ。

終章　書き下ろし。

第Ⅰ部

小売業国際化研究の検討

第1章
小売業国際化研究の特徴

第1節　問題の所在

小売業国際化研究は，欧米においてはYoshino（1966）やHollander（1968, 1970）の研究，日本においては鈴木（1968）の研究から始まった。

Yoshino（1966）はアメリカの小売企業における国際化の可能性について検討し，Hollander（1968）は「小売業国際化：序章」とHollander（1970）は多国籍小売業について問題提起をしている。Yoshinoはカリフォルニア大学，Hollanderはミシガン州立大学に所属しており，2人の研究者はアメリカの小売企業を主体としたため，地理的にも文化的にも比較的近いカナダなどの近隣諸国への出店を考察している。

それに対し，鈴木（1968）は日本で最初に小売業国際化の研究に着手しており，この時期における貴重な研究蓄積となっている。とりわけ，小売業においても，国際化の検討が必要であることを初めて国内に示したという点において，大変意義深い研究といえる。

その後，川端基夫（2000）は日系小売業の海外出店動向について整理している。川端基夫（2000）によると，日系小売業が戦後に初めて海外出店したのは，1958年のニューヨークへ出店した百貨店の髙島屋であった。その翌年1959年に東急百貨店（白木屋）がハワイへ出店し，1962年には西武百貨店がロサンゼルスへ出店した。その他，1960年に大丸が香港へ，1964年にはバンコクへ出店している。これらはいずれも現地市場をねらって出店したのであるが，アメリカ本土に出店した髙島屋は，その後2度にわたって大幅な面積削減を行いその後に撤退[1]，西武はわずか2年後に撤退し，結果的にはいずれも成功しなかった。ただし，アジアへ出店した大丸だけは，現地の富裕層を対象とした高級百貨店として定着した。

川端基夫（2000）によると，日系百貨店の海外進出は1955年から1959年にはアメリカに2店舗，1960年から1964年にはアジア2店舗，アメリカ1店舗の合計3店舗になったが，1965年から1969年の間にはすべて撤退して0店舗になっている。その後，1970年代になると高度経済成長と変動相場制への移行を受けて，欧州への団体旅行客が増え始め，百貨店のみならずスーパーの出店が見られるようになる。欧州の店舗は欧州への団体旅行客や，日本人観光客をターゲットとした，いわば「土産物屋」の機能を果たしていたと指摘されている[2]。土産物屋の機能については向山（1996）においても意見が一致している[3]。

日系スーパーの海外出店は，1955年から1969年の間にはなく，1970年から1974年の間に3店舗の出店から始まる。その後，1980年から1984年の間に百貨店と同店舗数の15店舗になり，1985年から1989年の間には54店舗と飛躍的に出店数を伸ばしている。

また，1980年代に入るとアジアへの出店が急増する。特に，1980年代後半からは，アジアへの大規模な出店が増大し始める。これは，日本人観光客とともに現地の中間層市場をねらったものであると川端基夫（2000）は指摘している[4]。

以上のように，アメリカの小売企業による近隣諸国への海外出店行動や，日系小売企業による海外出店行動が実際にみられるようになってきたとともに，海外出店行動の背景にある「小売企業がなぜ国際化するのか」について

1 髙島屋は2010年6月5日に店舗閉店・売却した。
2 川端基夫（2000），70-71ページ。
3 向山（1996），4ページ。
4 川端基夫（2000），70-71ページ。

関心が集まるようになったのもこの頃からである。

また，1980年代末ごろより，ヨーロッパ共同体（European Community: EC）内の市場統合を背景として，流通業界において再編が起こると予測され，イギリスを中心としたヨーロッパ諸国の研究者達による小売業国際化研究が活発化し始めたのも原因の1つであろう。

そして，1993年にヨーロッパ連合が発足し，新たな経済圏の誕生，国境を超えた交通・通信網の発達，情報伝達の活発化により小売企業の国際化が本格化した。それに伴い，小売業国際化研究が世界的に重要な研究課題として注目を集めるようになったのである。

小売業国際化研究という用語に関して本書では，“the internationalization of retailing”の意味で「小売業国際化」と表記し，“the internationalization of retailers”の意味で「小売企業国際化」の言葉を使用し，その2つの差異を意識している。川端基夫（2000）など一部の研究者においては，“the internationalization of retailing”を「小売国際化」と記載しており，日本語の表記方法においてすべてが統一されているわけではない。

本書においては，両者を含む広い概念として「小売業国際化」という用語を採用している。

本章の目的は，小売業において国際化が重要視されるようになった背景を明らかにし，小売業国際化に関する先行研究を概観した上で，その研究領域と残された課題を明らかにすることである。まず，小売業国際化に関する先行研究を類型化し，それぞれの特徴を明らかにするとともに出店，知識移転，商品調達に関する研究の位置づけを示すことにする。

第2節　小売業国際化研究

小売業国際化研究における「小売業国際化」とは何なのか，どのような範囲をさすのか，その内容を検討し本書における「小売業国際化」とその範囲を定義する。

これまで小売業国際化に関する研究の中には,「小売業国際化」とするものと「小売業グローバル化」というものの2つの単語が併用されてきた。まずは,「国際化」と「グローバル化」の2つの言葉について,その捉え方の違いについて示す。

一般に,国際化とは英語で表記するとInternationalization（Internationalisation）であり,国と国との隔たりを念頭に国境の存在や意義を強く意識した言葉である。グローバル化とは,英語表記でGlobalization（Globalisation）となり,地球（Globe）全体を強く意識したもので,国境の存在や意義を超えたボーダレスを強調した言葉である。

向山（1996）や川端基夫（2000）によって指摘されているように,これまでの研究において「国際化」と「グローバル化」という言葉は明確に区別して使われてきたわけではない。ただし,アメリカでは「グローバル化」という用語を多く使用し,ヨーロッパでは,標準化の概念と結びついた意味で「グローバル化」の用語を限定的に使用している[5]。

日本においては,向山（1996）は「グローバル化」という用語を使用し,川端基夫（2000）や矢作（2007）など多くの研究者は「国際化」の用語を主に用いている。

小売業においては,消費者の違い,商習慣の違い,国境の存在などを簡単に超越できないため本書では,「国際化」の用語を採用し「小売業国際化」と統一表記する。本書では,「小売業国際化」という用語を採用しているが,これは小売業がグローバル化できないと考えているわけではない。それは,グローバル化しやすい業態も小売業にはあるからである。しかし,小売業においては,国境を超越することに関してまだまだ困難な部分が多いため,「国際化」という用語を用いている。

5　向山（1996）,384ページおよび川端基夫（2000）,11ページ。

それでは，小売業国際化とは何をさすのであろうか。筆者はそれを「小売企業の活動範囲が国境を超えて拡大していくこと」と定義する。

小売業国際化を定義した代表的な研究としてAlexander（1997）がある。

Alexander（1997）は，小売企業国際化と小売業国際化を分けて定義している[6]。小売企業国際化とは，小売経営技術を海外移転させること，もしくは国際的な取引関係を確立することである。これは，規制，経済，社会，文化，小売構造などの国境障壁を克服するなどして，自国とは異なる環境の中で小売組織を発展させることである。小売業国際化とは，規制，経済発展度，社会状態，文化的環境，小売構造などの点で異なる市場における小売オペレーションのマネジメントであると定義している。

また，青木（2000）は小売業国際化とは小売業者の流通活動が国境を超えて行われることをさすと指摘している[7]。

以上を踏まえ本書では，海外と関わりをもつ国際的な小売業に焦点をあてている。そのため，小売業国際化を，Alexander（1997）のように小売企業国際化と小売業国際化とを分けず，青木（2000）のように流通活動に限定せず，「小売企業の活動範囲が国境を超えて拡大していくこと」と広く捉える。以下で，小売業国際化に関する既存研究の分類を行うことにする。

1.　小売業国際化研究の類型化

小売業国際化研究は，小売企業が国際化する以前のものと国際化した以後のどちらに焦点をあてているかにより，2つに大別される。

まず，国際化以前の研究とは「小売企業がなぜ国際化するのか」という，国際化の必要性・動機および契機について検討しているものである。これら

6 Alexander（1997），p. 37.
7 青木（2000），60ページ。

の研究の多くは，国際化を決断した企業サンプルを集め，国内外の市場環境や企業の意図から国際化の要因や変数を抽出する方法を用いる点が特徴的である。

この国際化以前に焦点をあてた研究には，進出要因研究と参入要因研究の２つがある。前者の進出要因研究は，「どうして国際化するのか」ということに関し，海外進出の意思決定を決めた動機は何か，どういう環境におかれると国際化を選択するのか，どの要因が国際化により大きく影響するのかについて検討している。後者の参入要因研究は，「どうやって国際化するのか」ということに関し，どの国の市場を選ぶのか，何を基準に選ぶのか，どういった形式で参入するのかといった，海外進出意思決定後における準備段階に焦点をあてている。進出先市場によって参入形式を変更するのか，参入形式は企業の戦略とどのような関係があるのか，国際化戦略の最善の方法や定理を明示しようとする研究である。

そして，国際化以後の研究とは，企業が実際に海外進出した後の行動に焦点をあてている。実際に国際化した企業のサンプルを収集し，国際化以後の行動側面を解明しようとしている。この国際化以後における行動側面は大きく出店，知識移転，商品調達の３つに分かれる。

１つ目の国際化以後の行動側面として，出店がある。海外出店をもってその小売企業が国際化しているというくらい，小売業にとって海外出店は国際化と切り離せない。海外に自ら出店し，新しい環境に合わせ，消費者に販売を行うことは，国内だけで活動し続けているのと大いに異なる。小売業が海外出店することは，他企業の海外出店を促し，さらなる海外出店へ影響を与える。海外出店後には進出先国で多店舗展開を行う。そのため，国際化以後における行動側面研究としても小売業海外出店は重要である。

２つ目の行動側面として，知識移転がある。これは，小売企業が海外出店を決めた後，どのような店舗にするのか，どのような店舗内業務を行うのか，どのようなノウハウ・資源・人材を活用するのか，といった小売業務に関する知識に焦点をあてている。これら小売業知識については，小売業知識の類型化，小売業知識の内容，小売業知識の移転，小売業知識の移転方法や移転手段にはどのようなものがあるか，などが含まれている。

３つ目の行動側面として，商品調達がある。商品調達の最大の問題は，実際に販売する商品をどこから調達するのかという問題である。国内での商品調達であれば，今まで取引関係のある企業から商品を調達してくればよい。しかし，海外では商習慣や流通環境が異なり，商品取引企業について調査し，信頼のおける企業を探し出すことが必要となる。その上で，低価格高品質の膨大な商品を調達しなくてはならない。異なった商習慣や流通環境に合わせて，自ら仕入れ先ルートを構築しなければならないのである。

ただし，商品調達については，国内だけで営業している小売企業においても，すべての商品が国内産で賄えない場合は，海外からの輸入という形で，国際化行動を取っている企業もある。

以上のように，小売業国際化の研究領域を整理したのが図表 1-1 である。進出要因研究と参入要因研究は，主として国際化以前の段階に焦点をあてて

図表 1-1　小売業国際化研究の概要図

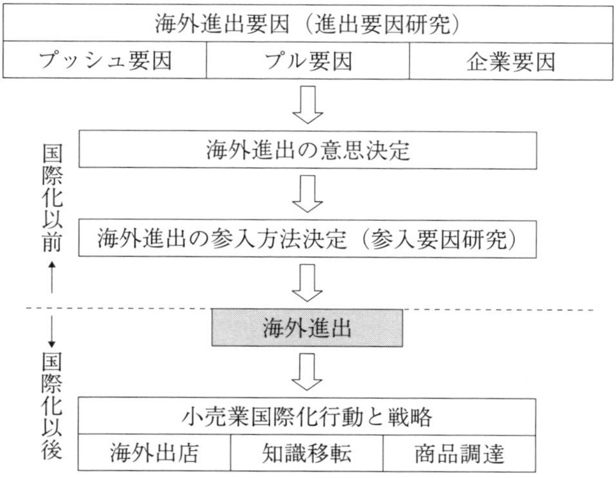

出所：筆者作成。

いる。国内完結型の行動をしてきた小売業が，実際に海外で活動するまでの意思決定過程を研究してきたのである。この研究の対象は，国内で活動している時点での意思決定であり，これらは小売業国際化する以前について研究したものである。進出要因研究と参入要因研究については次で詳しく検討する。

2.　進出要因研究

進出要因研究は，なぜ小売企業は海外へ進出するのかという意思決定の背景を明らかにする研究である。

多くの進出要因研究では，企業内・外における環境から海外進出要因を整理しており，長らく小売業国際化研究における中心的なテーマであった。以下では代表的な先行研究について検討していこう。

まず，進出要因研究における原型を形成したWaldman（1977）の研究を概観する。Waldman（1977）は，小売業における海外進出の意思決定要因として⑴喚起要因と⑵補助要因とに区分している（図表1-2）。

前者の喚起要因とは，人々の注意を海外投資の可能性に向けさせる要因であり，①重役の動因，②企業環境の影響，③競争者模倣という３つに分けられる。第１に重役の動因（重役のやる気）とは，重役自身が外国出身であるとか，留学経験などの国際的体験をもつため，海外進出に積極的な態度を取ることである。第２に企業環境の影響とは，政府の行動や規制，国際政治の関係変化，海外パートナーからの誘致を指す。第３に競争者の模倣（バンドワゴン効果）とは，海外進出をする競争企業の動きを模倣して他社も海外進出へ向かうことである。

後者の補助要因とは，それ自体では海外に向かう意思決定に影響しないが，海外進出の意思決定を促す要因であり，①海外市場の魅力，②企業の諸資源利用という２つに分けられる。第１に海外市場の魅力とは，未発達市場の存在や新規市場開拓による売上高増加および独占的利益や高収益の獲得チ

図表 1-2　Waldman による海外進出の意思決定要因

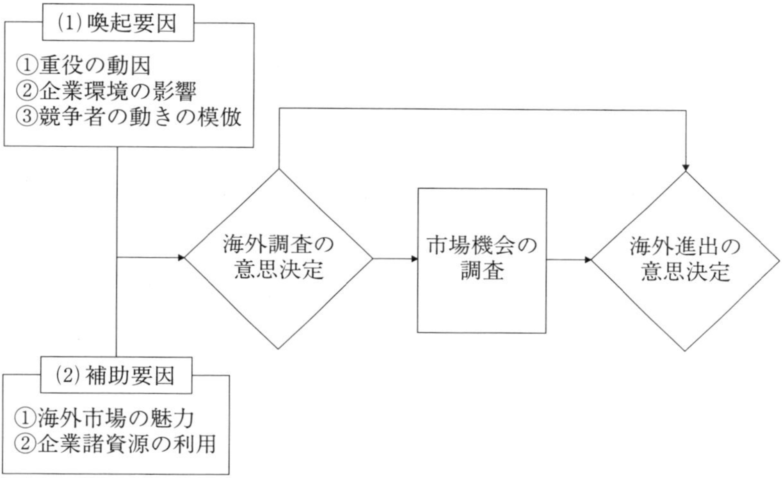

出所：Waldman (1977), p. 45を加筆修正。

ャンスによる成長にある。第2に企業の諸資源利用とは，国内で培った小売知識や技術および強みを海外で活用しようとすることである。

このWaldman (1977) による喚起要因と補助要因の区分は，その後の研究においてプッシュ要因とプル要因として発展する。そのため，Waldman (1977) の研究は進出要因研究の原型を形成したといえよう。

Waldman (1977) の研究を進展させた研究の代表としてTreadgold and Davies (1988) の研究がある。Treadgold and Davies (1988) は，より多くの要因をあげて，それらをプッシュ要因とプル要因に区分して進出要因を説明している。

プッシュ要因とは，小売企業に対して本国市場の魅力を減らす要因であり，これはWaldman (1977) の喚起要因にあたる。プッシュ要因は，国内市場の成熟化，強い競争圧力，取引環境の制限（店舗新設・営業時間・労働条件など），国内経済の停滞，人口増加の停滞などがある。

それに対しプル要因は，海外進出を魅力的に思わせる要因であり，これは

Waldman（1977）の補助要因にあたる。プル要因は，海外未成熟市場の存在，海外ニッチ市場の存在，新市場開拓による独占的市場支配などがある。

このような海外への進出要因について，アンケート調査の手法を用いて実証分析をしたのが Alexander（1990a）と Williams（1992a）である。

Alexander（1990a）はイギリスの小売企業上位 200 社にアンケート調査を行い，そのうち海外に進出している 26 社のデータをもとにして進出要因をまとめている[8]。この調査の結果，大きな影響を与えている要因は上位から①進出先国におけるニッチ市場機会の存在，②進出先国の市場規模，③進出先国の経済繁栄の水準，④自社の業態，⑤自社の取扱商品，⑥進出先国での小売業発達度であった。それに対し，あまり大きな影響を与えていない要因は，上位から①有利な為替レート，②法的規制・税制面の有利な環境，③国内市場の飽和，④不動産投資の可能性，⑤進出先国の労働市場状況，⑥進出先国で買収する相手企業の株価であった。

また Williams（1992a）は，イギリスの海外進出している小売企業 42 社を対象に進出要因を調査した。その結果，影響の高い順に①国際的な小売訴求力・革新性，②国際成長機会を求める小売企業の前向きな成長志向，③受動的動機，④国内市場の飽和状態であった。これら Williams（1992a）により，進出要因は国内市場における飽和や規制などのネガティブな要因よりも，むしろ企業の前向きな成長志向のほうがより大きな影響を与えていることが指摘された。

以上のような，海外への進出要因を簡潔に整理したものとして，Dawson（1993）の研究があげられる。Dawson（1993）は進出要因として，本国市場の飽和，国内市場占有の限界，本国市場における出店規制などの制限，未開拓市場・成長産業の存在，企業家精神，新市場の開拓における独占利益や高

8　Alexander は，Alexander（1990a，1990b）においてアンケートによる進出要因を抽出し，Alexander（1995）において進出要因研究を整理している。

収益機会，複数市場へのリスク分散，バイイングパワーの強化，海外の既存顧客への対応，製造業者の国際化への反応，現地における未対応の消費者市場細分化の存在，本国へ移転しようとする新しい経営理念や技術の摂取機会，競争構造やコスト構造の際に起因する進出市場での高収益性の機会をあげている[9]。加えて，Dawson（1994）では具体的な事例をあげて説明している。

このようにDawson（1993, 1994）は小売業国際化の進出要因について，プッシュ要因，プル要因という用語を使ってはいないが，その内容からTreadgold and Davies（1988）のプッシュ要因とプル要因とを同様に区分できる。それに加え，新たに海外進出の意思決定を行う要因として企業要因の存在を指摘しているのが特徴的である。Dawson（1994）の進出要因についてプッシュ要因・プル要因・企業要因に分類して整理したものが図表1-3である。

これら1990年代初頭の研究を踏まえ，全体的に整理したのがAlexander（1997）である[10]。

Alexander（1997）は，Treadgold and Davies（1988）やDawson（1993, 1994）の研究を踏まえ，政治，経済，社会，文化，小売構造という5つの視点から分類しなおし，プッシュ要因とプル要因を改めて整理している（図表1-4）。

本書では，進出要因研究についてTreadgold and Davies（1988）とDawson（1993, 1994），Alexander（1997）の主張を整理し，次のように分類

9　進出要因研究には，Findlay, Paddison and Dawson（1990）とWrigley（1993）の研究があり，小売環境分析を行っている。詳しくはFindlay, Paddison and Dawson（1990）とWrigley（1993）を参照されたい。

10　Alexander（1997）は，小売業国際化に関する研究枠組みを整理し続けてきた。Alexander（1997）の整理された過程は，Akehursut and Alexander（1995）やAkehursut and Alexander（1996）から考察できる。渦原（1999a）は，Alexanderの所説をまとめている。

図表 1-3　Dawson による小売業における海外進出要因

	要　因	事　例
プッシュ要因	①本国市場の飽和	アホールド，GIB，ベンデックスの海外進出
	②本国市場での出店規制	フランス ハイパーマーケットの海外進出
	③進出市場の未開拓性や成長性の存在	フランス系小売業による1980年代のスペイン進出や1989年以降の東欧進出。トイザらス，GAP，アルディ，イケア，ボディショップなどの海外進出
	④競争構造やコスト構造の違いからくる進出先での高収益	マークス＆スペンサーの欧州大陸進出
プル要因	⑤単独または共同でのバイイングパワーの強化	食品小売業やDIYセクターによる欧州内での海外進出
	⑥新たな経営理念や技術の摂取機会	セインズベリーのアメリカ進出
	⑦新規市場での販路拡大を望む大手製造業からの誘致	トイザらスによる欧州と日本への進出
	⑧海外での顧客対応（本国での顧客・上得意を海外でフォローする）	日系百貨店の欧州進出
	⑨新市場の開拓による独占的利益や高収益の獲得チャンス	Kマートの東欧諸国への参入
企業要因	⑩複数市場へのリスク分散	メトロ，テンゲルマン，カウホフ，ベンデックスの多角海外投資やDIY分野への参入
	⑪余剰資本の利用や低コストでの投資	1980年代後半の日系小売業進出
	⑫企業家精神，冒険心など機会の探求	マークス＆スペンサーのカナダ進出。ヤオハンの決断，C＆Aの海外進出

出所：Dawson（1994），pp. 273-274の記述を要約，加筆修正して筆者が表に整理した。

する（図表1-5）。以下のように，海外進出要因研究は大きく，プッシュ要因，プル要因，企業要因の3つに分かれる。

プッシュ要因は海外進出を促す国内環境要因であり，逆にプル要因は海外進出を促す海外環境要因である。プッシュ要因とプル要因は企業の外的環境

図表 1-4　Alexander による海外進出要因

	プッシュ要因	プル要因
政治的要因	・政治的な不安定 ・厳しい規制環境 ・反商業振興的な政治風土の支配 ・消費者金融の制限	・政治的な安定 ・ゆるやかな規制環境 ・商業振興的な政治風土の支配 ・ゆるやかな消費者金融の規則
経済的要因	・経済の低迷 ・低成長 ・高いオペレーションコスト ・市場の成熟 ・国内市場規模の小ささ	・有効な経済状態 ・高度成長の潜在的可能性 ・低いオペレーションコスト ・発展市場 ・資産投資への期待 ・巨大市場 ・好ましい為替レート ・安い株価
社会的要因	・ネガティブな社会環境 ・魅力に欠ける人口統計上の傾向 ・人口の停滞もしくは減少	・ポジティブな社会環境 ・魅力的な人口統計上の傾向 ・人口増加
文化的要因	・排他的文化風土 ・異質な文化環境	・文化的共通点によるなじみやすさ ・魅力的な文化的組織構造 ・革新的なビジネス，小売文化 ・企業エートス ・同質的な文化環境
小売構造要因	・厳しい競争環境 ・高い市場集中度 ・業態の飽和 ・好ましくない経営環境	・ニッチ機会の存在 ・自社保有設備の存在 ・追随的拡張 ・好ましい経営環境

出所：Alexander（1997），p. 129.

要因である。それに対し，企業要因は海外進出を促す企業の内的環境要因である。

このように，小売業海外進出の意思決定は，企業内外の環境によって行われる。しかし，海外進出要因は小売業が国際化する以前の段階に焦点をあてて研究されているため，小売業国際化を始めようとする初期段階の研究といえる。

図表 1-5　小売業国際化の進出要因

外的環境要因	プッシュ要因	国内市場の成熟化（本国市場の飽和，国内市場占有の限界） 強い競争圧力の存在 制限的な取引環境の制限（店舗の新設，営業時間，労働条件など） 国内経済の停滞 人口減少
	プル要因	未開拓市場・成長市場の存在 新市場の開拓における独占利益や高収益機会 海外での顧客対応（本国での顧客に対応する） 製造業者の国際化（新規市場での販路拡大を望む製造業者からの後押し） 参入障壁の解除・市場統合 現地における未対応の消費者市場細分化の存在 競争構造やコスト構造の際に起因する進出市場での高収益の機会 さらなる拡張のための足掛かり
内的環境要因	企業要因	企業家精神 グローバル化を目指す経営理念 複数市場へのリスク分散 バイイングパワーの強化 本国へ移転しようとする新しい経営理念や技術の摂取機会 企業の既存技術・経営力の十分な活用と強化

出所：筆者作成。

3.　参入要因研究

実際に，海外進出することを決定した小売企業は次にどの国に進出するのか，具体的にどのような手法で海外に進出するのかを決めねばならない。どのように進出先国を決定するのか，どのような方法で参入するのかについて検討を行うものが参入要因研究である。この参入の方法，つまり，参入モードそれ自体については，製造企業における海外進出の議論と基本的には変わらない。海外子会社に対して強いコントロールを発揮し，かつ，それに応じて投入資源量が多くなる手法であるグリーンフィールド（新規出店）や買収・合弁（ジョイント・ベンチャー），ライセンシングなど多様である。ただし，小売業のライセンシングはフランチャイズの形式を取ったがために，そこに小売業特有の問題が生じた。これらいくつかの手法の中から特定の参入モードを選択する場合，その選択に影響する要因は何か，その手法を利用して参入する国を決定するのに影響する要因は何かを検討する。

Treadgold and Davies（1988）は，海外進出した小売企業の個別事例をもとに，経験的に以下のようにいくつかの命題を導き出している[11]。

(1) 社会的，文化的距離を最小にする慣れ親しんだ環境に向けて国際化しようとする。

(2) 国際的活動経験の蓄積とともに，社会文化的距離に関する最小化原理は消失する。

(3) 高度なコントロールを発揮できる参入モードが選択されることが多い。とりわけ海外経験の少ない企業の場合に妥当する。

(4) 国際化の初期の段階では，高いコントロールを発揮する参入モードとして子会社設立による参入がみられる。

(5) 海外での経験が豊富な企業は，低コントロール・低コスト参入モードを好む。

(6) 国際化に最も成功している企業は，ユニークな製品をもつあるいはユニークな業態の小売企業である。

これら命題から抽出できる参入要因は，社会的，文化的距離，国際経験，企業理念，小売企業特性（取扱商品・業態などの特性）である。長期にわたる大量のサンプル事例を分析することによって，より信頼度の高い結果を導き出したのがBurt（1993）である。

Burt（1993）は，1960年から1990年までの30年間に，海外投資経験のあるイギリス小売企業の個別事例726件をデータベースにして，「いつ・どこで・誰が・どんな投資をしたか」を分析した。その結果をまとめたのが以下

11 Treadgold and Davies（1988），pp. 36-38.

である。

(1) 1970年代中盤に第1のピークがあり，1985年以降再び投資件数は増加している。

(2) 全体の42.7％が内部成長型の参入，29.8％が買収，18.2％がフランチャイズ方式であり，内部成長型は減少傾向，フランチャイズ方式は増加傾向にある。

(3) 文化的類似性の高いアメリカおよび地理的近接性の高い北ヨーロッパへの進出が中心である。

(4) 時間が経過するとともにリスクの大きい市場へと進出先が拡大している。

(5) 経済発展している国へは買収による参入が多く，地理的に近接した国へは内部成長型参入が多くみられる。

(6) 市場参入リスクの少ない環境では買収や内部成長型参入が多く，市場参入リスクの大きい環境ではフランチャイズ方式が多い。

(7) 小売事業の性質によって参入モードは異なる。

(8) 多国間にわたって広く展開したい企業はリスクの少ない参入方法（フランチャイズ方式，ジョイント・ベンチャー）を採用する。集中的に少数国に展開したい企業は，リスクが大きくとも買収を採用する。

このようにBurt（1993）の研究は，イギリス小売企業に限定しているが，参入要因として第1に文化的・地理的近接性に基づく知覚リスク，第2に国際化経験，第3に小売事業の特性に加えて，第4に地理的カバレッジをあげている。

さらに，これらの要因ごとに国際化や参入モードに対して及ぼす方向性について検討する研究もみられる。しかしながら，具体的にどのような手法で海外に進出するのかという参入モードの選択には，様々な要因が複雑に作用している。この参入モードの選択についての研究として，川端基夫（2000）やAlexander and Doherty（2004）がある。

川端基夫（2000）は，進出する主体である小売企業の要因を市場における環境要素と結びつけるて考えることが必要であるとして，フィルター構造論を提唱した。このフィルター構造論は，母国市場のフィルター構造特性との相対的な関係の中で市場参入問題を捉える点が特徴であり，川端基夫（2000）は企業戦略（飛び地戦略，優位性戦略，特定市場適応化戦略，複数市場適応化戦略，グローバル戦略）に応じて選択される市場が異なることを指摘している。

また，Alexander and Doherty（2004）は図表1-6のように参入モードが選択されるメカニズムを明らかにしたモデル提示をしている。それによると参入モードの選択は，本質的には国際小売企業の内部における動態や進化に加えて，継続的な対話により戦略的に決められる。企業内における対話は企業独自の展望が満たされており，経営者の能力と環境条件という拮抗する要因の狭間で取り決められると指摘している。

図表 1-6　市場参入方式の選択メカニズム

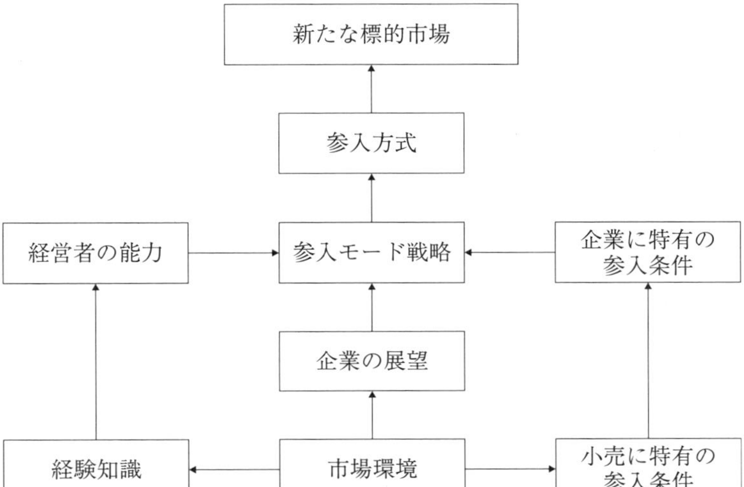

出所：Alexander and Doherty（2004），p. 17.

以上のように参入要因研究は，Treadgold and Davies（1988），Williams（1992a，1992b），Burt（1993），など小売業国際化に関する研究初期に盛んに議論されてきた。しかしながら，川端基夫（2000），Alexander and Doherty（2004），その後のAlexander, Rhodes, and Myers（2007）においても進出先国の選択問題が主として研究されている。このように参入要因研究は，小売業国際化に関する研究において古くからある問題ではあるものの新しい命題でもある。現代の小売業は，1カ国だけではなく複数の国々に海外進出している。そのため，すでに進出した国々の地理的・社会的・文化的背景や経験を踏まえた上で，次の進出先国を選択する課題へと焦点が移行している。

このような参入要因研究において，海外進出を決定した小売企業がどの国にどのような手法で参入するのかについては，小売企業が進出国際小売企業の内部における進化や動態に加えて，企業の前向きな成長志向および，企業独自の展望や経営者の能力というような企業戦略に大きな影響を受けることが明らかになった。

第3節　小売業国際化行動の研究

これまで小売企業が海外進出を決め，どの国へどのような方法で参入するかについて意思決定をするといった国際化する以前の問題に注目してきた。そこで，次に小売企業が実際に国際的な活動について，つまり国際化した以後に焦点をあてた研究について検討する。

小売企業による国際的な行動について研究する小売業国際化行動の研究では，出店と商品調達の2つ，もしくは出店と商品調達に知識移転を加えて大きく3つの行動側面を捉えるものと諸説ある。

向山（1996）は，小売業国際化行動を出店行動と商品調達行動の2つに分けている（図表1-7）。これら2つの戦略行動次元を横軸に取り，国際化行動の方向を縦軸に取る。この国際化行動の方向は，「内から外」と「外から内」

図表 1-7　国際化の分類枠組み

	出店行動	商品調達行動
内から外	(1)	(2)
外から内	(4)	(3)

出所：向山（1996），64ページ。

の2つに分かれる。前者は，国内から海外への動きをいう。後者は，海外から国内へ向けての動きをいう。

図表1-7を日系小売業にあてはめて考察すると，それぞれの意味は以下のようになる。(1)は，日系小売業が海外市場へ進出する海外出店行動である。(2)は，日本から海外に商品が供給されることである。これは，供給した商品の買い手の種類によってさらに2つに分かれる。1つは，海外小売業による日本企業からの商品調達活動である。もう1つは，海外進出した日本企業が日本から商品調達する行動である。(2)は，海外への出店行動である(1)と商品の国外調達行動である(3)を媒介するものである。なぜなら，外から内に入ってきた商品を海外に持ち出し，国内から海外に出店した小売業に商品供給するからである。(3)は，海外から日本に商品調達することである。これには，直接製品輸入や開発製品輸入が含まれる。(4)は，海外の小売業が日本の市場に参入することである。

次に，McGoldrick（1995）は，小売業国際化行動を5つに識別している。

① 本国小売業者による海外市場参入である国際的拡張
② 海外小売業者による本国市場参入である海外競争
③ 小売業者の国境を越えた商品調達である国際商品調達
④ 国境を越えた小売業者間の提携である国際提携
⑤ 国境を越えた小売業経営ノウハウの移転である国際知識移転

McGoldrick（1995）によって抽出された5つの行動は，向山（1996）の区分した出店行動と商品調達行動だけではなく，知識移転行動についても言及している。これまでの先行研究を整理したものとして青木（2000）の研究が

図表 1-8　小売業国際化行動の側面

	市場参入	商品調達	知識移転
国内から海外へ	海外市場参入	商品輸入	知識移転
海外から国内へ	国内市場参入	商品輸出	知識受入

出所：青木（2000），68 ページに加筆修正。

ある。

青木（2000）は国際的な小売企業の活動を市場参入，商品調達，知識移転の3側面に分け，それらを国内から海外へもしくは海外から国内へと国内・外の行動方向を加えて，図表 1-8 のように国内市場参入，海外市場参入，商品輸入，商品輸出，知識獲得，知識受入の6つの分析枠組みを提示した。青木（2000）の見解は，McGoldrick（1995）と向山（1996）の主張を合わせ，小売業国際化行動を包括的に示している。

以上のように，小売業国際化行動は国内から海外へ，海外から国内へという2つの次元と，市場参入（出店），知識移転，商品調達といった3つ行動側面に分かれる。これらを組み合わせて6つの活動領域があるとわかった。

この6つに分類された活動領域は，小売業国際化の問題を多面的に捉えていることが可能となる。海外進出が顕著にみられる現代小売業では，国際化以後の段階に焦点をあてたこれら6つの活動領域それぞれの小売業国際化行動研究が求められるであろう。

本書では小売業国際化を（図表 1-8）の枠組みに沿って，以下第2章で出店，第3章で知識移転，第4章で商品調達をそれぞれの国際化行動について検討していく。

第4節　小売業国際化戦略の研究

この節では，小売企業が国際化することを決定した後，どのような方針で国際化していくのかその戦略について考察する。

小売業が国内のみならず海外での活動をどのように行っていくのかを考えたときに，国内と同じ戦略を取るのか，それとも異なる戦略を取るのかといった標準化—適応化の問題がある。つまり，国際化した企業は，世界的に標準化されたマーケティング手法を実施するのか，各国市場に合わせたマーケティング手法を実施するのかといった問題である。

この標準化—適応化問題は，国際マーケティング論における古典的な命題であり，国際化以後においても続いている古くて新しい問題である。この標準化—適応化問題に関する論争が活発化したのは，Levitt（1983）が市場同質化の進展を踏まえた標準化の必要性を改めて強調したことを契機としている。その後にDuglas and Wind（1987）などがそれに反論し，角松（1992）はLevitt（1983）の議論において市場同質化の意味とマーケティングの標準化との関係が曖昧であると指摘している。さらに，大石（1993）は何が標準化をもたらすのか，何を標準化するのか，標準化の利益は何かといった問題が明確化されていないことを指摘するなど論争が続いてきた。

このように標準化—適応化問題は以前からマーケティング分野で議論されてきた問題である。しかし，これらのマーケティング主体はもっぱら製造業であり，多国籍製造企業の海外進出と関連づけて議論されてきたものであり，それまでの標準化—適応化問題は，小売業の海外進出と関連づけて議論されてきたわけではなかった。

小売業の海外進出については，Ansoff（1965）の提唱した成長マトリックスの１つである新市場開拓戦略と関連づけて考えられてきた。つまり，小売企業は成長戦略として新市場開拓先を海外へ求めて海外進出を選択すると考えられてきた。これは，これまでの小売業国際化に関する先行研究である進出要因研究や，参入要因研究においても共通する考え方であった。例えば，Knee and Walters（1985）とWalters and White（1987）において，Ansoff（1965）の理論を小売業に援用した戦略論を提示している。また，論文題名でみても村松（1994）は「小売企業の成長戦略と国際化」であり，村松（1995）でも「小売企業の国際市場開拓」となっている。その他，Pelligrini

図表 1-9　小売業国際化の標準化―適応化戦略

戦　略	標準化戦略	適応化戦略
方　法	フォーミュラの グローバル化	フォーミュラの 適応化
適する業態	専門店	百貨店 ハイパーマーケット スーパーマーケット
企業例	イケア	カルフール

出所：Salmon and Tordjma（1989），p. 10.

(1994)，保田（1997）においても Ansoff（1965）が提唱した戦略論研究を踏襲している研究となっている。

そのような中でも，標準化―適応化問題と関連づけて小売業国際化について考察する研究がされるようになってきた。こうした研究の1つに Salmon and Tordjman（1989）の研究がある[12]。Salmon and Tordjman（1989）は，小売業の国際化戦略について標準化した戦略（グローバル戦略）と適応化を中心とした戦略（多国籍戦略）との2つに分類している。このグローバル戦略とは，母国と同一のフォーミュラ（規格化された運営方式）を世界的に複製していく，いわゆる標準化戦略をさしている[13]。そして，多国籍戦略はフォーミュラを各国・各地域の特性に合わせて適応化させていくという適応化戦略をさしている。また，標準化戦略に適しているのは専門店の業態であり，適応化戦略を用いるのは専門店以外の百貨店やハイパーマーケットなどの業態とされている（図表 1-9）。

上記にあるフォーミュラという言葉は，小売業研究においてフォーマットと類義語として捉えられることも多く，日本における小売業国際化研究においては明確な定義がなされていない。そこで，本書においてフォーマットは

12 西島（2009）が，小売業国際化における標準化―適応化問題研究を整理している。
13 専門店における小売業国際化に関する事例研究には，オフィス・デポを事例とした Kociecki（1998）や，ルイ・ヴィトンを事例とした Laulajainen（1992）の研究がある。

業態を指し，フォーミュラはフォーマットの概念に店舗の運営理念やその方法など運営方式に関するすべての物を含む広義の意味を指すことにする。

Salmon and Tordjman（1989）による標準化戦略もしくは適応化戦略にはそれぞれ適している業態が異なっており，標準化—適応化の戦略を選択する基準は，小売企業の業態とされている。小売業における業態研究には，木綿（1979），高宮城（1991），Wrigley（1997a，1997b），渦原（2001a，2001b），青木（2002）などのように国際化と関連づけて研究されているものも多い。例えば，高宮城（1991）は，ハイパーマーケットの国際化戦略研究を行い，Wrigley（1997a，1997b）は，スーパーマーケットの適応化戦略の事例研究を行っている。また，欧米小売業における国際化戦略を検討した桑原（1992）は，グローバル戦略と多国籍戦略の重要性について言及している。[14]

桑原（1992）においてグローバル戦略を取る小売業は，ベネトンやローラ・アシュレイといった専門店が典型とされる。それらの小売業は，生産から小売までを垂直的に統合することや，経営政策が本国本社によって集権的に決定されるという特徴をもつ。また，母国で確立されたフォーミュラを進出先で再利用するために急速な拡大が可能になる。

それに対して多国籍戦略を取る小売業は，フォーミュラの基本的な構成要件を維持しつつも分権的な組織を取り，子会社に権限委譲して市場ごとに適応していくものとされている。

また，桑原（1992）はグローバル戦略を取る企業が規模の経済から利益を享受できる標準化と，ローカル市場の消費者のニーズにこたえる適応化に対応する必要があると指摘している。

標準化—適応化というのは一見，互いに矛盾するものである。しかしながら，国際マーケティング論にて議論されているように，標準化と適応化のどちらかを二者択一するのではなく，標準化と適応化を同時達成することが目

14 桑原（1992），7ページ。詳しくは桑原（1992）を参照されたい。

指されるべきなのである。

この標準化―適応化の同時達成の可能性について Treadgold（1991）は，国際化を推進する小売企業がグローバルな効率性・有効性とローカルな適応性を調和させることについて，必ずしも不可能ではないと指摘している。なぜなら，現地市場への適応化を進めることは，規模の経済性の消滅や，業態の革新性や強力なブランド力の低下に帰結するとは限らないからである。換言すると，標準化と適応化との相互作用によって学習効果を獲得し，小売企業は差別優位性を強化させる可能性があるからである。

また，個々の小売企業が実際に採用する戦略を観察すると，小売業はあたかも標準化の利益と現地化の必要性とのバランスを取ろうとしているかのようにみえる。しかし，Levitt（1983）が指摘したように，世界中の消費者ニーズが同質化していき，適応化戦略が後退するならば，標準化戦略がこれにとって変わることは十分考えられる。Dawson（1993）はヨーロッパにおける消費者の同質化について，「ユーロ・コンシューマー」が生まれつつあると指摘している。「ユーロ・コンシューマー」とは，ヨーロッパの各地域で以前は明確に区分されていた消費者の態度，消費者の行動様式などにおける共通化が確認されたことから，ヨーロッパ市場はより同質化しているとして名づけられた。

結局，Dawson（1993）は，ヨーロッパ市場における文化的な相違が無視できるほどになっていること，したがって現地市場の文化的特質よりも企業内部の差別的優位性の方がより規定的な影響を与えることを明らかにした。しかし，一方で1990年代に入ると，地域における文化的アイデンティティの復興が明らかになり，グローバリズム批判やリージョナリズム運動が活発化する。この状況に対応するため小売企業は低コストで適合化しうる手法を開発する必要に迫られていると，述べている[15]。

15 Dawson（1994），p. 268. 詳しくは Dawson（1994）を参照されたい。

図表 1-10　所得水準上昇と中心―周辺品揃え変化

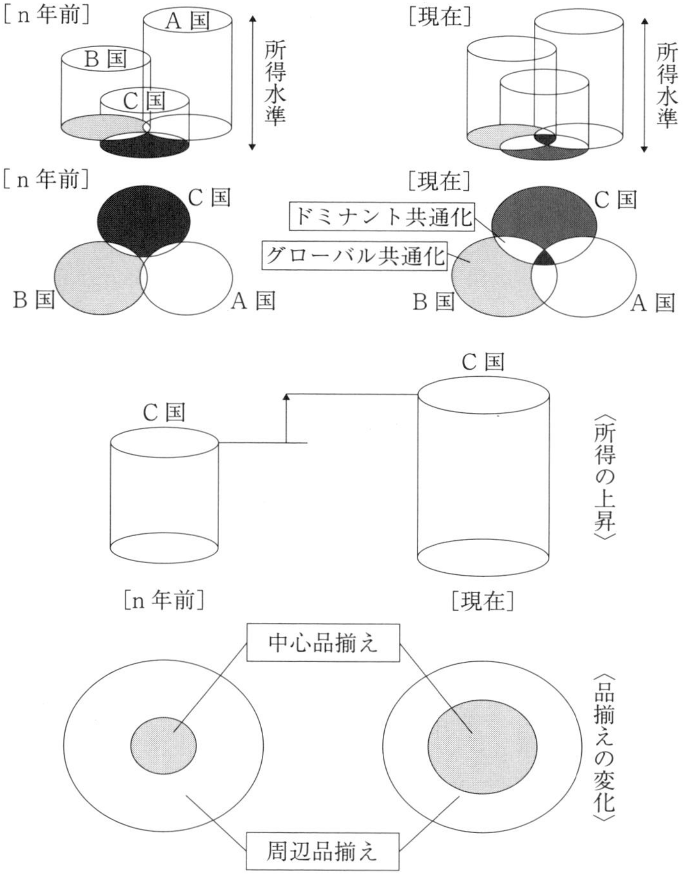

出所：向山（1996），192-195 ページ。

小売業における標準化戦略と適応化戦略の同時達成する問題については，向山（1996）が 1 つの解決策を提起している（図表 1-10）。向山（1996）は，特に小売業品揃えにおける標準化―適応化問題に着目し，小売業グローバル化を可能とする品揃え戦略を検討した。一般に，小売業グローバル化は必然的に品揃えの標準化を要求するため，各国消費者特性の相違との不適合をおこすと考えられる。この矛盾ゆえに，小売業グローバル化は不可能であるとする見方が支配的であった。

しかし，向山（1996）は標準化か適応化かという二者択一的な選択ではなく，標準化した「中心品揃え」と現地適応化した「周辺品揃え」という２種類の品揃えの統合によって，小売業もグローバル化が可能になることを示したのである。

そして，品揃えの標準化と所得との関係を説明している。例えば，途上国は，所得の上昇に伴い複数市場間における品揃えの重複部分が発生し，品揃え標準化の進展が可能になる。さらに，所得の上昇が１つの国内における標準品揃え部分を増大させる効果を有する。この所得の２つの効果によって，グローバルな品揃えが可能になる。この「中心—周辺品揃え」論を提起することで品揃えの「標準化—適応化問題」におけるジレンマを克服し，品揃えにおける小売業グローバル化の可能性を示した。グローバル化への鍵は商品開発，すなわち「もの作り」にあると主張している。さらに，品揃え問題から海外進出の仕組みを論じたことで，海外出店メカニズムに迫っている点が特徴的である。一般に商品調達問題と海外出店問題は分けて論じられる傾向にあったが，両者が表裏一体であることを示している。

さらに，専門店のような品揃えを絞り込んだ「ワンコンセプト・限定品揃え型グローバル化企業」と，百貨店や総合量販店のような品揃えの幅が広い「多製品型グローバル化企業」とに分けて議論している。このような品揃えの幅の違いは，出店行動においても調達行動においても異なった戦略方法を選択する。

本書の主な研究対象は，スーパーであり，向山（1996）における多製品型グローバル化企業について考察していく。そして，品揃えについての標準化—適応化問題を取り扱った先行研究として木立（1999）がある。木立（1999）はイギリスにおけるヤオハンや良品計画の事例をもとに品揃えの標準化—適応化の調和プロセスについて具体的に検討している。そこでは，標準化と適応化の重層的な相互関係と，適応化にも２つのものが存在することが強調されている。この適応化には，ヤオハンの行った事後対応的な適応化と，良品計画で行ったプロアクティブな適応化の２つを指摘している。

また，品揃え以外についても何を標準化もしくは適応化するのか，その分岐点はどこにあるのかについては，川端基夫（2000），木立（2002），白石・鳥羽（2003b），白（2003），矢作（2007）など多くの研究が試みられている最中であり，未だ戦略類型は論者間において統一されてはいない。しかしながら，小売業国際化戦略において，標準化と適応化のどちらかを二者択一するのではなく，標準化と適応化を同時達成すべきであるということは共通した認識であろう。

第5節　結　　語

本章の目的は，小売業において国際化が重要視されるようになった背景を明らかにし，既存小売業国際化に関する研究の特徴を検討することであった。

第１節では，本書の問題意識を述べた。国際化しにくいといわれていた小売業による海外出店行動が，実際にみられるようになってきたとともに「どうして国際化するのか」について関心が集まるようになった。

第２節では，小売業国際化に関する先行研究を検討した。小売業国際化に関する研究は「どうして海外へ進出するのか」といった進出要因研究，「どこにどのような方法で参入するのか」といった参入要因研究，「国際化はどのような行動側面をもつのか」，「どのように国際化が進展していくのか」といった国際行動研究まで様々ある。

第２節１項では，小売業国際化研究の分類を行い，国際化以前に焦点をあてた研究と国際化以後に焦点をあてた研究の２つに分けた。国際化以前に焦点をあてた研究には，進出要因研究と参入要因研究の２つがある。

第２節２項では，国際化以前に「どうして国際化するのか」といった進出要因研究について検討した。進出要因は，プッシュ要因，プル要因，企業要因の3つである。

第2節3項では，「どうやって国際化するのか」といった参入要因研究について検討した。参入要因研究は，社会文化的距離，国際経験，企業理念，小売企業特性などがあった。

第3節では，小売業国際化以後の行動研究を検討した。国際化行動研究には，国内から海外へ，海外から国内へという2つの次元と，市場参入（出店），知識移転，商品調達の3つの次元に分かれる。2つの次元の組み合わせにより，国際市場参入，国内市場参入，商品輸入，商品輸出，知識獲得，知識提供という6つの活動領域があることがわかった。これらについては第2章から第4章で詳細に論じる。

第4節では，国際化戦略について標準化—適応化問題を中心に検討した。標準化—適応化問題は海外進出する際にも重要な問題ではあるけれども，国際化以後も継続的な問題である。標準化—適応化問題は，従来二律背反的であるといわれてきたが，標準化と適応化の両方を満たす行動が不可欠となっている。

以上のことから，研究すべき小売業国際化行動の様々な行動側面が明らかになった。海外進出要因（動機）としては，プッシュ要因やプル要因に加え企業要因の重要性が明らかとなった。参入要因においても外部環境要因だけでなく，企業・組織要因の研究を深める必要がある。小売業国際化行動においては，従来注目されてきた出店に加え，知識移転や商品調達について一層研究されねばならない。とりわけ，商品調達は小売業国際化の生命線であり，これについては後で詳述する。製造業同様，小売業においても標準化—適応化戦略は重要な研究課題である。しかも，標準化・適応化の両方を満たすことが必要である点も製造業と変わりはない。ただし，その満たし方において小売業独特のものがある。いずれにせよ，従来の研究は小売業国際化以前の問題が中心であった。その重要性を認識しつつ，我々は国際化以後の行動を研究することにしよう。

進出要因研究や参入規定要因研究は，小売業国際化研究において重要であることには変わりはない。しかし，実際に海外に店舗をもち小売業国際化の事例が増加している現状を鑑みると，実務的にも理論的にも国際化以後の行動に着目して研究することが必要であろう。これまで述べてきたように，小売業国際化以後における行動には，海外出店，知識移転，商品調達がある。次章以降では，それぞれ詳しく考察する。

第2章

海外出店

第1節　問題の所在

本章では，小売業における海外への出店行動について考察する。まず小売業の海外出店の歴史と状況を把握し，次に欧米系小売業と日系小売業における海外出店の特徴について比較していく。

これまで，小売業は国際化しにくい産業とされていたため，国際化研究に関しては，製造業より遅れており，その数も多くはなかった。初期の小売業国際化行動の研究は，小売業海外出店の動機や背景を把握しようとする研究であった。その理由としては，小売業国際化行動の初期においては，海外出店を行うことがその小売企業が国際化したということとほぼ同義で捉えられていたからである。そのため，海外出店とその背景を解明する研究に注目が集まっていた。

しかしながら，向山（1996）も「雲をつかもうとする研究である」というように，小売業においては製造業であるようなデータ収集自体がされておらず，その蓄積は少ない[1]。データ自体が少ないため，研究者個々人がフィールドワークにて，それぞれの枠組みと基準によりデータを作成している。そのため，時と場所を網羅した時系列データはなく，断片的なデータを使用せざるを得ない。

1 向山（1996），2ページ。

最近では，小売業出店国際化が活発に行われており，状況は常に変化している。この章では，上記の理由で断片的データを使用してその特徴を示したい。ただし，それぞれは断片的データであるが，各研究者が膨大な時間とエネルギーを注いで作成した貴重なデータである。

本章の目的は，小売業による海外出店について検討することである。はじめに小売業における出店行動の歴史を概観し，次いで出店行動の国際化が進んでいる欧米系小売業における海外出店の特徴を検討する。そして，日系小売業に焦点を当てて，海外出店の歴史と現状を分析する。最後に，これからの展望と問題点を提示する。

第2節　海外出店の歴史

1990年代に入り，国境を越えた交通運輸・情報通信の発達を背景に，企業の国際化が本格化した。UNCTADの統計によれば，世界の海外直接投資（フロー）は1990年の2,072億ドルから2000年の1兆3,816億ドルへ増加した[2]。これらの投資主体は，製造企業のみならず金融・保険や小売業などのサービス企業であり，先進国GDPの7割を占めるサービス産業に関する国際化研究も近年増加しているものの，長い間，国際化研究は主に製造企業を対象としてきた。その理由として，以下があげられる。

第1に，第二次世界大戦以後の企業における国際化は，大規模製造企業から始まったからである。1958年ヨーロッパ経済共同体（EEC）の成立を契機として，アメリカ系大規模製造企業がヨーロッパ市場へ進出した。1960年代から70年代にかけて欧州系大規模製造企業が国際化し，1985年のプラザ合意以降，日系大規模製造企業が国際化した。そのため，製造企業の国際化

2　UNCTADのHP，〈http://stats.unctad.org/FDI/TableViewer/tableView.aspx〉，2010年9月10日アクセス。

に関する研究が多くなされたのである。

第2に，Porter（1989）は，小売業を国際化しにくいマルチドメスティック産業の典型としてあげている[3]。小売業は製造業に比べ小規模で分散した市場を対象とすることから，地域性がより重要視される。小売業は，直接消費者に販売するためその国や地域の社会や文化の影響を受けやすい。そのため，小売企業は国際化しにくく，ドメスティックにとどまると考えられてきた。

第3に，小売業は資本力や経営規模において，製造業に比べて小規模であることがあげられる。国際的な活動には多くの資金を必要とすることから，比較的小規模な小売業においては国際化が進展しにくいと考えられてきた。大規模製造企業を凌駕するような大規模小売企業が生成するのは1980年代に入ってからである。大規模小売企業の国際化は，大規模製造企業に遅れて発展したのである。

小売業における海外出店は，20世紀初頭にもみられる。20世紀初頭，資本移動に制約がなく，社会的，文化的距離の近い欧米諸国において小売企業の海外出店が散発的に行われた[4]。例えば，アメリカの小売業において，バラエティストアのウールワース（1879年創業）が1907年にカナダ，1909年にイギリス，1926年にはドイツに進出している[5]。スーパーマーケット第2位のセーフウェイ（1927年創業）が，創業2年後の1929年にはカナダに進出している[6]。また，ヨーロッパにおいて，オランダで19世紀に創業した衣料品店のC&Aが第一次世界大戦前にドイツ（1911年）海外1号店を開き，

3 産業特性として，製造業が比較的広範囲の市場を対象としている。それに対し，小売業は小規模で分散した市場を対象としているため，地域特性が強く反映される産業特性をもつと一般に考えられている。詳しくはPorter（1989）第3章を参照されたい。

4 矢作（2000），89ページ。

5 鈴木（1968），123ページ。

6 鈴木（1968，124ページ）とセーフウェイのHP，〈http://www.safeway.com/ourcompany.asp〉，2002年12月15日アクセス。

1922年にはイギリスに出店し，第二次世界大戦後には欧州全域で積極的な店舗展開をしている[7]。

第二次世界大戦後，当時世界最大の小売業であったシアーズ・ローバック（1893年創業）が，1945年にメキシコに進出し，4年後の1949年にはブラジル，以後南アメリカ各国に進出している。1965年におけるラテン・アメリカ諸国におけるシアーズ・ローバックの店舗数は，メキシコ15店，プエルトリコ4店，ブラジル9店，コロンビア6店，ベネズエラ9店，ペルー1店，パナマ1店，コスタリカ1店，サン・サルヴァドル1店であった。1967年にはスペインへ欧州1号店を開き，さらにはアジアへの進出も積極的に行った[8]。

第二次世界大戦前の出店における国際化は例外的であり，欧米の近代的小売業の海外出店が一般化するのは第二次世界大戦後，欧州経済が復興する1960年以降といわれている。1960年代ヨーロッパにおいて，グッチ，エルメスなどの高級ブランド品メーカーが欧州主要都市に店舗展開をはじめ，イギリスの百貨店兼通信販売会社であるグレイト・ユニバーサル・ストアズやドイツの通信販売会社のオットー・フェルサンドが隣接ヨーロッパ諸国に子会社を設置し始めていた。この時期，フランスのギャラリィ・ラファイエットや，イギリスの有力スーパーマーケットのアソシエイテッド・ブリティッシュ・フーズが海外展開に着手した。最も早く国際化した家具専門店チェーンとして知られるスウェーデンのイケアは，1960年代にノルウェー，デンマークに進出した[9]。

1970年代に入ると，欧米小売業国際化は本格化する兆しをみせ，アメリカのシアーズ・ローバック，ウールワース，J. C. ペニー，セーフウェイな

7　矢作（2000，91ページ）とC&AのHP，〈http://www.c-and-a.com/aboutUs/company/history/〉，2010年9月10日アクセス。

8　鈴木（1968），125ページ。

9　詳しくは鈴木（1968）を参照されたい。

どの海外出店が増えた。そして，フランスのカルフール，オーシャンなどのハイパーマーケットがスペインなどに進出した。オランダのアホールドが1977年にはアメリカ中堅スーパーマーケットのバイローを買収し，ドイツのテンゲルマンが1979年にはアメリカ大手スーパーマーケットのA&Pを買収し，欧州系資本によるアメリカ攻勢がはじまった[10]。専門店分野では，イケアが欧州大陸から日本を含むアジア太平洋市場へと店舗網を拡大し，イタリアのベネトンが1969年にパリで開店したのをはじめとし，1970年代末までにヨーロッパ主要5カ国で680店を展開した[11]。

1970年代は，国際化で先行した小売業たちが足場を固めることに成功した時期であり，それにより1980年代から1990年にかけて国際化は加速した。欧米系小売業国際化における出店行動研究には，Treadgold（1988），McGoldrick and Davies（eds.）（1995），Myers and Alexander（1996），Sternquist（1997），Treadgold（1996）がある。オックスフォード大学テンプルトン・カレッジ小売経営研究所のデータベースによると，1997年時点，ヨーロッパの主要小売業（一部ヨーロッパに進出しているアメリカ，日本，香港などの小売業を含む）の欧州市場（中欧，東欧，北欧を含む）への参入件数は約1,700件である。その参入時期をみると，1970年代およびそれ以前は全体の11%に過ぎなかったが，1980年代には34%，1990年代（1990年から1997年まで）には55%となっている[12]。

ハワード（2001）によると，国際化戦略が大規模小売業にとってかなり一般的な成長戦略となったのは，1990年代に入ってからである。しかし，ヨーロッパ小売業における海外出店先は，「欧州域内」中心である。1999年時

10 二神（2000b），104-106ページ。

11 矢作（2001），20ページ。詳しくは矢作（2001）を参照されたい。

12 原出典は，OXIRM（1997），*Shipping for New Markets-Retailers' Expansion across Europe's Borders*, Oxford Institute of Retail Management, Templeton College, Oxford. である。しかし，原出典が入手できなかったため，矢作（矢作（2001），20-21ページ）から引用した。

点，ヨーロッパ小売業における海外出店先の67%は「欧州域内」であり，文化圏が異なるアジアへの参入は散発的である，と述べている[13]。

しかし，アジアへの散発的参入については，ベネトン，イケア，ボディショップのようなニッチ型専門店の海外参入件数が多数を占めている。Retail Intelligence（1999）によると，スーパーマーケット，ハイパーマーケットなどの食品系小売業のアジア参入件数は，1980年代以降1998年時点まで11%を占めるに過ぎない[14]。

国際化の進展に伴い，アジア市場への参入は確実に増加した。先行したのは専門店チェーンである。例えば家具のイケアの場合，1960年代の北欧に続き，1970年代後半から1980年代はじめにかけてオランダ，フランスなどヨーロッパ大陸に進出し，ほぼ同時期に香港，日本，シンガポールといったアジア地域にも参入を開始した。

アメリカのカテゴリーキラーを代表する玩具関連のトイザらスの場合は，それより遅く1980年代半ばにカナダ，イギリス，シンガポールと北アメリカ，ヨーロッパ，アジアでほぼ同時期に海外進出をしている。

食料品を扱う量販店のアジア進出はトイザらスよりさらに遅く，1990年代に入ってからのことである。食料品・日用品系小売業は店舗数，売上高の点で各国の商業構造に占める割合が高く，巨大な経営規模の外資参入の影響は専門店とは比較にならないほど大きい。

世界小売業売上高ランキング上位20社のうち，アジアで店舗展開している代表的な小売企業であるウォルマート（アメリカ），カルフール（フランス），テスコ（イギリス）の3社を抜き出し，海外出店年度をまとめたものが図表2-1である。

図表2-1によると，主要3社における，23件のアジア参入例のうち19件

13 ハワード（2001），p. 40. 詳しくはRetail Intelligence（1999）を参照されたい。
14 矢作（2001），21ページ。

図表 2-1　大規模小売企業3社の海外出店年度

進出年	ウォルマート（1969 創業）	カルフール（1959 創業）	テスコ（1919 創業）
1969		ベルギー	
1970		スイス	
72		イギリス	
73		スペイン	
75		ブラジル ベルギー撤退	
78			アイルランド
1982		アルゼンチン	
86			アイルランド撤退
88		アメリカ	
89		台湾 イギリス撤退	
1990	メキシコ		
91		ギリシャ，ポルトガル スイス撤退	
92			フランス
93		イタリア，トルコ	
94	カナダ，香港，インドネシア， プエルトリコ	メキシコ，マレーシア アメリカ撤退	
95	アルゼンチン，ブラジル	中国，UAE	ハンガリー
96	中国	タイ，香港，韓国	チェコ，スロバキア，ポーランド
97	ドイツ	シンガポール，ポーランド	アイルランド再参入 フランス撤退
98	韓国 インドネシア撤退	インドネシア，コロンビア， チェコ，スロバキア， スロベニア，チリ	タイ，台湾
99	イギリス		韓国
2000		スイス再参入，ベルギー再参入， オマーン，日本，ドミニカ， ギリシャ，カタール 香港撤退	
2001		ルーマニア，チュニジア	
2002	日本	エジプト	マレーシア
2003			トルコ，日本
2004		アホールド買収（ポーランド）， サウジアラビア チリ撤退	中国
2005	CARHCO 買収（コスタリカ， エルサルバドル，グアテマラ， ホンジュラス，ニカラグア）	アルジェリア チェコ，スロバキア撤退 メキシコ，日本撤退	台湾撤退
2006	ドイツ，韓国撤退	キプロス，ヨルダン 韓国撤退	
2007		クエート ポルトガル，スイス撤退	アメリカ
2008		バーレーン，スロバキア	インド
2009	チリ，インド	イラン，ブルガリア，モロッコ， パキスタン，シリア，ロシア アルジェリア，ロシア撤退	
2010		インド，アゼルバイジャン イタリア南部撤退	
2011	アフリカ	アルバニア タイ撤退	日本撤退表明

出所：矢作（2002a），36 ページを参考にして，ウォルマートの HP，〈http://www.walmart.com/〉，カルフールの HP，〈http://www.carrefour.com〉，テスコの HP，〈http://www.tesco.com/〉，すべて 2012 年 6 月 20 日アクセス，各社アニュアルレポートより筆者作成。

は1995年以降に出店している。アジアへの出店が一番多いのはカルフールである。欧米小売企業によるアジア進出は，1990年代後半以降にみられることが特徴の1つとしてあげられる。

アジア市場における国際化のもう1つの特徴は，日系小売企業による積極的な進出である。川端基夫（2000）は，日系百貨店と日系スーパーの合計海外出店数が1999年末時点で400店舗を超え，そのうち80％以上がアジアへの出店であると報告した。時期的には1980年代半ば以降増大し，特に90年代後半にはスーパー中心に急増した[15]。これにより，アジア市場における欧米系小売企業と日系小売企業の競争が激化した。

次に2000年と2010年における主要3社（ウォルマート，カルフール，テスコ）の海外店舗展開をまとめたものが，図表2-2である。

本書では，小売企業海外出店が1つの段落を迎えた2000年ごろの状況をみるため，2000年に焦点を当てながら，2010年現在と比較してみていくことにする。

上記の主要3社のうち，2000年までを比較すると他社に先駆けていち早くアジアへの出店を重視する姿勢をみせたのはカルフールであった。とりわけカルフールは，南欧，南米での国際化が一段落し，1990年台後半から2000年頃までアジアでの出店を重点的に行っていた[16]。ただし，2000年台後半になると日本を含めアジアからの撤退もみられるようになった。しかしながら，2010年におけるアジアの店舗数は756店舗であり，2000年と比較すると約8.0倍増になっている。

そして，ウォルマートは1997年，1998年とドイツにおいて中堅流通企業2社を買収した。その後1999年にはイギリス第3位のスーパーマーケットであるアズダを傘下におさめた。この時点において，1兆数千億円をヨーロ

15 詳しくは川端基夫（2000，70-71ページ）の表3-2と表3-3を参照されたい。
16 カルフールの国内外出店状況は，第2章補足を参照されたい。

図表 2-2　主要 3 社海外店舗展開

企　業	国	売　上		店舗数				
		2000 年度（＊）	単位百万	北米	中南米	アジア	欧州	その他
ウォルマート	アメリカ	165,013	USD	3,151	500	11	327	0
カルフール	フランス	64,802 59,877	EUR USD	0	574	94	4,755	0
テスコ	イギリス	20,358 30,863	GBP USD	0	0	19	826	0
		2010 年度（＊＊）	単位百万	北米	中南米	アジア	欧州	その他
ウォルマート	アメリカ	405,046	USD	4,621	2,773	651	371	0
カルフール	フランス	90,099 119,561	EUR USD	0	1,385	756	13,480	316
テスコ	イギリス	62,573 96,675	GBP USD	145	0	1,231	3,435	0

（注）USD（米ドル），EUR（欧州ユーロ），GBP（英ポンド）。
＊ 1 GBP = 1.516 USB，1 EUR = 0.924 USD で換算。
＊＊ 1 GBP = 1.545 USB，1 EUR = 1.327 USD で換算。
出所：各社アニュアルレポートより筆者作成。

ッパでの M&A（企業買収・合併）に費やしている[17]。ウォルマートのアジア進出は 1994 年の香港とインドネシアからはじまり，アジアへの出店にも力を入れるようになり，2001 年には日本へ進出した。アジアにおける店舗数は，2000 年は 11 店舗であったものの 2010 年には 651 店舗と急増した。

また，イギリス最大手のスーパーマーケットであるテスコは，1990 年代後半，東欧とアジアに的を絞り，アジアへ本格的に参入した。2003 年までに両地域で合計 130 店舗を出す計画であり，特にアジアを重要視していた。2010 年におけるテスコジャパンの HP によると，テスコは世界中で 2,711 店

17 二神（2000a），38-39 ページ。Kacker（1990）はアメリカの小売企業による海外小売企業買収戦略について分析し，二神（2001）はウォルマートの M&A 戦略について分析している。

舗を運営し，世界11カ国で事業を展開している。

このように小売業国際化における歴史的展開を概観すると，Salmon and Tordjman（1989）の主張がよくあてはまる。

Salmon and Tordjiman（1989）は，グローバル戦略と多国籍戦略という2つの海外出店戦略に分類した。グローバル戦略とは，同一の経営方式を基本的に変えることなく複製する標準化に最大の特徴がある。統一的なイメージ，品揃え，価格，販売促進政策を採用できるため，集権的な管理が可能となり規模の経済性を発揮しやすい。専門店チェーンがグローバル戦略を取る代表格である。それに対し，多国籍戦略とは，経営方式を現地市場に適応させたものである。業態の基本コンセプトは複製可能だが，品揃え，価格，サービスなどの小売ミックスは調整する必要があるため，分権的な管理が必要とされ，経営ノウハウの移転能力が重要となる。ハイパーマーケットや百貨店が多国籍戦略を取る代表格である。

これまで，20世紀初頭からはじまる小売業海外出店の歴史を概観してきた。従来，小売業は国際化しにくいといわれてきたが，早くから海外出店してきた企業もみられた。その中で，1960年までに海外出店した小売企業の特徴としては，イケアに代表される専門店，グッチやエルメスに代表される高級ブランド店などのように，取扱商品そのものに競争優位をもつことである。彼らは商品の標準化により海外展開をした。そして，1970年代に入ると，欧米小売業の海外出店が進展するが，その海外出店先は資本移動に制約がなく，社会的，文化的距離の近い欧米諸国であった。このような傾向は，1980年代および90年代の海外出店が大規模小売業にとってかなり一般的な成長戦略となるまで続いた[18]。とりわけ1980年代半ば以降になると，日系百

18 Laulajainen（1991）は，小売業における国際化を地理的距離の視点から分析している。また，Dupis and Prime（1996）は，小売業国際化における成功要因と失敗要因を社会的，文化的距離の視点から分析している。そして，Shackleton（1996）は，文化的背景に焦点を当てている。経営文化の国際比較における代表的な研究には，Steenkamp, Hofstede and Wedel（1999）がある。

貨店やスーパーのアジア進出も活発化した。また，2000年ごろからはアジア諸国の経済発展や規制緩和などを受けて，欧米系小売企業のアジア進出が盛んになってきている。以上のように，欧米系小売企業と日系小売企業における海外出店動向は異なっているため，次節以降において欧米系小売企業と日系小売企業に分けて詳細に検討する。

第3節　欧米系小売企業における海外出店の特徴

近年，とりわけ欧州系小売企業の海外出店が多くみられる。その背景には，大型店に対するヨーロッパ独自の社会的規制強化や，宗教的規制の他，業界の寡占化，競争激化などの要因も深く関係している。欧州系小売企業は，ヨーロッパ近隣諸国への出店だけではなく，北米，南米，アジアなど全世界へ出店している。このような，世界的規模での海外出店は，2000年以降にみられる特徴の1つである[19]。それに対し，広大な国内市場をもつアメリカ系小売企業は，欧州系企業ほど海外出店が活発とはいえないものの，アメリカ国内で培った競争優位を海外でも展開する形で海外出店している。

このような欧米系小売企業において一番特徴的なことは，国際化比率が高いことである。図表2-3は，世界小売業売上高ランキングの上位100社に入る大規模小売企業を対象とし，アニュアルレポートをもとに，進出国数が多い順に20社に絞り，各大陸別の進出国数を示したものである。以下でその特徴を述べる。

第1に，4大陸以上に進出している企業は12社である。うち10社は，進出国数上位11位以内に位置している。進出国数第4位のカルフールだけが，3大陸に進出している。このことから，進出国数が多ければ多いほど全

19 二神（2001）は，このような欧州小売業動きを「グローバルチェーンの出現」としている。「グローバルチェーンの出現」は，この2～3年の間に起こった動きであると指摘している。

図表 2-3　国際店舗展開する小売業の国際化比率と進出外国数

（2000年　3月）

順位	企業名	業態	本国	国際化比率（%）	欧州	北米	中南米	アジア	その他	計
①	イケア	S	スウェーデン	☆89	20	2		9	1	＊32
②	マークス＆スペンサー	Ⓖ	イギリス	18	13	2	3	9		＊27
③	トイザらス	Ⓢ	アメリカ	27	12	1		11	2	26
4	カルフール	Ⓖ	フランス	☆45	11		5	8		24
⑤	オットー	Ⓢ	ドイツ	☆55	11	2	1	5		★22
⑥	メトロ	G	ドイツ	☆42	19	1		1	1	22
⑦	セブン-イレブン	Ⓖ	アメリカ	na	5	1	2	10	1	＊19
⑧	アホールド	G	オランダ	☆80	6	1	9	3		19
⑨	オフィス・デポ	Ⓢ	アメリカ	13	11		2	3	1	17
⑩	オーシャン	G	フランス	17	8	1	2	2	2	15
⑪	キングフィッシャー	S	イギリス	☆41	8	1	1	2		12
12	レーベ	G	ドイツ	20	12					12
13	マクロ	G	オランダ	☆100			4	6	1	11
14	アルディ	G	ドイツ	37	9	1			1	★11
15	リドル	G	ドイツ	33	9					★9
⑯	ウォルマート	G	アメリカ	17	2	1	4	2		9
⑰	カジノ	G	フランス	23	1	1	5	2		9
18	テスコ	G	イギリス	12	5			3		8
19	デイリーファーム	G	香港	☆67				6	2	8
20	デレーズ	G	ベルギー	☆81	4	1		3		8

＊：フランチャイズ制による進出国を含む。業態G：総合小売店 S：専門小売店。国際化比率：全売上高に占める海外の比率，na：不明。★：1999年度データ。順位欄○：4大陸以上進出，業態欄○：日本進出済，☆：国際化比率40％以上。国際化比率とは，全売上高に占める海外売上高の割合を意味している。

出所：二神（2001），22ページ。

世界へあまねく進出していることがわかる。

第2に，20カ国以上に進出している小売企業は8社ある。そのうち7社が欧州系小売企業である。このことからも，欧州系小売企業の国際化志向が確認できる。

第3に，国際化比率40%を超えている企業が少なからずある[20]。これに該当する企業は，図表2-3で☆印を付けているイケア，カルフール，オットーなど9社であり，そのうち8社が欧州系小売企業である。

第4に，図表2-3には示されていないが，複数の国で市場占拠率が3位以内となっている企業が少なからずある。例えば，カルフールはフランス本国のみならず，スペイン，ポルトガル，ベルギー，ギリシャ，ブラジル，台湾の6カ国でトップの座を確立し，イタリア，中国でも3位以内である[21]。

2001年3月時点というやや古いデータではあるが，欧米系小売企業の国際化度を概観することができた。とりわけ，欧州系小売企業は，国内市場が狭隘なため積極的な海外出店をしていることが読み取れた。

次に，前掲の図表2-3に基づき，業態別に検討する。小売業は多種類の商品を販売する総合小売店と，特化された商品を取り扱う専門小売店の大きく2つに分かれる。図表2-3の示す総合小売店には，ハイパーマーケット（HM），ハードディスカウントストア（HDS），キャッシュアンドキャリー（C&C），スーパーマーケット（SM）を含める。

ハイパーマーケットは，広範囲な非食品をあわせもつ大規模ディスカウント・セルフサービス食品店で，カルフールが1963年に開発した。代表的なチェーンとしては，フランスのカルフールやオーシャン，カジノ，コラ，イギリスのテスコなどがある。アメリカのウォルマートが「スーパーセンタ

---

20 国際化比率とは，ここでは全売上高に占める海外売上高の割合を意味している。

21 二神（2001）によると，カルフールやオランダのアホールドなどは世界10カ国程度での仕入，特売をまとめて行い，多国籍ベースで商品の仕入契約を締結し，同時にセールスキャンペーンを行っている。

ー」と呼ぶウォルマートストアもこのタイプに入る。

ハードディスカウントストアは，ドイツのアルディが1952年に開発したストアタイプで，店舗は500m^{2}前後と小さく，商品は回転率の良い加工食品主体の600品目前後に絞り込まれ，超安値で販売するのが特徴である。代表的なチェーンとしては，ドイツのアルディやリドル，フランスのカルフール系のEDやディア，デンマークのネットーなどがある。イギリスのテスコがアメリカで展開するフレッシュ＆イージーもこのタイプである。

キャッシュアンドキャリーは，レストラン，食品小売業，ホテル，ケータリングなどの企業が，業務用として直接店頭で商品を選び，現金で代金を支払い，自身で商品を持ち帰る形態が特徴である。このような取引方法を取ることで経費を抑え，低価格販売を実現した。実際には，個人も会員となることによって購入できる。代表的なチェーンとしては，アメリカのコストコやドイツのメトロなどがある。

スーパーマーケットは，食品を中心として，他に日用品などをセルフ販売する小売企業である[22]。1,000～2,000m^{2}程度の中規模な店舗で，比較的狭い商圏を対象として，生鮮3品（青果・水産・畜産）や惣菜，加工食品，日用品などを提供している。代表的チェーンとしては，オランダのロイヤル・アホールド，ドイツのエデカやレーベ，テンゲルマン，ベルギーのデレーズなどがある。

カテゴリーキラーと呼ばれる専門小売店のうち，代表的な企業の1つにイケアがある。イケアはスウェーデンを母国とする世界最大家具チェーンであり，世界32カ国，フランチャイズ店を含め140店を展開している。同社の

22 佐々木（2006，79ページ）によると，アメリカでは総合型のスーパーをGMS（General Merchandise Store）と呼ぶ。日本ではGMSと総合スーパーは区別も明確ではないまま，ほぼ同じ意味として用いられることが多い。GMSの使われ方として，衣食住関連商品を大量販売する大型店全般，住関連商品を中心とした総合商品小売業として区別することもある。

国際化比率は89％で，前掲図表2-3中，オランダのマクロを除き最も高い。アメリカのトイザらスは玩具の専門店として名高い。マークス＆スペンサーは本国イギリスや欧州主要国で総合小売業を経営しているが，アジアを含む多くの国では，フランチャイズ形式で衣料品の専門店を展開している[23]。また，オットー・フェルザンドはドイツを拠点としている，世界最大のホームショッピング企業である。各国のインターネットショッピングの普及により，日本を含む世界22カ国で事業を営んでいる。日本においては，1986年から商号を住商オットー株式会社として活動している。2007年12月ドイツ・オットー社100％子会社化に伴い，称号をオットージャパン株式会社に変更する。世界20カ国に123社を展開する通販企業であり，売上高はグループ全体で101億3200万ユーロ（140億722万ドル)。売上高の57％はドイツ国内であり，海外売上高比率は43％であった。地域別にみると，アメリカ9億7,900万ユーロ（世界全体の10％)，アジア2億5,200万ユーロ（同2％）などとなっている。

以上みてきたように，どのような業態であっても，欧米系小売業の海外出店が進んでいることが分かる。欧州系小売企業にとっては，企業として成長するためには狭隘な国内市場にとどまることができず，近隣諸国への海外出店が不可欠であった。海外出店の活発化で競争が激化し，EUなどの地域統合がさらに競争に拍車をかけた。それが，近隣諸国にとどまらない，いっそうの海外出店を促進したのである。

人間にも栄枯盛衰があるように，企業にも店舗にも栄枯盛衰がある。小売企業の国際化は華やかな海外出店だけにとどまらない。出店の裏には撤退という冷厳な事実がある。とりわけ日本市場は，統一的フォーマットで展開できない狭い土地，世界一とも称される消費者の厳しい眼などがあり，欧米系

23 Whitehed（1991）は，マークス＆スペンサーにおけるフランチャイズ形式での海外進出研究を行った。

小売企業にとって容易ならざる市場である。図表2-4では，主要な欧米系小売企業による日本進出と撤退の動向をまとめている。

日本市場への欧米系小売企業による参入時期は，先進国市場の中でもとり

図表2-4　主要欧米系小売業の日本進出と撤退動向

進出年	内　容
1990年	ザ・ボディショップ・インターナショナル(英・化粧品)
1991年	トイザらス（米・玩具，日用品）
1995年	GAP（米・カジュアル衣料）
1996年	スポーツオーソリティ（米・スポーツ用品）
1997年	オフィス・デポ（米・文具，事務用品）
1997年	オフィス・マックス（米・文具，事務用品）
1998年	J. C. ペニー（米・インテリア，生活雑貨）
1998年	ウォルグリーン（米・ドラッグストア）
1999年	コストコ（米・ホールセールクラブ）
1999年	ブーツ（英・ドラッグストア）
2000年	カルフール（仏・スーパー）
2001年	オフィス・マックス，日本撤退。
2001年	ジャスコ，米社と共同出資の家具専門店 「ルーム・ツー・ゴー」解散，全4店舗閉鎖。
2001年	ブーツと三菱商事，ドラッグストア合併精算。
2001年	セフォラ（仏・化粧品），全7店閉鎖，日本撤退。
2002年	ウォルマート（米・スーパー），西友買収へ。 3分の2出資権を取得，新仕入れシステム構築へ。
2002年	メトロ（独・会員制卸売チェーン），丸紅と組み， 日本で会員制業務用食品卸を出店。
2003年	テスコ（英・スーパー），シートゥーネットワークを買収。 日本市場へ進出。
2006年	イケア（スウェーデン・家具）
2008年	H＆M（スウェーデン・衣料品）
2009年	フォーエバー トゥエンティーワン（米・衣料品）
2011年	テスコ，日本撤退を発表。

出所：『流通経済の手引き』1995-2006年度版と『日経流通新聞トレンド情報源』2007年-2012年版より筆者作成。

わけ遅い。この理由としては，先にあげた日本市場の特殊性の他，日本が極東と呼ばれるアジアの東端にあり地理的にも隔絶していること，キリスト教をベースとする欧米社会とは社会的や文化的に大きく異なること，日本語が言語的に特殊であること，などがあげられる。

しかし，これらの要件は現在に至るも変わっていない。やはり欧米系小売企業が日本市場へ進出するのをためらった最大の理由は，厳しい流通規制にあったと考えざるをえない。日本においては，第二次世界大戦後，戦前の百貨店法を改めた第二次百貨店法（1956年制定）が大型小売企業の代表的規制法であったが，スーパーマーケットの発展により1973年10月1日，「大規模小売店舗における小売業の事業活動の調整に関する法律（大規模小売店舗法；略称は大店法)」が施行された。大店法は，百貨店やスーパーマーケットを含め，あらゆる大型店の出店を規制したものであり，「大規模小売店舗審議会」が事前の出店調整をすることにより，大型小売企業は自由な出店が阻害されるとともに，出店までかなりの日数を要することになった。と同時に，一度出店した地域では大型店比率が高くなり，競合店が新規に出店することが困難となり，競争を制限するということにもなった。

このような特性のため，後から出店を希望した欧米系小売企業にとって大店法は大きな参入制限要因となり，アメリカを中心として規制緩和の声が高まった。1989年から1990年まで計5回開催された日米構造協議においてもアメリカから大店法の廃止が強く要望され，これを契機として大店法は大幅に緩和された。例えば，出店調整期間の上限が1年半に設定され，1,000m^{2}未満の出店が原則自由になるなど，である。そして，2000年6月1日，大店法は廃止され，大規模小売店舗立地法（大店立地法）が施行された。大店立地法は，大型店の立地に関しその周辺の地域の健全な生活環境を保持するために設けられたが，大店法とは異なり，大型店の出店規模などを規制するものではない。

大型店出店に関する規制緩和がおきた1990年代以降，欧米系大規模小売企業にとって日本への出店が容易となった。図表2-4では，本格参入のはじまった1990年代のはじめの参入状況に絞って検討している。これによると，専門店の参入が先行していることが分かる。例えば，1990年にはザ・ボディショップ・インターナショナルが日本市場に進出し1991年にはトイザらス，1995年にはGAPが進出している。1991年のトイザらスや1996年のオフィス・デポ（店頭販売撤退）[24]，同年のオフィス・マックス（日本撤退）[25]といったカテゴリーキラーや，1999年のコストコなどのように，従来日本にはなかった業態の進出も目立っている。これらの企業は，参入当初，画期的店舗や業態で競争優位を獲得したが，日本企業に模倣され競争優位を保ち続けられなかった企業もあった。

一方，ハイパーマーケットやスーパーマーケットなどの総合型業態の欧米系小売企業の日本市場参入は遅れ，ようやく2000年代に入ってから総合型業態の小売企業による日本進出がみられるようになった[26]。2000年にカルフール（2005年，日本完全撤退）が新規出店し，同年，メトロが丸紅と提携して参入した（2010年9月現在は提携解消）。2002年にウォルマートが西友に資本参加して日本市場へ参入（2005年，子会社化），その後2003年にテスコが「つるかめランド」を運営するシートゥーネットワークを買収し日本に参入している[27]。

欧米系総合型業態小売企業は日本市場への進出が遅れた上に，カルフール

24 オフィス・デポは1996年にデオデオ（現エディオングループ）と提携し，オフィス・デポ・ジャパンを設立し，日本店舗を設けた。オフィス・マックス社と同様に，日本市場においても，アメリカのようにSOHO（Small Office, Home Office）が増加すると考えていた。しかし，日本では予想通りにはならず経営戦略を見直すこととなった。2009年12月26日に国内店舗を閉鎖し，インターネットやカタログによる通販に特化している。

25 1996年12月にジャスコとオフィス・マックス・インク社は合併契約し，1997年4月，共同出資で株式会社オフィスマックス・ジャパンを設立。オフィス・デポ社と同様に，文具・オフィス関連用品を取り扱う小売店舗を全国に6店舗展開，カタログ事業を行っていたが経営悪化。2001年1月31日付で解散し，日本から完全撤退した。

26 総合型業態の用語は向山（1996，83-84ページ）に依拠している。

27 欧米系小売業による日本市場参入とその影響に関する研究については，外川（1997），↗

の完全撤退にみられるように，必ず成功しているとは言い難い。大店法は廃止されたものの大店立地法は 2008 年に改正されて郊外の大型店出店が規制されているし，日本市場に適合した品揃えやサービスで競争優位を保持することは容易ではない。むしろ，急速に成長している中国市場に経営資源を振り分けるために，戦略的な撤退をしているともいえる。

カルフールは，2010 年に入りタイ，マレーシア，シンガポールなどの東南アジア事業を売却する方針を明らかにした。このような売却や撤退などは今後も繰り返されるであろうが，それにも増して大型小売企業の海外出店は進展していくことであろう。今や，欧米大規模小売企業にとって海外出店は成長のための不可欠な成長戦略となり，海外出店をいかに成功させるかが企業業績向上のポイントとなっているからである。

第４節　日系小売企業における海外出店の特徴

最初に，戦後の海外出店の動きを概観する。第二次世界大戦後に百貨店の海外出店が行われた。1958 年に高島屋がニューヨークへ進出し，翌年 1959 年に白木屋（現在の東急百貨店）がハワイへ，1960 年に大丸が香港へ，1962 年に西武百貨店がロサンゼルスへ，1971 年に三越がパリへ，同年にヤオハンデパートがサンパウロへ進出した。

日系大手百貨店の店舗進出先は，欧米先進諸都市に集中していた。海外進出は，販路の拡大というだけでなく，先進的小売情報や消費者情報の吸収，高級ブランド品の仕入ルート確保としての役割を担ってもいた。また，顧客の多くは現地日系人や日本人観光客であり，日本人向けの「土産物屋」的な

↘池本（1999），上原（1999），大石・星田（2005），渦原（2009）を参照されたい。なお，テスコは日本経済新聞の 2011 年 9 月 1 日付朝刊において日本撤退を発表している。

性格をもっていたといわれている。[28]

他方，1970年代，規制緩和前の日本市場へ，先駆的な欧米系小売企業の進出事例も散見できる。1972年に通信販売を主力とするモンゴメリー・ワードが全額出資で日本モンゴメリー・ワードを設立し，同年にジョセフ・マグニンはダイエーと合弁で婦人服の専門店チェーンを開設した（現在解約)。さらに1973年にはシアーズ・ローバックが西武流通グループ（現:西武セゾングループ）とカタログ販売で提携をし，また同年サウスランドがイトーヨーカ堂とコンビニエンスストア（セブン－イレブン）についての提携を行っている。[29]

ファーストフード業界でも，1970年にケンタッキー・フライド・チキン（KFC）が三菱商事との合弁で日本KFCを設立し（2007年にアメリカ国法人が持ち株のほとんどを三菱商事へ売却したため，現在は三菱商事の連結子会社)，1971年に藤田商店と第一製パンが合弁で日本マクドナルドを設立して銀座に1号店をオープンしている。

日系小売企業は，外資との合弁や提携を通じて，アメリカをはじめとした流通先進国から優れた流通技術や業態（ショッピングセンター，通信販売，コンビニエンスストアなど)，チェーン・オペレーション，フランチャイズ・システムやマーチャンダイジングなどの技術を貪欲に取り入れ，それらの技術やコンセプトを日本の現状に合うように調整していった。

1973年に主要先進国が変動相場制へ移行することによって，円高が急速に進んだ。円高によって，企業においては海外進出が容易になり，個人においては海外旅行が有利になった。日本から海外への団体旅行客・個人旅行客が増え，これらをターゲットに百貨店のみならずスーパーの出店がみられるようになる。とりわけ欧州の店舗は，欧州への団体旅行客をターゲットとし

28 土屋（2001）は，戦後の日系百貨店による欧米諸国への出店に関する研究を行っている。
29 Sparks（1995）は，サウスランドとイトーヨーカ堂間におけるコンビニエンスストアに関する流通技術の提携問題を研究している。

た日本人観光客専用の，いわば「土産物屋」としての機能を果たしていたと指摘されている。

1980年代に入ると，1985年9月の先進国蔵相会議（G5）以後，急激な円高が進行した。いわゆる「プラザ合意」によるアメリカ主導の黒字国責任論が円高を引き起こしたものだが，合意直前の1ドル＝240円の為替相場が1日で20円上昇し，1年後には150円台になり，1987年末には120円台になった。

プラザ合意による円高は，小売企業の海外出店を加速した。この傾向は，1990年代に入っても継続する。ただし，1990年代以降の海外出店先はアジアが大半を占める。2000年代に入ると，アジア諸国における地代上昇や外資系や地元小売企業からの競争圧力，日本における経営状況悪化を受け，コンビニエンスストアといった比較的新しい業態を除き，日系百貨店や日系スーパーなどの業態の多くは海外から撤退している。

日系小売企業によるアジアへの海外進出に関する研究蓄積は多くある。例えば，Malayang（1988）は1980年代における日系小売業のアジア進出研究を行っているし，Mc Goldrick and Ho（1992）は香港における日系百貨店の出店戦略研究を，Phillips, Sternquist and Mui（1992）は1990年代における香港の百貨店研究を，Kawahara and Speece（1994）は香港における日系スーパーの出店戦略を行っている。また，和田（1987），山岡（1989），岡本（1995，1999）らは日系小売業によるアジア進出にも焦点を当てて考察している。アジアへの出店に関する研究は，Davies（1995）や Davies and Fergusson（1995）がある。Davies（1995）は，アジア太平洋地域の出店に焦点をあて，Davies and Fergusson（1995）では，日系小売企業の出店行動に焦点をあてている。出店活動研究に対し Davies（1992）は，1990年代の出店活動とそのリスクにも焦点をあてて考察している。また，鳥羽（2009a）のように撤退行動研究も行われるようになってきた。

その中で，日系小売企業による海外出店に特に関心が集まったのは，1990年代末から2000年ごろにかけてである。それ以後は，外資系小売企業による日本市場参入を過大に評価した外資脅威論や，日系企業による海外からの撤退についての問題が中心的に議論されるようになっている。そのため，ここでは1990年代末までの出店状況をみることで，日系小売企業による海外出店の特徴と傾向を検討する。

図表2-5は，1999年12月末までの日系小売企業による海外出店状況をまとめたものである[30]。日系百貨店の海外進出が急増するのは1980年以降であり，1990年代前半にピークを迎える。1990年代後半は，出店計画分を合わせて21件にとどまり，出店は一段落した感がある。進出決定から店舗開店までには少なくとも1～3年が必要なことから，この時期の出店に関する意思決定の多くは，バブル景気時になされたものが多いと推察できる。中国大陸への進出に関しては，1992年の鄧小平による「南巡講話」が影響しているようである。

このように，日系百貨店の出店先はアジアが70%近くを占める。国別ではシンガポールや台湾そして香港が多く，この3カ国だけで全体の45%以上を占めている。1990年代の出店に限定すると台湾に集中している。百貨店の出店規模については，33%にあたる店舗が1万m^2以上の大規模店であった。大規模店はアジアに多く，とりわけ台湾への新規出店はすべて大規模店であることは注目に値する[31]。アジアにおいてはその約半数が大規模店であるのに対し，欧州においては大規模店がまったくみられない。大規模出店が特に増大するのは1990年以降であり，同年以降は全体の56%が大規模店舗で占められている[32]。

一方，GMSやSMなどの日系スーパーによる海外出店は，日系百貨店の

30 川端基夫（2001）集計によるスーパーの区分には，GMSとSMを含む。

31 ただし，図表2-5では現地の既存店舗への資本参加分6店舗を含めているので，大規模店は14/20と100%にはなっていない。

32 日系小売企業における海外出店については，川端基夫（1999，2000，2001）の研究において詳しく検討されている。詳しくは川端基夫（1999，2000，2001）を参照されたい。

図表 2-5　日系小売企業による海外出店状況

（1999年　12月末）

国・地域		時期	1955-59	60-64	65-69	70-74	75-79	80-84	85-89	90-94	95-99	時期不明	合計	%	大規模店舗
アジア	中国大陸	百貨店							1	4	2		7	5.6	(3)
		スーパー							1	6	59		66	23.6	(13)
	香港	百貨店		1		1	1	4	4		1		12	9.6	(2)
		スーパー						1	4	9	6		20	7.1	(16)
	台湾	百貨店							4	9	10		23	18.4	(17)
		スーパー							27	32	40		99	35.4	(2)
	シンガポール	百貨店				1	1	4	6	5	2		19	15.2	(4)
		スーパー				1	1	3	2	2	4	1	14	5.0	(6)
	タイ	百貨店		1		1		2	1	4			9	7.2	(6)
		スーパー							4	7	12		23	8.2	(5)
	マレーシア	百貨店							4	6	4		14	11.2	(3)
		スーパー						4	11	3	6		24	8.6	(16)
	インドネシア	百貨店								1	2		3	2.4	(2)
		スーパー								1	1		2	0.7	(2)
	アジアのその他	百貨店											0	0.0	
		スーパー							1	2	1		4	1.4	(2)
	アジア計	百貨店		2		3	2	10	20	29	21		87	69.6	(36)
		スーパー				1	1	8	50	62	129	1	252	90.0	(62)
ヨーロッパ		百貨店				3	5	1	6	8			23	18.4	
		スーパー								1			1	0.4	
アメリカ		百貨店	2	1		1	1	4	1	2			12	9.6	(1)
		スーパー					2	7	4	5	1		19	6.8	(3)
オーストラリア		百貨店								2	1		3	2.4	(2)
		スーパー											0	0.0	
その他		百貨店											0	0.0	
		スーパー				2	5			1			8	2.9	(2)
総　計		百貨店	2	3	0	7	8	15	27	41	22		125	100.0	(40)
		スーパー	0	0	0	3	8	15	54	69	130	1	280	100.0	(67)
			2	3	0	10	16	30	81	110	152	1	405	100.0	(109)

出所：川端基夫（2001），118ページ。

海外出店から15年ほど遅れてはじまった。日系百貨店の海外進出が1990年代半ばに峠を越したのと対照的に，日系スーパーの出店はむしろ1990年代後半急激に増加し，90年代前半の62件から129件へ倍増している（技術提携を含む)。日系スーパーの90%は，アジア地域への出店であった。国別では台湾が91店と圧倒的に多いが，これは中堅スーパーによるSMのチェーン展開が行われた結果である。ただし，その多くはすでに撤退している。出店数が次に多いのは中国の62店であるが，ほとんどがヤオハンによる上海地区と無錫でのSMチェーンの店舗であり，すでに閉鎖あるいは売却されている[33]。

日系スーパーの店舗規模をみると，売場面積が5,000m^2以上の大規模店が全体の26%にあたる68店に達している。大規模出店が本格化するのは1980年代後半からであり，このころからGMSやショッピングセンター形態での出店が増えたことを示している。大規模店が多い国は香港やマレーシアであり，香港では80%が大規模店となっている。香港では日系スーパーの店舗が百貨店として認識されているのはこのためでもある。一方，店舗数で最多の台湾では，GMS業態での出店はヤオハンによる2店舗（現在は閉店済み）のみで，他はすべてSMなどの小規模店である[34]。

日系小売企業における海外出店の特徴としては，第1にアジアへの出店が多くみられることがあげられる。これは，地理的，社会的，文化的に近いところに出店したという意味で，欧米系小売企業の行動と類似している。

第2に，日系小売企業の海外出店業態は，1950年代から2000年までを通して，百貨店やスーパーなどの総合型業態が多い。ただし，近年，無印良品やユニクロを代表としたSPA（Speciality store retailer of Private label Apparel：製造小売アパレル）など専門店による海外進出が多くなっている。欧米系小

---

33 同上。
34 同上。

売企業の海外出店業態が専門店からはじまっているのに対し，日系小売企業は百貨店から始まっている。

第5節　結　　語

本章の目的は，海外出店の歴史を概観することによって，欧米系小売企業および日系小売企業による海外出店の歴史と特徴を明らかにすることであった。

小売企業は国際化しにくいといわれてきたが，小売企業の海外出店は20世紀初頭からはじまる。これらは資本移動に制約がなく，地理的，社会的，文化的距離の近い欧米諸国において，散発的に発生している。

第二次世界大戦後，1960年までに海外出店した欧米小売企業の特徴としては，イケアなどの専門店，グッチ，エルメスに代表される高級ブランド店など，取扱商品に競争優位をもつものが多かったことである。彼らは，競争優位をもつ商品を海外にそのまま展開していたのである。

1970年代に入り，欧米系小売企業の海外出店が進展する。このころの海外出店先は，資本移動に制約がなく，地理的，社会的，文化的距離の近い欧米諸国であった。このような傾向は，国際化戦略が欧米系小売企業にとってかなり一般的な成長戦略となった1990年代まで続いた。2000年ごろより，アジア諸国における規制緩和などを受けて，欧米系小売企業のアジア進出が盛んになったのである。

一方，日系小売企業は，第二次世界大戦後，1958年に高島屋がニューヨークへ進出し，翌年の1959年に白木屋（現在の東急百貨店）がハワイへ，1960年に大丸が香港へ，1962年に西武百貨店がロサンゼルスへ，1971年に三越がパリへ，同年にヤオハンデパートがサンパウロへ進出した。百貨店の海外出店が先行したのである。

1970年代になると，変動相場制移行による円高のため，欧州への団体旅行客が増えはじめ，これらをターゲットとした百貨店やスーパーの出店がみられるようになる。この時期は，現地の消費者対象というより日本人を主にターゲットとしており，海外出店ではあるが現地市場とは一線を画す経営をしていた。

1980年代以降，1990年代にかけて日系小売企業の海外出店が活発化し，百貨店に続いてスーパーなどの総合型業態の海外出店が増大した。この時期になると，日本人をターゲットとしているというよりも地元消費者をターゲットにするようになり，店舗も大型化している。

欧米系小売企業と日系小売企業の海外出店の特徴を比較検討した結果，類似点としては海外出店の初期において，地理的，社会的，文化的に近いところに出店先を選んでいるという点が明らかになった。欧州系小売企業は近隣欧州諸国へ，米系小売企業はカナダや欧州諸国へ，日系小売企業はアジアへ進出している。これは，外資系企業が国内市場と様々な点で異なる海外市場へ出店する際のリスクを，最大限減らすという安全策をとったためと考えられる。

他方，相違点としては，欧米系小売業企業による海外出店は専門店業態からはじまっているのに対し，日系小売企業による海外出店は百貨店業態からはじまっている。しかも欧米系小売企業は当初から現地の消費者をターゲットとしているのに対し，日系小売企業は当初は日本人をターゲットとしている。日系小売企業の百貨店などは，日本人観光客相手の「土産物屋」的要素が大きかったのである。

以上のように，小売業国際化行動の第一歩である海外出店について検討してきた。海外出店は，どの国へどのような形態で進出するのかという，いわば事前の意思決定にかかわる問題である。次に，出店先と出店形態を決定後，店舗のオペレーションをどのように行うのかという問題を検討する必要がある。次章では，どのように店舗をつくるのか，どうやって販売していくのかなど，出店した店舗を維持・運営していくための小売技術について検討を行う。

第6節　補　足

本章においては，海外進出がひと段落を迎える2000年頃までに焦点を当てていた。そのため，各小売企業のうち，脚注では収まらない企業についての現状を簡潔に説明する。

図表2-6は，トップ小売企業250社のうち海外進出をしている主要小売企業のうち上位10社を抜き出して，2000年以降の海外進出動向を整理したものである。

2000年と2010年を比較すると，ホーム・デポとオーシャンを除く10社中8社が海外への進出国数を増やしている。とりわけ，進出国数の増加が著しいのはメトロとシュバルツの13カ国であり，次いでカルフールの12カ国であり，その他ウォルマートの6カ国，テスコの3カ国である。2010年には，カルフールとメトロは33カ国に進出しており，シュバルツは26カ国，アルディは18カ国，ウォルマートは16カ国，テスコとレーベとオーシャンは13カ国に進出している。このように，2000年度以降も小売企業は，海外進出を重要な戦略の1つとして推し進め続けてきたのである。

以下，主要な小売企業3社であるウォルマート，カルフール，テスコのうち，第5章で扱うウォルマートを除く2社について整理している。

1.　カルフールにおける海外出店

ヨーロッパ最大の小売企業であるカルフールの2009年12月31日時点での国内外出店店舗数は，76ページの図表2-7の通りである。

2009年度売上高は約859億6,300万ユーロ（約1,193億3,930万ドル）となり，2000年売上高（623億4,000万ドル）の約2倍になっている[35]。2000年

[35] 各税関において税関長が毎週公示しているレートを，適用日数で加重平均した2009年↗

図表 2-6 2000年以降における主要小売企業の海外進出動向

	2010年度 売上高順位	企業名	母国	進出国数										
				2000	2001	2002	2003	2004	2005	2006	2007	2008	2009	2010
1	1	ウォルマート	米国	10	11	11	10	10	11	14	14	15	16	16
2	2	カルフール	仏	24	30	31	30	32	32	31	34	36	36	33
3	3	テスコ	英国	10	11	10	12	12	13	12	13	13	13	13
4	4	メトロ	ドイツ	20	22	26	28	30	32	32	32	32	33	33
5	6	シュバルツ	ドイツ	13	20	16	18	20	22	25	24	24	25	26
6	7	コストコ	米国	7	8	8	8	8	8	8	8	8	9	9
7	8	ホーム・デポ	米国	5	4	4	4	4	5	6	7	7	5	5
8	10	アルディ	ドイツ	11	12	12	12	13	14	15	15	18	18	18
9	12	レーベ	ドイツ	11	11	12	13	13	13	13	14	14	13	13
10	15	オーシャン	仏	14	21	15	12	12	11	12	11	12	14	13

出所：野崎（2011）と Global Power of Retailing 2012 の HP,
〈http://www.deloitte.com/view/en_GX/global/f9f6b21f1d464310VgnVCM1000001a56f00aRCRD.htm〉,
2012年6月15日アクセスより筆者作成。

当時のカルフール海外店舗数は中南米574，アジア94，欧州4,755であったが，2009年12月31日時点のカルフール海外店舗数は中南米1,275，アジア718，中南米1,275，欧州7,941へと変化している。とりわけ，中南米，アジアへは猛烈な勢いで出店している。

しかし，すべてが順調なわけでなく撤退もあった。例えば，1999年1月にカルフール・ジャパン株式会社を設立し，2000年12月8日には，千葉・幕張に国内第1号店をオープンさせた。しかし，経営がうまくいかず日本から撤退している。カルフール・ジャパンの経営はそのままイオン・マルシェ株式会社へ引き継がれ，イオンが経営を続けることとなった。2010年3月には店舗名称使用ライセンス契約及び関連契約が期間満了になったことにより終了し，名実ともにカルフールは日本から完全撤退した。

アジアでは韓国からも完全撤退し，2010年9月現在ではロシア，南イタリアでは店舗を閉鎖している。これは2010年9月現在売上の主力となっているフランス，スペイン，イタリア，ベルギーでの経営を強め，今後の成長が見込まれる中国，ブラジル，インド市場に投資するためとしている。2010年9月現在，タイ，マレーシア，シンガポールなどからも撤退する意向である。

2.　テスコにおける海外出店

イギリス最大であり，世界第3位の小売企業であるテスコの2010年度売上高は約625億7,300万英ポンド（約966億7,500万ドル）となり，2000年売上高（623億4,000万ドル）の約3.1倍になっている[36]。2000年当時のテスコの海外店舗数は北米0，アジア19，欧州826であったが，2010年時点において北米145，アジア1,231，欧州3,435へと海外店舗数が増加している。

テスコの2007年における国外出店店舗数を整理したものが図表2-7であ

↘外国為替相場から，1 USD＝0.72 EURとして計算した。財務省のHP，〈http://www.customs.go.jp/tetsuzuki/kawase/index.htm〉，2010年9月5日アクセス。

36 詳細は図表2-2を参照。

図表 2-7 カルフール国内外出店店舗数

2009年12月31日時点でのハイパーマーケット店舗数

国・地域	形態	ハイパーマーケット	フランチャイズパートナー
フランス		231	28
ヨーロッパ（フランス除く）	ベルギー	56	
	ブルガリア	1	
	スペイン	170	6
	ギリシャ&キプロス	35	
	イタリア	65	4
	ポーランド	82	
	ルーマニア	22	
	トルコ	26	
ヨーロッパ合計（フランス除く）		457	10
ラテンアメリカ	アルゼンチン	68	
	ブラジル	172	
	コロンビア	69	
	ラテンアメリカ合計	309	0
アジア	中国	156	
	インドネシア	61	
	マレーシア	19	
	シンガポール	2	
	台湾	62	
	タイ	39	
	アジア合計	339	0
パートナー	サウジアラビア	10	10
	バーレーン	1	1
	フランス海外領土	11	11
	エジプト	4	4
	アラブ首長国連邦	12	12
	日本（※）	6	6
	ヨルダン	1	1
	クウェート	1	1

スーパーマーケット店舗数

国・地域	形態	スーパーマーケット	フランチャイズパートナー
フランス		987	405
ヨーロッパ（フランス除く）	ベルギー	375	313
	スペイン	101	3
	ギリシャ&キプロス	242	23
	イタリア	501	274
	ポーランド	200	
	ルーマニア	25	
	トルコ	165	
ヨーロッパ合計（フランス除く）		1,609	613
ラテンアメリカ	アルゼンチン	117	
	ブラジル	49	
	ラテンアメリカ合計	166	0
アジア	インドネシア	15	
	台湾	3	
	アジア合計	18	0
パートナー	サウジアラビア	1	1
	ベルギー	69	69
	フランス海外領土	22	22
	エジプト	1	1
	アラブ首長国連邦	11	11
	モロッコ	22	22
	チュニジア	43	43
	パートナー合計	169	169
グループ総計		2,949	1,187

	モロッコ	1	1
	オマーン	2	2
	カタール	3	3
	ドミニカ共和国	1	1
	スロバキア	4	4
	シリア	1	1
	チュニジア	1	1
	パートナー合計	59	59
グループ総計		1,395	97

※ 2000年に日本進出したが，経営悪化から2005年に撤退。経営を継いだイオンマルシェと結んだ名称使用契約が2010年3月に満期を迎え，カルフールの名称はなくなり，イオンへ統一された。

ハードディスカウント店舗数

国・地域 ＼ 形態		ハードディスカウント	フランチャイズパートナー
フランス		928	93
ヨーロッパ（フランス除く）	スペイン	2,815	886
	ギリシャ＆キプロス	381	126
	ポルトガル	524	157
	トルコ	675	238
ヨーロッパ合計（フランス除く）		4,395	1,407
ラテンアメリカ	アルゼンチン	416	63
	ブラジル	376	94
	ラテンアメリカ合計	792	157
アジア	中国	360	92
	アジア合計	360	92
グループ総計		6,475	1,749

コンビニエンスストア店舗数

国・地域 ＼ 形態		コンビニエンス	フランチャイズパートナー
フランス		3,165	3,165
ヨーロッパ（フランス除く）	ベルギー	196	196
	スペイン	14	4
	ギリシャ＆キプロス	261	237
	イタリア	964	789
	ポーランド	30	30
ヨーロッパ合計（フランス除く）		1,465	1,256
ラテンアメリカ	ブラジル	8	
	ラテンアメリカ合計	8	0
アジア	タイ	1	
	アジア合計	1	0
パートナー	フランス海外領土	59	59
	パートナー合計	59	59
グループ総計		4,698	4,480

現金持ち帰り制御売（Cash & Carry）店舗数

国・地域 ＼ 形態		キャッシュ・アンド・キャリー	フランチャイズパートナー
フランス		129	124
ヨーロッパ（フランス除く）	イタリア	15	1
ヨーロッパ合計（フランス除く）		15	1
グループ総計		144	125

2009年12月31日時点。
出所：カルフールのHP，〈http://www.carrefour.com/cdc/finance/publications-and-presentations/annual-reports/〉，2010年9月5日アクセス。アニュアルレポートより筆者作成。

る。海外において店舗数が一番多いのが，タイの370店舗，次いでポーランドの280店舗，日本の109店舗，ハンガリーの101店舗となっている[37]。また，2010年におけるテスコジャパンのHPによると，テスコは世界中で2,711店舗を運営し，世界11カ国で事業を展開している。

アジアにおけるテスコは，アジア5カ国（中国，日本，マレーシア，韓国，タイ）で450の店舗を所有し，2005，2006年における売上高は39億ポンド（8,385億円），利益は30%アップして2億ポンド（430億円）である。日本においては，テスコは2003年にシートゥーネットワーク社を買収し，

図表2-8　テスコの国内外出店店舗数

地　　域	国	店舗数	進出年
ヨーロッパ	アイルランド	95	※1978
	ハンガリー	101	1994
	ポーランド	280	1995
	チェコ共和国	84	1996
	スロバキア	48	1996
	トルコ	30	2003
ヨーロッパ合計（イギリス除く）		638	
アジア	タイ	370	1998
	韓国	91	1999
	マレーシア	19	2002
	日本	109	2003
	中国	47	2004
アジア合計		636	
海外合計		1,274	

※1978年に進出1986年に撤退し，その後1997年に再参入。

出所：スパークス（2008），74ページを参考にして，テスコのHP，〈http://www.tesco.com/〉，2008年10月10日アクセスより筆者作成。

37 ただし，2011年にテスコは日本撤退を表明し，その後イオンへ株式譲渡を発表した。

東京およびその近郊に78店舗を手に入れ，参入をはじめた。2004年8月Frec'sストア（25店舗），2005年10月スーパータネキン（8店舗）を買収し，2010年時点ではテスコ，つるかめランドというブランドで128店舗を展開している。キャッシュアンドキャリーでの卸売も4店舗で扱う。

ヨーロッパにおけるテスコの現状は，ヨーロッパ域内6カ国（チェコ共和国，ハンガリー，ポーランド，アイルランド共和国，スロバキア，トルコ）で364店舗を所有し，1994年テスコ海外進出のスタートになったハンガリーでは87店舗を所有する市場リーダーとなり，ポーランドにおいては最大の私企業となり105店舗を数えることから，東欧とアジアに的を絞った戦略は成功を収めていると考えられる[38]。

テスコは海外進出数も決して多くはなく，早くから積極的に海外進出をしていた企業ではない。しかしながら，進出国を選別しながらも，着実に海外店舗数を増やしてきた。とりわけ，タイでの好調が契機となりアジアへでの海外店舗数を増やしてきた。そして，テスコは海外の売場面積が国内のそれを凌駕するまでになったのである。

38 テスコジャパンのHP，Tesco Today，〈http://www.tesco-japan.com/aboutus/tesco_today/〉，2010年9月4日アクセス。

第3章
国際知識移転

第1節　問題の所在

本章の目的は，小売業国際化における知識移転の特徴と今後の展望を示すことである。

小売業における知識移転に関連する用語として，「小売業知識移転」，「小売業技術の移転」，「小売経営技術の移転」，「小売業態の国際移転」，「小売ノウハウの移転」，「小売アイディアの移転」，「小売事業活動の移転」，「小売知識の移転」，「小売業の知識移転」などがある。これらの移転を連続的・動態的に捉える用語として「小売国際化プロセス」がある。これらの用語はそれぞれ論者がその都度定義した上で使用しており，現状分析や理論構築の検討が試みられている最中である。

例えば，小売業の営業形態（業態）そのものに，小売店を運営するノウハウ（小売業知識，小売業技術，小売事業活動）が凝縮されているとする研究者もいる。また，小売業の知識・技術・事業活動方法を活用する業態が多く展開されている。しかしながら，研究者間で用語に関する使用方法の統一は未だ確立されていない。

本書においては，総合型業態の小売企業なども分析対象に含むため，「業態の移転」といった狭義の意味ではなく，小売知識や小売技術の移転という意味で「小売業知識移転」という用語を採用する。その理由は，様々な業態を1社内にもち，様々な進出先国にて複数業態を駆使する企業があることを踏まえると，1つの業態をすべての進出先国にそのまま使用している小売業は専門店以外にないからである。そこで，総合型の業態を含む本書では広義の意味で小売業の知識移転について考察していく。

小売業の知識と技術に関しては，店舗や事業運営に知識が多く含まれている部分，技術的要素が多く含まれている部分がある。ただし，小売業技術と製造業技術では技術の内容が異なるため，単純に技術移転問題として比較できないであろう。このように，製造業技術移転と小売業技術移転とを一緒に論じることができない点は，小売業研究者間においても統一された見解である。とりわけ，小売業においては目に見える技術より，目に見えない知識の方が競争優位の視点からみても重要である。そのため，製造業の技術移転問題と同様に考察される混乱を避けるために，本書では「小売業知識移転」の用語を使用している。ただし，便宜上「小売業知識移転」の用語を使用するが，店舗運営業務に関わる，小売技術や小売経営技術が含まれないと考えているわけではない。

これまで海外への知識移転に関しては，多国籍企業論や国際マーケティング論において多くの研究蓄積がある。例えば，Ghoshal and Bartlett（1988）は，多国籍企業の子会社による技術革新について，Ghoshal, Korine and Szulanski（1994）は，多国籍企業における部門間コミュニケーションについて分析している。また，高井（2000）は，本社と子会社間の知識の流れについて研究を行い，高井（2001）と松行康夫・松行彬子（2002）は，組織間学習に焦点を当てた研究を行っている。

しかしながら，それらの移転主体は主として製造企業であり，小売企業による海外への知識移転に関する研究蓄積はそれほど多くない。そして，企業経営において「知識」の重要性に注目が集まっている。情報通信技術の発展とともに，資源ベース理論（Barney（1986）など）やダイナミック能力論（Teece, Pisano and Shuen（1997）など）の研究においても，「知識」が競争優位の源泉として指摘されている。この競争優位の源泉である知識という経営資源は小売業においてどのように国際移転されるのであろうか。それに対して黄（2000）は，経営資源の国際移転は国境というボーダーと企業または組織ボーダーという，2つのボーダーを越えなければいけないと指摘する。後者は，市場取引によって2つの企業間で移転されるケースと多国籍企業の企業ネットワークを通して移転されるケースがあるとしている。経営資源の中でも情報的経営資源がグローバル競争において特に重要であり，この移転の円滑さが競争優位を形成すると指摘している。

小売業に関する知識移転問題について，鈴木（1980）はこのような小売業知識移転研究は非常に重要な研究領域であると主張している。また，Burt（1991）は小売業の海外知識移転によって小売業国際化が進展すると考え，小売業知識移転の重要性を指摘している。このように1980年代以降，小売企業を主体とした海外知識移転問題に注目が集まっている。しかしながら，小売企業を主体とした海外知識移転問題に注目は集まっているが，小売企業が具体的にどのような知識を海外へ移転するかについては明確に定義されておらず，研究者間で使用する用語も想定する内容や範囲も大きく異なる。

そこで，まず小売業国際化における小売業知識移転研究を検討し，小売業知識とは何を指すかを明らかにする。そして，次に小売業知識移転に関する既存研究を再検討し，小売業技術とは何かを示す。その後，小売業知識移転の方法を整理し，小売業知識移転の特徴を指摘し，小売業知識移転における今後の展望について言及していきたい。

第2節　小売業知識の研究

まず小売業知識研究について，小売業知識の特徴，小売業知識の具体例，知識移転の3点について整理しよう。

1.　小売業知識の類型化

そもそも小売業知識とは何を指すのだろうか。以下で小売業知識とその特徴より分類して明らかにする。Kacker（1988）によると，小売業知識とは「小売業で使われているノウハウを指し，与えられた環境の中で小売企業が①採択している技術（technique），②事業概念（business concept），③経営政策（operating policies）である。この小売業知識は，商品企画力，立地・売り場選定，プロモーション政策，サービス政策，売り場管理と関連する情報システムを含む」ということになっている[1]。

また，鈴木（1993）は，小売業知識とは小売業者の経営諸戦略決定ならびに遂行にあたって必要とされる知識・判断・行動であると定義している。そして，青木（1999）は小売業知識を「小売業者が保有する財貨を最終消費者に直接提供することに関わる知識の体系（技術，技能，およびノウハウと同義）であり，とりわけ小売業態として表される」と定義している[2]。

そこで本書においては，Kacker（1988）と青木（1999）の小売業の知識における定義を勘案し，以下のように定義する。「小売業知識とは，小売業が保有する財貨を消費者に直接提供することに関わる知識体系である。この知識体系は，小売技術，小売技能，および小売ノウハウと同義である」。

次に，小売業知識を分類していこう。まず，Kacker（1988）による小売業知識の分類をみてみよう。Kacker（1988）は，小売企業における経営者の視点から，小売業知識について管理次元と技術次元の2つに大別している[3]。図表3-1によると，小売企業経営における管理次元には，小売概念，小売哲学，戦略，対策，システム，統制，管理方法がある。管理次元には，小売業経営管理者側のノウハウがまとめられている。セルフ・サービスにするのかワンストップ・ショッピングにするのかといった小売概念に関わる小売業知識や，商品部門の作成した戦略に基づく店舗設計を行うことや，商品計画や在庫管理などが管理次元の小売業知識に含まれる。

1　Kacker（1988），p. 44.
2　青木（1999），81ページ。
3　Kacker（1988），pp. 43-44.

図表3-1　Kackerにおける小売業知識の類型

管理次元	・小売概念，小売哲学 ・戦略，対策 ・システム ・統制，管理方法
技術次元	・立地選択 ・レイアウト，雰囲気 ・市場コミュニケーション ・精算システム ・カタログ商品 ・信用保証

出所：Kacker（1988），p. 45.

一方，技術次元には，小売企業経営における実務実行者側のノウハウがまとめられている。立地選定，レイアウト，店舗の雰囲気，販促と関係している市場コミュニケーションの方法，精算システム，カタログ商品販売，信用保証についての取り決めなどが，小売業知識における技術次元に含まれる。

Kacker（1988）は，図表3-1のように小売業知識を分類した上で，さらに小売業知識は企業経営全般に関する知識であるのか，小売業特有の知識であるのか，によって分類できると述べている。そして，図表3-1における管理次元が企業全般に関する知識に含まれるものであり，技術次元は小売業特有の知識が多いと追記している。企業全般に関する知識には販売社員教育，人材開発，原価計算に関する知識をあげており，小売業特有の知識には小売店舗の品揃えと配置，販売促進，信用販売をあげている[4]。

以上のように，Kacker（1988）は小売業知識の中身を細かく分類しているのに対して，青木（1999）は小売業知識における体系が小売業態として表されると述べている。そのため，宮崎（2009）のように業態の国際移転論として研究する論者も多い。Goldman（2001）も小売業知識が小売業態に集約さ

4　Kacker（1988），pp. 44-45.

図表 3-2　Goldman における小売業態知識の分類

外部要因 消費者を魅了する 提供物	・品揃え ・店舗環境 ・サービス ・立地条件 ・価格
内部要因 提供物を生み 出すための要素	・小売業技術 システム，手法，手続き，技術など ・小売文化 コンセプト，規範，ルール，行動，経験など

出所：Goldman（2001），p. 24.

れると捉えて，小売業態から小売業知識の特徴を分類している。図表 3-2 は，Goldman（2001）が小売業知識を小売業態の視点から外部要因と内部要因の 2 つに大別して整理したものである。

外部要因とは，消費者からみえる業態を含む知識を指している。外部要因は消費者を魅了する提供物であり，品揃えや店舗環境，サービス，立地条件，価格などが含まれる。

内部要因とは，消費者側からみえない，企業内部にある知識を指している。内部要因は外部要因である提供物を生み出す要素であり，小売技術（システム，手法，手続き，技術など）や小売文化（コンセプト，規範，ルール，行動，経験など）などが含まれる[5]。

2.　小売業知識

次に，小売業知識について具体的に検討していこう。

金（1998b）は，小売業知識として具体的に 8 つの知識をあげている[6]。小

5 Ho and Lau（1988）は，スーパーマーケット業態に絞って小売業知識を整理している。
6 金（1998b），175-179 ページ。

売業における8つの知識とは，第1に商品構成および開発に関する知識，第2に商品購入に関する知識，第3に商品売り場構成に関する知識，第4に商品販売に関する知識，第5に営業管理の知識，第6にイベント戦略に関する知識，第7に顧客管理に関する知識，第8に検品・配送に関する知識である。それぞれを以下で詳しく検討しよう。

①　商品構成に関する知識

商品構成に関する知識は大別して3つある。それは，マーチャンダイジング・ミックス，商品開発の知識，商品差別化の知識である。第1に，マーチャンダイジング・ミックスは商品の陳列方法と品揃えの幅を決定する知識である。限られた売り場で，様々な種類の商品をどのように陳列すべきか，またそれぞれの商品をどの程度揃えるかを決定する知識である。第2に，商品開発の知識とはPB商品を開発する知識である。大手小売企業が製造企業のNB（ナショナルブランド）商品以外に，小売企業自らのPB（プライベートブランド）商品を開発する知識である。第3に，商品差別化の知識はサービスや管理水準，店舗などの差別化知識である。すでに作られた製品を購入・販売する小売業において，商品差別化はサービス，管理水準，店舗の差別化によって行われる。

②　商品購入に関する知識

商品購入に関する知識においては，取引先を開発する知識があげられる。良い取引先の確保は，その小売企業の商品と売り場の品揃えを決定する。そのため，良い取引先を開発・管理する能力は小売企業の競争優位を左右する。また，取引先から良い条件を引き出す交渉力や取引条件および変更基準に関する知識もある。決められた商品購入量を確保するためには，取引先と良好な関係を築いていかなくてはならない。取引先を開発し，取引を開始するためには，信用できる取引先かどうかも評価しなくてはいけない。こういった取引先評価についての知識が商品購入に関する知識に含まれる。

③　売り場に関する知識

売り場で最も重要なことは，売り場のコンセプトが商品を的確に反映しているかどうかである。それは売り場構成として表されるが，売り場構成は「どのような商品をいつ，どこで，どのように展開するか」によって決まる。売り場構成に関する知識には，商品群の構成に関する知識，レイアウトに関する知識，商品の品揃えに関する知識などが含まれる。商品群の構成とは，店舗のどこに，どの商品群を配置するかである。商品群を構成する際，商品属性と商品相互間の関連性により，商品部門別に売場を配置することが重要である。商品部門内の商品群を作るときは商品の属性，つまり品質，デザイン，感覚，タイプをグループ化し，商品を配置することが重要である。

④　商品販売に関する知識

小売業の販売は，店舗販売，通信販売，信用販売に分類できる。店舗販売には，対面販売，露出販売，自己選択販売，セルフ・サービス販売などがある。百貨店は，対面販売と露出販売を利用する。それに対しスーパーマーケットはセルフ・サービス販売を利用する。通信販売は，カタログやWebなどのメディアを利用して消費者から直接注文を受ける。商品販売に関する知識には，マーチャンダイジング，カタログ制作，注文から発注までの過程，代金回収，品質保証などに関する知識が含まれる。信用販売の知識は，信用カードによる代金の管理，盗難カードをチェックする技法などである。

⑤　営業管理に関する知識

小売業における営業管理に関する知識には，原価計算の方法，市場調査の方法，基本的な人材管理や運営の基準と業務限度設定の方法，職能・職級別教育と教育機材の活用方法，利便施設の運営方法などが含まれる。営業管理に関する知識は，原価計算のような経理部門から人材を管理教育する人事部門，施設の運営方法や基準を定める総務部門にも関係している知識である。上述のように，営業管理に関する知識は，Kacker（1988）がいうところの

「企業経営全般に関する知識」といえるだろう。

⑥　イベント戦略に関する知識

イベントは顧客を引き寄せ，売上を増大させるのに加え，店舗イメージを向上させる機能がある。イベント戦略は，大きく2つに分かれる。1つは売上増大のために行われる販売イベントであり，もう1つは企業イメージを向上させるために行われる文化イベントである。これらのイベント計画には6つの要素がある。それは，イベント時期の決定，対象顧客の設定，商品の選定，目標販売額の設定，媒体の選択，イベントの決定（場所・費用）である。イベント後は，イベントの成果を分析し次のイベントに生かすことも必要である。

⑦　顧客管理に関する知識

顧客は，来店頻度を基準にして3つに分類される。それは，得意顧客，一般顧客，潜在顧客である。顧客管理は，一般顧客と潜在顧客を得意顧客に引き上げると同時に，得意顧客が離れていくことを防ぐことを目的とする。つまり，顧客管理に関する知識は，新規顧客の拡大・開発に関する知識や既存顧客の維持管理に関する知識である。とりわけ既存顧客の維持・管理に関する知識は，「既存顧客の維持は新規顧客の拡大・開発と比較して，コストは5分の1で売上高や利益に及ぼす影響も大きい」といわれるだけに，極めて重要である。通常，顧客管理はデーターベース・システムによって実現される。

⑧　検品・配送に関する知識

品質管理は，まず検品規定を定めることからはじまる。標準化された検査基準に従って納品された商品の品質検査を行うことは，品質管理の第1歩である。検品に関する知識は，検品を行わない知識をも含む。近年のSCM（Supply Chain Management）の発達によって，検品を不要とする場合もある。配送に関する知識には，配送を自社で受けもつのか，取引先が受けもつのかといったこともあげられる。自社配送センターは，大規模なチェーンストアやスーパーマーケットなどで増加している。これらの運営に関する知識も大きな競争優位となる。

これまで小売業知識について詳しく検討してきた。次に，小売業知識はどのように移転されるのかについて考察する。

3. 知識移転

ここで小売業における知識移転を論じるため，知識とは何かを検討する。

認知心理学においては，知識とは「長期的に記憶・蓄積され，解釈された情報」とされている。この場合，情報は知識を移転する際に使われる多様なシンボルとして取り扱われる[7]。

例えば，Badaracco（1991）によると，知識とは知恵・科学・エンジニアリング・ノウハウ・市場認識・文学・スポーツだけではなく，さらに真実・原理・アイディア・情報などからも構成されていると主張する[8]。

また，野中・竹内（1996）によると，情報は知識フロー形態であり，知識は情報ストック形態である[9]。野中によると，一般的に知識は多義的・多層的であり，記憶情報だけではなく，概念・法則・理論・価値観・世界観などを包含している。

このBadaracco（1991）と野中・竹内（1996）において共通するのは，企業にとって知識は重要な資源であり，知識をいかにマネジメントするかが競争優位を獲得するための重要な課題である，と主張していることである。た

7　松行康夫・松行彬子（2002），19ページ。
8　Badaracco（1991），p. 48.
9　野中・竹内（1996），35ページ。

だし，知識の包含する範囲は極めて広範である。知識には単なる断片的な情報だけではなく，原理・思想も含まれている。知識に関する研究は多く，その定義においても様々な諸説がある。

例えば，海外直接投資論においてHymer（1960）は，海外進出企業がもともと有利な地元企業を凌駕するためには，母国で培った技術やノウハウといった寡占優位性をうまく移転することであると述べている。Caves（1971）によれば，これらの知識はわずかなコストで海外に移転できる。

さらにBuckley and Casson（1976）も，利潤源泉である企業特殊的な資産，とりわけ技術の重要性を強調している。多国籍企業は，内部組織を通じて技術やノウハウを海外子会社に移転することにより（内部化），取引費用を低く抑え，企業特殊的な資産が生み出す超過利潤を手に入れると説明している。

従来，伝統的な多国籍企業モデルはヒエラルキー・モデルであった（Bartlett and Ghoshal, 1989)。しかし，1980年代以降，多国籍企業を水平的なネットワークとして捉える見方がでてきた。ヘテラルキー（Hedlund, 1986)，トランスナショナル企業（Bartlett and Ghoshal, 1989)，分化したネットワーク（Ghoshal and Nohria, 1989)，水平的組織（White and Poynter, 1984）などである。これら水平的なネットワークは，本社と海外子会社における水平的な関係，各海外子会社間における水平的な関係を重視する。各海外子会社には，直面する外部環境や能力に見合った役割・機能を付与し，それらの推進力によって多国籍企業ネットワーク全体の活力を測ろうとするモデルがある。

例えば，Bartlett and Ghoshal（1989）は，組織の特徴によりマルチナショナル企業，グローバル企業，インターナショナル企業，トランスナショナル企業の4つに分類し，多国籍企業内における国際知識の移転が異なることを指摘している[10]。

---

10 Bartlett and Ghoshal（1989)，訳88ページ。

従来，Caves（1971）のように，知識はわずかなコストで移転できるとする見解が多かったが，最近では国際知識移転の困難性が指摘され，知識移転困難の要因研究が行われるようになっている。

知識移転困難性については，例えばKognut and Zander（1993），Zander and Kognut（1995），Szulanski（1996）などの研究がある。彼らの研究をまとめると，困難性の主要因として①知識属性，②送り手と受け手の特性，③送り手と受け手間の関係，④受け手の知識吸収能力という4つがあげられる。

第1に，知識属性における知識移転困難性である。これは，知識の特殊性，複雑性，暗黙性である。知識が暗黙的であればあるほど，知識が各個人のみに蓄積されるだけとなり，知識のみを切り離して移転することが困難になる。知識移転困難性に関する研究は，Kognut and Zander（1993）やNonaka and Takeuchi（1995）などがある。

第2に，送り手と受け手の特性である。送り手の特性として知識移転のモチベーション，送り手としての信頼性，認知度などがあげられる。受け手の特性としては，知識獲得のモチベーション，吸収能力があげられる。送り手と受け手の特性に関する研究は，Szulanski（1996），浅川（1999）などがある。

第3に，送り手と受け手間の関係である。これは，知識移転を促進する組織コンテクストをもっているか，両者間でコミュニケーションを行えるか，容易に協働を行えるかということに影響を受ける。

第4に，受け手の知識吸収能力である。受け手が知識を自分のものとして吸収し適応させる能力によって，知識移転は大きく影響を受ける。受け手の知識吸収能力に関する研究は，Cohen and Levinthal（1990），Szulanski（1996）などがある。

これまで既存研究から，国際知識移転の重要性とその困難性を確認した。次に，これらを踏まえた上で，小売業における知識移転の方法を考察する。

第3節　小売業知識の移転方法

1.　知識移転の手段

既存の代表的な小売業知識移転の研究として，Kacker（1988）がある。小売業における知識移転研究には，Goldman（1981），Kacker（1985，1988），Ho and Sin（1987），Ho and Lau（1988），白石・鳥羽（2002a，2002b）などの研究がある。

Goldman（1981）は，先進国においてつくられたスーパーマーケットでの流通やマーケティングの知識を，発展途上国に移転させることについて検討している。そこでは，小売業知識移転の手段と移転する小売業知識内容について検討している。そして，鈴木（1993）の研究では小売業における知識移転の方法を3つに大別している。すなわち，①人材の移行と再就職や資本進出または技術供与契約によるもの，②経営技術の受容や従業員訓練などによるもの，③第3者媒介による移転およびコンサルタントや広告業者などによるものである。

Kacker（1988）によれば，小売業知識は「移転（transfer）」あるいは「技術移動」と「伝播（diffusion）」あるいは「拡散」の2つのプロセスを経て海外市場に普及する[11]。「移転」ないし「技術移動」とは，意図的・計画的なものであり，海外直接投資やジョイント・ベンチャー（合弁），マネジメント契約，フランチャイジング，教育・訓練などによって知識が海外に普及することである[12]。一方，「伝播」ないし「拡散」とは，自社の意図とは無関係に

11 Kacker（1988），p. 43.

12 ジョイント・ベンチャー研究には，Wong（1998），フランチャイジング研究には，Quinn（1998）や田口（1993，1994），国際的な提携による移転研究にはRobinson and Clarke-Hill（1995）がある。

付随的かつ非計画的に普及することを意味し，第3者による海外視察やセミナー，参入外資の模倣，コンベンションなどによって知識が海外に普及することである。わが国の百貨店やスーパーマーケットは，海外視察や留学などにより企業家が日本市場に導入したものである。鈴木（1980，1991，1993）においても，わが国の小売業における「伝播」ないし「拡散」の重要性が指摘されている。

Kacker（1988）により整理された小売業における知識移転手段とその内容を図示したものが図表3-3である。図表3-3において，「技術移動」とは，小売業知識を合理的に移動させるために計画的に実施することである。このような移動は，企業が海外市場で営業活動を水平的に拡大する場合と，現地政府の下で管理される場合がある。

「拡散」とは，小売業者大会，小売業セミナー大会，海外視察の際に偶然に優れた知識を発見し，自社に導入することである。これは非公式な知識移転である。当初は知識獲得を目的にしていないが，事業遂行過程において付随的に小売業知識が導入される海外直接投資やフランチャイズも含まれる。

「拡散」の重要性を無視することはできないが，「拡散」については統計資料も乏しく，分析することが難しい。そのため本書では，Kacker（1988）のいう「技術移動」を中心に焦点をあてて考察していく。

そこで，「技術移動」の具体的手段である海外投資，ジョイント・ベンチャー，経営管理契約，フランチャイジングについて，以下で詳しく検討する。

①　海外直接投資

小売業における海外直接投資は，そのケースから2つに分類される。

1つは，先進国の小売企業が開発途上国に進出する場合である。もう1つは，後発国の小売企業が先進国の小売市場に進出する場合である。前者の先進国企業が開発途上国に直接投資するのは，主に企業の営業拡大である[13]。例

[13] Kacker（1988），p. 46.

図表 3-3　小売業における知識移転の方法

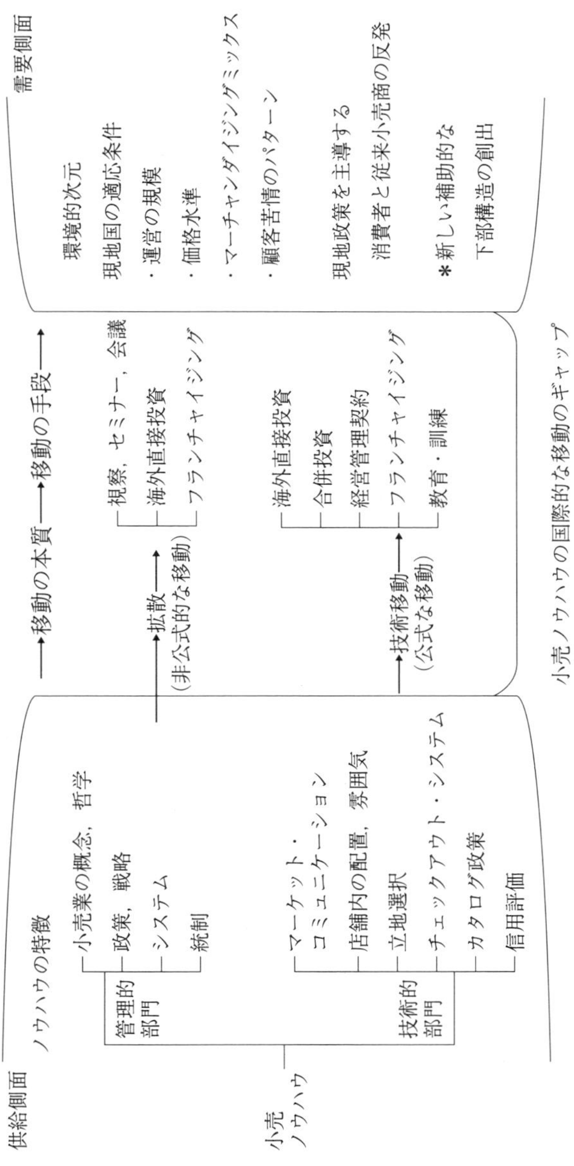

出所：Kacker (1988), p. 45.

えば，アメリカのシアーズ・ローバック，ウールワースは南米とヨーロッパの支店を活用し，現地にチェーンストアを形成した。その過程において，両企業はセルフ・サービス，ワンプライスシステム，マス・マーチャンダイジングの小売業知識を現地国店舗に導入した。それに対し，後者である後発国の小売企業が先進国に直接投資するのは，小売業知識を獲得するためである。既存の手段において小売業知識の移転が難しく，移転程度に満足できないと判断する場合，現地に直接店舗を設置して知識獲得に励む。ただしこの場合，投資する企業に資金的資源と人的資源がある程度揃うことが条件となる。例えば，韓国の新世界百貨店がニューヨークのマンハッタンにShinsegye of America, Inc. というバラエティストアを設立した[14]。これは先進国の小売業からの知識獲得が主な目的であった。また，Kacker（1988）はアメリカに進出している開発途上国の小売業はほとんどこのケースであると指摘している[15]。

②　ジョイント・ベンチャー

ジョイント・ベンチャー形態が採られるのは開発途上国の政府が外国企業の単独投資を制限する政策による場合もあるが，知識移転の手段として採用されることもある。このジョイント・ベンチャー方法で知識移転をした代表的な例はフランスのプランタンである。プランタンは日本のダイエーとジョイント・ベンチャーでプランタンの商号，商品供給，品揃え，販売員の訓練の知識提供をしている。またアメリカのサークルKは，日本のユニー，香港のリ・ファン&トレーディングに知識提供をしている[16]。その他，アメリカのサウスランド社は日本のイトーヨーカ堂，オーストラリアのパシフィック・セブン，香港のジャーディン・マーケティング・サービス間のジョイン

14 金（1988b），194ページ。
15 Kacker（1988），p. 49.
16 金（1998b），194-195ページ。

ト・ベンチャーによってコンビニエンスストアの知識移転を行った。[17]

③　経営管理契約

経営管理契約は，ホテル業，レジャー産業，金融業，広告業のサービス業においてよく利用される。しかし，小売業においてはあまり利用されていない。[18]

1970年にアメリカのセーフウェイが，サウジアラビアの現地の小売業者と経営管理契約を結び，スーパーマーケットの小売業知識を移転した。また，1976年にアメリカのシアーズ・ローバックが日本の西武百貨店と契約を結び，小売管理システム，マニュアル，購入明細書の小売業知識を移転した。[19]経営管理契約による小売の知識移転は，本国の商品ではなく小売経営管理に関する知識を移転する。

④　フランチャイジング

フランチャイジングは，フランチャイザーが標準化したパッケージ商品，システム，経営管理の知識を提供し，フランチャイジーが市場知識と資本を提供し経営管理に直接参加・介入するシステムである。[20]このように両者がその運営知識と資源とを提供しあうことによって，現地の市場に柔軟に対処することができる。フランチャイジングは計画的な移転と非計画的な移転によって，小売業知識を移転する方法である。かつては，アメリカの小売企業が新しく開発した小売業知識をヨーロッパ，カナダ，日本，韓国に移転する場合によく利用された。

フランチャイジングに関して補足を加えると，この方法は，アメリカ国内

17 金（1998b），195ページ。
18 Mason, Miller and Wegel（1975）, pp. 219–220.
19 Kacker（1988）, p. 49.
20 同上。

図表 3-4 フランチャイジングにおける小売業知識移転の方法

社名	本社所在地	製品／サービス	国際展開状況	フランチャイズ手数料	必要資本	利用可能なトレーニング・サポート
アスリート・フット	"1950 Vaughn Rd. Kennesaw, GA 30144 (800) 524-6444"	競技用シューズ	40ヵ国以上	25,000ドル	175,000ドル～325,000ドル	可能：2週間のトレーニングプログラムと，継続的なサポートを提供
バスキン・ロビンズ	130 Royall St. Canton, MA 02021 (781) 737-3000	食品：アイスクリーム，ヨーグルト	44ヵ国，インド進出中	30,000ドル	600,000ドルの流動資産：12,000,000ドルの自己資本	可能：詳細は定められていない
コーヒー・バーナリー	3429 Pierson PI. Flushing, MI 48433 (801) 737-1020	全世界から仕入れた特別なコーヒーと茶	8ヵ国	27,500ドル	338,500ドル～501,500ドル	可能：本社で21日間の総合的なトレーニング
フルラ	389 Fifth Ave., Ste 700 New York, NY 10016 (212) 213-1177	女性向けハンドバッグ，靴，ベルト，小型革製品，時計，アクセサリー	5ヵ国	25,000ドル	284,400ドル～408,000ドル	可能：ニューヨーク・オフィスと店舗での1週間のトレーニングプログラム
ゼネラル・ニュートリション・カンパニー(GMC)	300 Sixth Ave. Pittsburgh, PA 15222 (800) 766-7099	スポーツ用，ハーブ，ミネラル，ビタミンなど各種サプリメントの専門小売店	38ヵ国	40,000ドル	132,681ドル～180,031ドル	可能：新規フランチャイザーは3週間の初期トレーニングを，経営幹部は1週間の集中的なトレーニグを受ける
ジンボリー・プレイ・アンド・ミュージック	500 Howard St. Sanfrancisco, CA 94105 (800) 520-7529	相互作用的な親子の遊びと音楽のプログラム	26ヵ国	45,000ドル	最小初期投資額の平均 141,400ドル～286,765ドル	可能：必須の初期フランチャイズ・トレーニングに加えて，フランチャイジーは常に地域別のトレーニングを受けられる

リトル・シーザーズ・ピザ	2211 Woodward Ave. Detroit, MI 48201-3400 (800) 553-5776	食品：ピザ，パン，サンドウィッチ，サラダ	20 ヵ国	20,000 ドル	50,000 ドルの流動資本 150,000 ドルの総自己資本	可能：6 週間のトレーニングでは，アーキテクスチャーから戦略的市場発展のサポートが利用できる
マンゴ	P.O. BOX 280 08184 Palau de Plegamns Barcelona, Spain (34-3) 864-4444	ファッショナブルな女性向けアパレル	スペイン，フランス，ドイツ，ポルトガルなどのヨーロッパ各国	24,950 ドル	(総投資) 97,430 ドル ～145,650 ドル	可能：2 週間のトレーニング，1 週間の店舗研修
マーブル・スラブ・クリーマリー	3100 S. Cessner, Ste. 305 Houston, TX 77063 (713) 780-3601	食品：毎日つくられる新鮮なアイスクリーム	11 ヵ国	28,000 ドル	255,000 ドルの自己資本 70,000 ドルの流動資産	可能：ヒューストンとテキサスでの 10 日間のトレーニング，開店時のアシスト，継続的な領域監督，宣伝・広報活動のアシスト
ノーブス・オート・ガラス・リペア・アンド・リプレイスメント	128000 Highway 13 S., 500 Savage, MN 55378 (952) 946-0447	各種自動車用ガラス製品の修理と交換	42 ヵ国	7,500 ドル	410,500 ドル ～185,099 ドル	可能：3 週間
ポストネット	1819 Wazee St. Denver, CO 80202 (800) 38-7401	郵便物の配達とサービス		29,900 ドル	174,325 ドル ～195,800 ドル	可能：顧客サービス，マーチャンダイジング，マーケティング，監督，日常業務などに関する，きめ細やかなオペレーション・マニュアルを基礎にした徹底的なトレーニング
サブウェイ	325 Bic Drive Milford, CT 06460 (203) 877-4281	食品：サブマリン・サンドウィッチとサラダ	55 ヵ国	12,500 ドル	87,300 ドル ～218,800 ドル	可能：2 週間のトレーニングと，追加的な援助

出所：Sternquist (1998)，訳 140-141 ページ。

の産業停滞によってアメリカのフランチャイズ企業が海外に進出した際，国際事業の展開に利用された。しかし，アメリカのフランチャイズ企業が海外に進出する際，以下の問題に直面した。それは，進出先における政府の法規制，十分な資格を備えたフランチャイジーを募集すること，フランチャイジーに対する規制の難しさ，過度な税金などである。しかし，アメリカのフランチャイズ企業の42％がフランチャイズ・パッケージを修正せずそのまま現地市場に移転した。そのため，アメリカのフランチャイズ企業は，ヨーロッパ，日本，および韓国のコンビニエンスストア，店舗内のレイアウト，品揃えに関する知識を移転した[21]。

アメリカを中心としたフランチャイジングに関する研究として，Sternquist（1998）の研究がある（図表3-4）。フランチャイジングは，売り手に小売店舗の形態に対してより強力な支配力を提供するライセンス契約の一類型である。それに対しフランチャイズとは，ある企業名の下でビジネスを遂行する権利であり，フランチャイザーは，すでに確立されたビジネスのやり方に関する権利を販売し，フランチャイジーがその権利を購入するものである。フランチャイジングによる国際展開状況に注目してみると，その進出国の数が多いことがわかる。例えば，サブウェイやバスキン・ロビンズなどのように進出国が40カ国を超える企業が散見される。このように，フランチャイジングの特徴として，小売業における知識移転の方法のうちでは，多くの国に知識移転を行うことが比較的容易であることがあげられる。

以上，知識移転方法とその内容について検討してきた。それに加えて，市場への参入期と成長期に分けて移転の長所と短所を整理したのが，Dawson（2001）である（図表3-5）。Dawson（2001）の主張のように市場への参入期と成長期によって，小売業における参入方式が選択されることは妥当であるし，それによって知識移転も影響を受ける。そのため，Dawson（2001）の

21 Hackett（1976），pp. 65-70.

ように，市場への参入期と成長期に区別することは，非常に有用である。このように，小売企業においては，市場の状況に合わせて，知識移転方法を選択することが重要であると考える。

これまで小売業における知識移転方法について検討してきた。では小売業知識の国際移転は実際どのように行われてきたのだろうか。次に小売業における知識移転の実態について考察する。

2.　一方向型の知識移転

小売業における知識移転に関する実態研究にはKacker（1988）がある。Kacker（1988）は，1907年の小売業国際化における初期段階のころから，1983年の小売業国際化が急速に進展する前までの貴重な事例を収集・整理している（図表3-6）。

Kacker（1988）は，提携企業，移転方向，受入企業，移転した小売業知識内容に区分し，企業ごとの時系列で分類している。例えば，ウールワースは1907年に母国アメリカからカナダへ進出し，本社からカナダ子会社へ日用雑貨店の運営技法を移転している。ウールワースは，その後イギリス，ドイツ，メキシコへの進出においても，同様に日用雑貨店の運営技法について知識移転を行っている。

そして，シアーズ・ローバックは，1942年にアメリカからメキシコへ進出し，本社と子会社間において百貨店の運営技法について知識移転を行っている。1949年のブラジル進出や，1953年のコロンビア進出においても同様の方法で知識移転を行ってきた。

このように，1950年代まで同一企業内本社と子会社間における移転が多くみられたが，1950年代半ばからは同一企業以外に対する知識移転が行われるようになってきた。その1950年代半ば以降においては，ジョイント・ベンチャーやライセンシング，経営管理契約，協定，買収などによる知識移転がみられる。

図表 3-5 市場目的による知識移転のメリット・デメリット

過程	目的	長所	短所	便宜主義的考慮
店舗開発による直接投資	参入	・低リスク ・撤退の容易性 ・企業規模に左右されない ・プロトタイプ構築の可能性	・付属的事業部門としての取り扱いを受ける	・優れた不動産条件の確保 ・人的ネットワークの必要性
	成長	・市場知識が増加するに伴い，現地に適応した店舗構築の可能性	・市場地位構築に要する時間コスト ・実行可能性調査の必要性	・同上 ・適切なパートナーの確保
買収	参入	・市場地位の短期確立 ・現地経営陣の確保 ・キャッシュフロー即時実現	・迅速な意思決定の困難性 ・買収企業選択の困難性 ・買収企業評価の困難性	・人的ネットワークの必要性 ・現地マネジメントの質 ・オークションでの成功 ・供給ネットワークの確保 ・進出国の経済状況
	成長	・組織規模の即時達成 ・現地消費者の即時認知 ・技術移転による業績改善 ・専門技術や知識の獲得	・買収企業選択の困難性（チェーン買収は，業績の悪い店舗が含まれる可能性があり，個別店舗の買収は，時間的コストが高い） ・現地の競争政策	・同上 ・直接投資形態への変更 ・優秀な人材獲得の可能性
合併	参入	・リスクの共有 ・パートナーの現地知識利用	・パートナーとの意思決定における意見の不一致	・適切なパートナーの発見 ・パートナー間の関係変動
	成長	・リスクの共有 ・プールされた資源の利用	・不安定性 ・意思決定プロセスの複雑性 ・市場反応の遅さ	・パートナーの意思変更 ・管理職の変動

ストア・スワップ	参入	・市場地位の短期間的確立 ・現地経営陣の確保 ・キャッシュフロー即時実現	・店舗ポートフォリオに問題のある店舗が含まれる場合がある	・企業間の取引
	成長	・組織規模の即時達成 ・現地消費者の即時認知 ・技術移転による業績改善 ・専門技術や知識の獲得	・同上 ・法的問題に直面する可能性	・同上
フランチャイズ契約	参入	・リスクの共有 ・パートナーの現地知識利用 ・低コスト	・複雑な法律的処理	・イニシャルオファーの促進 ・法的枠組みの変化
	成長	・低コストで急成長 ・ジーの現地市場知識利用 ・低リスクで辺境市場へ拡張	・適切なジー確保の困難性 ・ジー統制の困難性 ・契約関係維持の困難性	・ジー確保における人的ネットワーク
オペレーションの統制が付随しない戦略的投資	参入	・低リスク ・撤退の容易性 ・市場知識の獲得	・受動的な立場 ・経営参加の困難性	・投資機会の判断に際する人的ネットワーク
	成長	・完全買収による事業展開への参加可能性 ・運営上の意思決定が市場知識を持った者に委ねられる	・同上	・同上

出所：Dawson（2001）, p. 260.

図表 3-6 小売業における知識移転の実態

年	提携企業	受入国	移転方向	受入企業	移転した小売業知識内容
1907	Woolworth	カナダ	本社→支社	同一	日用雑貨店の運営技法
1909	(アメリカ・ウールワース)	イギリス	—	同一	—
1926		ドイツ	—	同一	—
1954		メキシコ	—	同一	—
1942	Sears	メキシコ	本社→支社	同一	百貨店の運営技法
1949	(アメリカ・シアーズ)	ブラジル	本社→支社	同一	(マーチャンダイジング，取引先
1950		ベネズエラ	本社→支社	同一	開発，顧客関係，信用カード管
1953		コロンビア	本社→支社	同一	理，ディスプレイ，価格)
1953		プエルトリコ	ジョイント・ベンチャー	同一	
1953		カナダ	ジョイント・ベンチャー	同一	百貨店とカタログ販売の技法
1955		ペルー・パナマ	本社→支社	同一	百貨店の運営技法
1976		日本	ジョイント・ベンチャー	西武百貨店	経営技法（マニュアル）
1975	Southland	日本	ジョイント・ベンチャー	イトーヨーカ堂	コンビニエンスストアの運営技法
1977	(アメリカ・サウスランド)	オーストリア	ライセンシング	Pacific seven	コンビニエンスストアの運営技法
1978		スウェーデン	買収	Naroppet	コンビニエンスストアの運営技法
1975	Hugo Mann（ドイツ）	アメリカ	買収	FedMart	ハイパーマーケットの運営技法
1980	プランタン（フランス）	日本	ジョイント・ベンチャー	ダイエー	プランタンの商号，商品供給，ディスプレイ，販売員研修
1980	K マート（アメリカ）	日本	経営管理契約	ダイエー	商品調達，経営者教育の技法
1981	Oetker（ドイツ）	ポーランド	協定	Pewex	食品小売業運営技法
1981	オットー（ドイツ）	アメリカ	買収	シュピーゲル	カタログ販売の運営技法
1982	マザーケア（イギリス）	日本	ジョイント・ベンチャー	西武百貨店	百貨店の店舗設計と商品陳列
1983	ユーロマルシェ（フランス）	アメリカ	ジョイント・ベンチャー	スーパーバリュー	ハイパーマーケットの運営技法

出所：Kacker（1988), pp. 61-65 をもとに筆者修正。

例えば，1975年，1977年，1978年におけるコンビニエンスストアの運営技法の移転や，1975年，1983年のハイパーマーケットの運営技法の移転，1981年の食料品小売業の運営技法とカタログ販売の運営技法に関する移転などがある。とりわけ，1970年代以降においては，先進的な業態や運営方法をもつ企業が自社以外の企業へ知識移転を行っている。

本書において小売業知識は，小売業技術，小売技能，小売ノウハウと同義として捉えている。青木（1999）によれば，小売業技術は知識体系であり，とりわけ小売業態として表される[22]。

これまでの特徴を整理すると，1907年から1953年ごろまでは同一企業内による知識移転が大半を占めていたのに対し，1950年代後半以降，他社への知識移転が目立ってくる。加えて，移転した小売業知識内容は，受入国市場には存在しない先進的業態の運営技法である。例えば，青木（2002）は，国際知識移転問題と小売業態論とが深く関連しており，小売企業の知識獲得側の視点から小売業における知識移転形態を整理している。その上で，知識獲得側の視点で研究している。

以上のように1900年代から1980年代までみられた小売業における知識移転方法は，一方向型であった。つまり，小売業における知識移転は，小売業知識において革新的な業態・技術をもつ先進企業から後発国へそのまま移転されたのである[23]。

22 青木（1999），81ページ。

23 業態移転研究には，Teece（1977），Mitton（1987），Sparks（1995），Lord, Morgan, Parker and Sparks（1988），Hawkesworth（1998），Muniz-Martinez（1998），Lord and Ranft（2000），青木（1996），川辺（1997），加藤（1998），金（1998a），白石・鳥羽（2002a，2002b，2003a，2003b，2004），鳥羽（2009b），宮崎（2009）など多くの蓄積がある。しかしながら，技術・知識・ノウハウなどの用語は上記の研究者間において統一されていない。

3.　双方向型の知識移転

これまでみてきたように，小売業における知識移転は1980年代まで，先進的な小売業知識をもつ国や企業から一方向型に移転されてきた。一方向型の移転は依然として行われているが，1990年代以降には双方向型の知識移転がみられるようになってきた。双方向型の知識移転の事例として，テスコを取り上げて検討を行う。

テスコは伝統的なスーパーマーケット・チェーンであったが，1980年代以降積極的なスーパーストアの出店により，1995年には長年業界トップであったセインズベリーを売上高で抜いた。テスコは国内市場の成熟化と出店規制を背景に，1992年経営多角化を決断する[24]。1つは国内多角化であり，1992年には都市型スーパーマーケットであるテスコ・メトロの出店を開始する。1994年にスーパーストアを少し小さくしたコンパクト・ストアは，ガソリンスタンドに併設されたコンビニエンスストアであるテスコ・エクスプレスも開発する[25]。これは，出店規制に対応した中小規模の店舗開発を軸としている。

もう1つは，海外多角化である。1993年，北フランスで100店舗のスーパーマーケットを展開するカトーを買収し，引き続き1994年ハンガリーで43店舗をもつグローバルTHを買収した。さらに1995年ポーランドで36店を運営するザビア，1996年チェコスロバキアで店舗展開するKマートの13店を買収した。なお，アジアにおいては，1994年に現地財閥資本が経営するハイパーマーケット・チェーンのロータスへ出資した[26]。

そこで，図表3-7にてテスコの業態沿革を取り上げ，小売業態の知識を概

---

24 矢作（2000），93ページ。

25 テスコ社の各年次報告書による。テスコのHP，〈http://www.tesco.com/，2004年8月20日アクセス。

26 テスコのHP，〈http://www.tesco.com/〉，2002年9月20日アクセス。

図表 3-7　テスコ業態沿革

1919年	食品小売店を開業
1929年	テスコ1号店
1948年	セルフ・サービス導入店舗を出店
1956年	スーパーマーケット出店
1967年	スーパーストア出店
1974年	ガソリンスタンド併設店
1992年	都心立地小型店（テスコ・メトロ）出店
1994年	コンパクト・ストア（小型スーパー）出店
1994年	コンビニエンスストア（テスコ・エクスプレス）出店
1999年	ハイパーマーケット（テスコ・エクストラ）出店
2000年	ネットスーパー（テスコ・ドット・コム）

出所：テスコのHPより筆者作成。テスコのHP,〈http://www.tesco.com/〉,（2002年9月20日アクセス）。

観する。1919年にテスコは食料小売店を開業し，1929年にテスコ1号店，1948年にセルフ・サービス店をはじめる。スーパーマーケット業態は1956年にはじめ，1967年にスーパーストア，1974年にはガソリンスタンド併設店の業態を作り続けてきた。その後1990年代以降に，業態開発が活発になり，1992年に都心立地型店舗を，1994年にはコンビニエンスストアとコンパクト・ストアを開発する。続いて1999年にはハイパーマーケットを，2000年にはネットスーパーというように業態を開発してきた。

テスコの国際化は，1990年まで母国と同じスーパーマーケット業態を柱としていた。そのためフランス，ポーランド，ハンガリーでは中小規模のスーパーマーケットを買収してきた。とりわけ注目すべき点は，1999年の中央ヨーロッパとアジアにおけるハイパーマーケット開発が，母国市場での業態戦略に影響を与えたことである。

次に図表3-8では，テスコの経営知識システムを小売業務システム，商品調達システム，商品供給システムの3つに分けて考察している。まず小売業務システムにおいては，ハイパーマーケットの運営管理と季節的な販売促進プログラムについて，タイと中央ヨーロッパからイギリス本国への逆移転がみられる。1980年代までは，本国の小売業知識を進出先の海外に移転する

図表 3-8　テスコにおける双方向型の知識移転

【小売業務】	イギリス	海外	特定国・地域名
1. ハイパーマーケットの運営管理		←	タイ，中央欧州
2. 季節的な販売促進プログラム		←	中央欧州
3. 生鮮食品・デリカ等の品質管理	→		
4. 24時間営業	→		
5. ロイヤルティー・カード導入	→		アイルランド
6. 中小型ハイパーマーケットへの非食料導入	→		
7. ネット・スーパーマーケット	→		アイルランド
【商品調達】			
1. PB商品開発	→		
2. 非食品の仕入れ・PB開発	→	←	アジア等
3. シンプルな商品の開発		←	タイ
【商品供給】			
1. 小売サプライチェーンの運営管理	→		
2. 広域配送センターの運営管理	→		

出所：矢作（2002a），39ページ。

という一方向型の知識移転が主流であったが，この小売業務の移転例では海外進出した先の小売業知識を本国へ移転する逆移転型である。海外から本国へ知識移転を行う逆移転型は，商品調達システムにおける商品開発輸入にみられる。また，非食品の仕入れやPB開発などでは，アジアとイギリス本国の間で双方向型の知識移転が行われている。商品供給システムでは，イギリス本国から海外へ一方向型の知識移転を行っている。

以上のことから，テスコにおいては中央ヨーロッパ，アジア，イギリス本国の3つの地域における業務経験が相互に影響している。よって，母国で成功した小売業知識を海外移転するだけが，小売業における知識移転で起こっているわけではないことがわかる。テスコの事例からは，母国の先進的小売業知識を海外へ移転する一方，進出先国で学んだ知識を母国にフィードバックするという双方向型知識移転がみられたのである。

これまで，1900 年代から 1980 年代まで多く見受けられた小売業知識の一方向型移転と，1990 年代以降におけるテスコの事例から観察できる小売業知識の双方向型移転についてみてきた。次節では小売業における知識移転の方向を整理する。

第４節　国際知識移転

根本（2001）は，本社―海外子会社間の視点から，知識移転における移転の方向を移転型，相互移転型，分離型，逆移転型の 4 つに分類している（図表 3-9）。

分類方法としては，移転の程度が高い（High）かもしくは低い（Low）か，逆移転の程度が高いか低いかによって 4 つのセルに分けられる。4 つのセルの内部においては，それぞれ社内獲得と社外獲得という 2 つの獲得方法

図表 3-9　知識移転類型

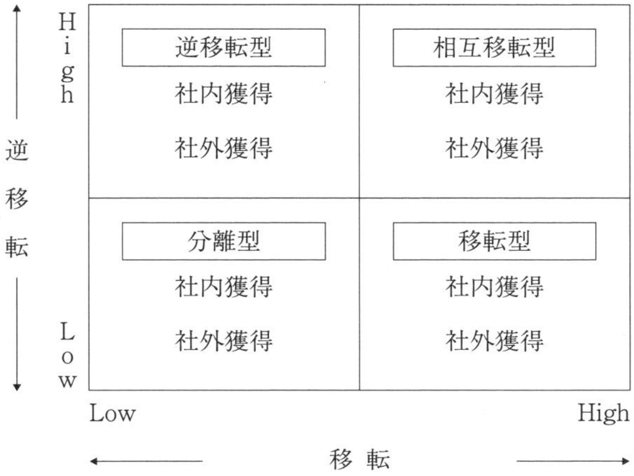

出所：根本（2001），24 ページ。

がある。

第1に，移転型とは移転する比率が高いものである。小売業における知識移転のほとんどはこの形であり，主として社内獲得によるものである。第2に，相互移転型とは移転程度が高く，逆移転の程度も高いものである。これは知識を移転しつつも，新しく得た知識を逆移転する形である。そのため知識量が一番多い。第3に，分離型とは移転，逆移転の両方ともあまり行われていない形である。つまり，知識はそれぞれの国に分断されていて，知識共有されていない。第4に，逆移転型とは本社からの知識移転というよりも子会社の知識を本社へ逆移転する形である。この逆移転型においては，知識は子会社からの本社への一方通行である。テスコの知識移転の事例を根本（2001）の類型に合わせて分類すると，移転型，相互移転型，逆移転型の3つがみられた。

また，小売業における知識移転評価システムについてはKaynak（1986）が図表3-10に整理した。このKaynak（1986）を援用し，既存の小売業知識移転に関する研究蓄積を踏まえた上で，白石・鳥羽（2002b）は小売業知識の移転形態を図表3-11のようにまとめている。これまで，白石・鳥羽（2002a）は，小売業は地理的，文化的制約条件が大きく，地域産業，立地産業，あるいは生活産業と称されるように，現地の流通機構と密着して展開せざるを得ない。そのため，小売業においては製造業のように知識をそのまま移転すれば良いわけではない。よって，どのような知識移転が行われるのか，そしてそれはどのような方法で移転されるのかについて，小売業における知識移転研究が行われてきたと指摘している[27]。

そこで，白石・鳥羽（2002b）の研究では経済，社会，法律，文化，政治，流通機構などの環境要因を合わせて検討している。小売業における知識移転がメーカー，卸売，小売，消費者まで含む各国流通機構全体に影響を与

27 白石・鳥羽（2002a），44ページ。

図表 3-10　Kaynak による知識移転と評価システム

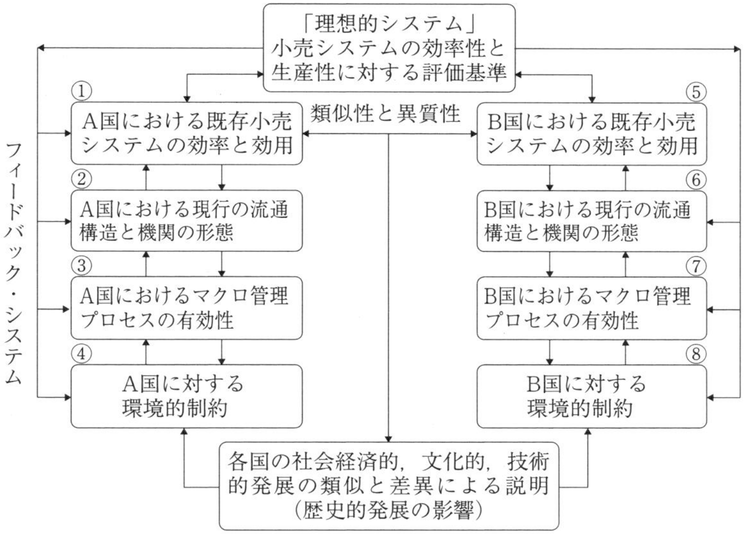

出所：Kaynak（1986），p. 119 より修正。

図表 3-11　白石・鳥羽による小売業における知識移転形態

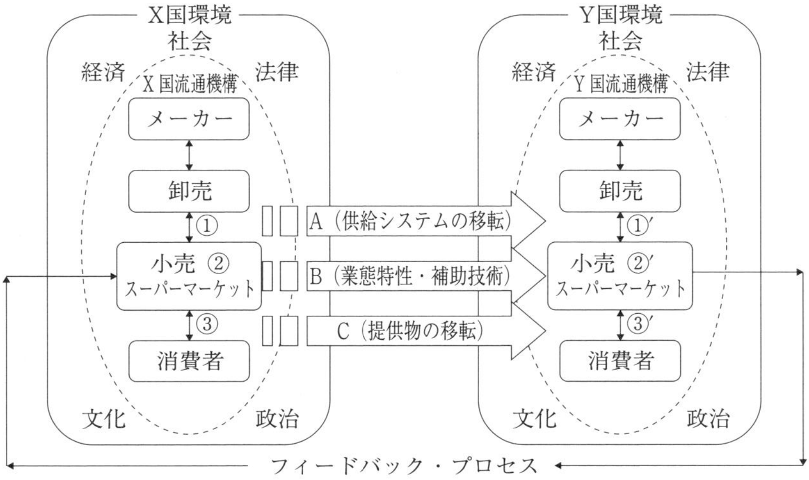

出所：白石・鳥羽（2002b），60 ページ。

え，各国流通機構を通してX国へフィードバックする形式を取る。白石・鳥羽（2002b）においては，小売業における知識移転における移転方向がX国からY国への一方向型ではなく，移転後にはフィードバック・プロセスを通じて知識が循環して移転していることを示している。

さらに白石・鳥羽（2002b）では，移転する小売業知識をA供給システム，B業態特性・補助技術，C提供物の移転の3つに分類している。これら3つの小売業知識が移転し，現地の環境条件に主体的に対応することで①'+②'+③'のシステムを創造する。海外市場において成功するためには，この創造能力が必要不可欠な要素であると主張している[28]。図表3-11における分析対象はスーパーマーケットに限定されているが，こうした視点は他業態についても有効であろうと述べている[29]。白石・鳥羽（2002b）の研究においては，小売業における知識移転を供給システム，業態特性・補助技術，そして提供物といったシステムの移転として捉えており，進出先国における環境条件に見合った柔軟なシステムを創造していく重要性を指摘している。

このように柔軟なシステムを創造していくことが重要であるという認識に異論はない。しかしながら，白石・鳥羽（2002b）の分析対象は，先進国のもつスーパーマーケットやコンビニエンスストアなどの先進的な小売業態や，小売システムを発展途上国に移転する形を想定している点に若干の疑問が残る。これらは，マクロレベルにおいては非効率的な流通構造を効率化し，ミクロレベルにおいては流通やマーケティングの知識や技術を普及させることによって経済発展を促進させようという意図から研究が行われてきたものである。白石・鳥羽（2002b）においても，流通業における技術移転の問題が，南北問題と先進諸国による経済協力と自助努力を促進させることを背景にして，検討されるようになってきたと指摘している。

---

28 白石・鳥羽（2002b），61ページ。

29 白石・鳥羽（2002b），62ページ。

図表 3-12　国際ネットワーク・アプローチによる知識移転形態

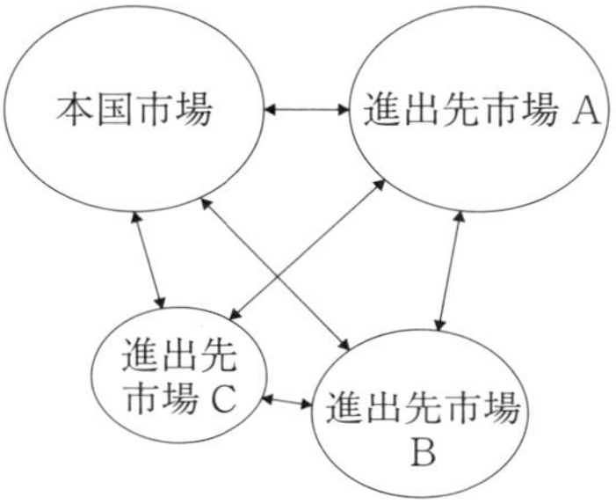

出所：矢作（2007），41 ページ。

近年では，矢作（2007）のように国際ネットワーク・アプローチ論を取り入れた知識移転形態の研究が現れてきた（図表 3-12）。確かに，小売業国際化の深化とともに，本国市場と多数の進出先市場が相互に連結されている複雑なネットワーク構造を視野におさめなければならず，本社・子会社間，子会社同士間の関係性と相互作用を捕捉するべきであることに異論はない。しかしながら，本国や本社の役割は依然として大きいものであるし，本国を通した意思決定事項も多い点を考慮に入れるべきであろう。

そこで，本書でこれまでにみてきた，ネットワーク・アプローチの意味合いを視野に入れた上で，本社と本国の役割を重視した小売業における知識移転は図表 3-13 になる。これは，白石・鳥羽（2002b）のフィードバック・プロセスや 1990 年代以降におけるテスコの事例に鑑みて，図表 3-13 では X 国と Y 国の 2 国だけではなく，小売業知識を進出先国で得て本国本社へフィードバックを行い，第 3 国に出店する際にも本国本社と出店先国だけの一方向型の移転だけではなく，進出先国間における知識共有と双方向型移転の形式を図示している。

以上のように，小売業における知識移転の特徴は，移転方向が一方向であったものが，双方向型の知識移転が起こるようになってきたことである。小売業国際化の進展とともに小売業知識は，本国と進出先国で知識提供と知識

図表 3-13　双方向型の知識移転

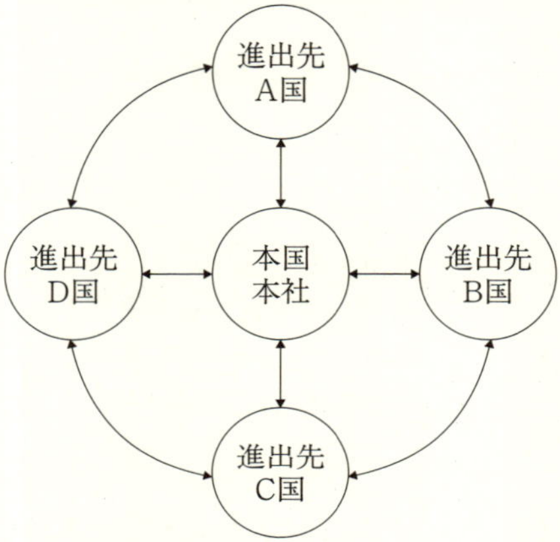

出所：筆者作成。

獲得を繰り返していく。その過程で知識共有を行いながら，進出先国間においても双方向型の移転が行われていくのである。

第5節　結　　語

本章の目的は，小売業国際化における小売業における知識移転研究を検討し，その特徴と展望を示すことであった。まず，既存研究における知識について考察し，知識と小売業知識および小売業における知識移転手段とは何かについて明らかにした。次に，小売業における知識移転の実態から知識移転の方向について検討を行った。

1980年代までの小売業における国際知識移転は，先進的な小売業知識をもつ企業から一方的に移転していた。しかしながら，1990年代以降，小売業においても国際化が一般的な成長戦略と認識され，文化的・社会的・地理的に近い地域以外にも進出するようになっているので，実態に即した再検討が必要である。そのため，本社から進出先国に一方向に移転する単純な形だけではなく，本社と進出先国との間ならびに進出先国同士における複合的かつ創造的な移転が重要である。

第1節では，小売業における知識移転に関する研究蓄積は，製造業知識移転に関する研究蓄積と比較して，それほど多くないことを指摘し，本章の意義を明らかにしている。

第2節では，小売業知識の特徴と小売業知識研究について考察した。従来，知識とは公共財として捉えられ，わずかなコストで移転できるものとして考えられてきた。しかし，知識移転はそれほど容易なものではないことも指摘された。

第3節では，小売業における知識移転研究を考察した。知識移転の方法は，海外直接投資，ジョイント・ベンチャー，経営管理契約，フランチャイジングである。そして，その方法と過去の事例を検討した。

第4節では，小売業における知識移転の方向を考察した。テスコの事例をあげながら，本社と海外子会社間でどのような知識がどの方向に移転されているのかを検討した。さらに，本社と海外子会社間のみならず，子会社同士を含むネットワーク型の知識移転が今後も進展することを示唆している。

これからの国際的な小売業は，進出先国において新たな小売業知識を開発し，そのように知識をグローバルに増殖させ続けることにより企業の競争力につながるであろう。そのためには知識の双方向型の実現こそが不可欠である。

かつて，小売企業において国際化は必要ないとの意見があった[30]。確かに，これまで大規模で野心的な小売企業は本国市場で成長することができた。しかし，大規模小売企業は今やそれでは満足できない状況に追い込まれている。より大きな規模を確保したい小売企業は，さらに事業を拡大するためには国際化が不可欠である。

30 Williams（1992a), p. 8. 詳細は Williams（1992a）を参照されたい。

川端基夫（2002）は，国際的な小売業の本領は単に本国のモデルを進出国に合わせる適応力にあるのではなく，多くの海外市場での経験を取りこみながら新たなビジネスモデルを確立する開発力にある，と述べている[31]。

また，矢作（2002a）も繰り返される国際化の過程において企業が学習し，それを母国市場ならびに他の進出国市場にフィードバックし，その過程の中から新たな経営革新が生成する可能性を指摘している[32]。

今後も小売業の国際知識移転に関して，さらなる事例研究を積み重ねていくとともに，小売業における知識移転理論の精緻化を進めていくことが必要である。次章では，小売業の国際化における行動側面として筆者が重要視している商品調達行動について理論的検討を行う。

31『販売革新』2002年6月号，61ページ。
32 矢作（2002a），38ページ。

第4章

国際商品調達

第1節　問題の所在

これまで，海外進出を決定する背景，海外への出店，出店などの海外進出に伴う移転内容や方法について小売業における知識移転の前章にて検討してきた。次に，店の中に陳列する商品等をどのように調達するのかを検討しよう。そこで本章では，小売業における国際商品調達を考察する。

小売業において，販売する商品等を調達する行動が重要であることは言うまでもないであろう。兼村・青木・林・鈴木・小宮路（1999）は，小売業の流通機能の中で交換機能が最も重要であると指摘している。商品調達を行い，商品を消費者へ供給することが小売業における本来の機能である。さらには，生産と消費との経済的懸隔を架橋する視点により，小売業の流通機能を交換機能，輸送機能，保管機能，情報伝達機能の４つに分類した。その中で最も重要なものが交換機能であるとしている。小売業国際化における交換機能には，仕入れ活動（国際的商品調達）と販売活動（国際的市場参入）がある[1]。1960年代以降，小売業は商品調達コスト削減と商品差別化を求めて国際商品調達を行ってきた。商品調達コスト削減と商品の差別化は，小売業の競争優位と深く関わっている。

1　兼村・青木・林・鈴木・小宮路（1999），5-8ページ。また，流通機能に関する研究蓄積には，田島・原田（1997），金（1999）がある。

そこで本章においてはじめに，国内外における国際商品調達の歴史と現状を概観する[2]。そして，国際商品調達の特徴を明らかにするために，国内・海外を含む商品調達方法の分類を行う。そこでは，販売空間の広がりによる商品調達手段の変化を検討し，商品調達と生産機能遂行における関与度合いに分けて，商品調達方法を分類する。そこでは，国際商品調達の代表的見解である向山（1996）の研究を概観する。次に，国際商品調達を大きく4つに分類し，輸入品におけるそれぞれの比率に言及する。そして，国際商品調達のメリット・デメリットを検討し，国際商品調達に求められる要因を検討する。最後に，近年注目されている電子商品調達に焦点をあてる。この電子商品調達は，EDI（Electronic Data Interchange）によって行われていた[3]。しかし，情報化の進展により，2000年に，インターネットを高度に駆使した電子商品調達機関が設立された。これらが国際商品調達や小売業国際化の進展にどのような影響を及ぼすのかを考察する。

---

2 小売業国際化後の商品調達は，進出先国ごとに独自の流通構造による影響を受ける。この各国の流通構造に着目した研究分野には，比較流通論がある。比較流通論研究は，Mueller and Broderick（1995），Reid（1995），Tordjman（1995），Treadgold（1996），岩下（1992,1993,1997），高宮城（1993），相原（1994, 1996, 2001），江原（1994），横森（1994），関根（1995, 2000），渦原（1999b），呉（2000），金（2001），阿部（2003），林（2003）など多くの蓄積がある。

3 EDIやPOS（Point of sale system）は，商品調達における情報に注目を集める契機となった。岡本（1976）は，商品流通における情報機能に焦点をあてており，岡本（1984）はとりわけ流通情報に着目して研究を行っている。また矢作（1995）は，情報化による流通変化の方向性を示唆している。

第２節　国際商品調達の歴史

1.　欧州における国際商品調達

Dawson（1993）は国際商品調達について，①低価格商品の調達，②品揃えの強化（強い海外ブランドの存在など），③高品質商品の調達，④商品の入手可能性の確保を理由として，購買事務所の設立や国際トレードショーへの参加，卸売業者や仲介業者の利用などを通じて行われていると指摘している[4]。

その中で，購買事務所の設立や国際トレードショーへの参加による国際商品調達における実態調査の先駆けとして，鈴木（1968）の研究がある。鈴木（1968）は，1946年に設立された百貨店における商品調達の相互援助機関であるコンチネンタル・デパートメントストア・グループについて述べている。このコンチネンタル・デパートメントストア・グループは，オー・プランタン（フランス），ボンマルシェ（ベルギー），ジェルモリ（スウェーデン）の主導により結成された。本部はローザンヌに置かれ，フランス，イギリス，スウェーデン以外のヨーロッパ諸国および南アフリカ，オーストラリア，ブラジル，日本，ガーナなどの諸国にも参加企業があった。会員たちは相互に協力し，国際商品調達を行っていた。

国際トレードショーには，Union lnterternational des Grands Magasins（UNIMA）（英訳International Union of Department Stores）があり，各国から

4 Dawson（1993）は，国際商品調達をする理由，国際商品調達の手段（担い手となる組織），促進要因（情報技術と企業提携）など包括的な研究課題を整理した上で，国際商品調達のモデル構築を試みている。さらに，製造業の国際調達研究との違いは「調達するアイテムの量」，「使用するサプライヤーの数」，「バイヤーの力」，「製品とサプライヤーを評価する基準」にあると指摘している。また，Liu and McGoldrick（1995）は，国際商品調達の類型と傾向を分析している。

1社のみを参加させて消費財の共同展示を行っていた。この参加者に，ヘルティ（ドイツ），バザール・ドゥ・オテル・ドゥ・ヴィエイユ（フランス），オスカー・ウェーバー・アーゲー（スウェーデン），ジョン・ルイス（イギリス）等の10数社がある。

そして，1959年には，Communité Européen des Grands Magasins（CEGRAM）（英訳European Association of Department Stores）が，商品調達の相互援助を中心とした協力を行う機関として設立された。ヘルムート・ホーテン（ドイツ）とボンマルシェ（フランス）が主導して組織しており，スイス，ノルウェー，イギリス，ポルトガル，デンマーク，アイルランドの百貨店が各1社加盟している。

上記のような購買事務所の設立や国際トレードショーは，小売業において競争優位を得るために行われてきたのである。その結果，特色があり多様性をもった商品を調達することで商品差別化を行ったのである。

さらに，コンチネンタル・デパートメントストア・グループやCommunité Européen des Grands Magasinsのような百貨店以外に，1966・1967年には図表4-1のように国際的ボランタリー・チェーンにおける国際商品調達がみられた。

例えば，スパー（SPAR），ベゲ（Végé），セントラ（Centra），ビボ（VIVO），TIPは第二次世界大戦後，西ヨーロッパにおける卸売企業が主宰して設立した食料品ボランタリー・チェーンである。スパーは12カ国3万6787店舗，ベゲは10カ国3万13店舗，セントラは7カ国1万4600店舗，ビボは7カ国1万9700店舗，TIPは5カ国1万1050店舗というように，どのボランタリー・チェーンも5カ国以上にわたりかつ多くの店舗数を有した組織である。

また西ヨーロッパでは，食料品小売店に占めるボランタリー・チェーンの割合が高く，1964年に西ドイツでは37％，オーストリア35％を占めている。上記のボランタリー・チェーンにおいて，各国のチェーンの諸政策が中央本部により調整されていた。1960年代におけるボランタリー・チェーン

図表 4-1　西ヨーロッパにおける国際的ボランタリー・チェーン国別参加小売店数（食料品）*

	スパー	ベゲ	セントラ	ビボ	TIP
オーストリア	1,934	193	−	−	1,021
ベルギー／ルクセンブルグ	1,085	2,675	3,600	1,600	1,210
デンマーク	959	−	900	−	−
西ドイツ	11,232	5,720	5,500	9,840	6,800
フィンランド	857	−	−	−	−
フランス	7,036	5,005	1,000	1,000	635
アイルランド	250	227	400	−	−
イタリア	2,263	5,578	−	1,000	−
オランダ	1,774	1,518	1,200	2,160	1,920
ポルトガル	400	−	−	−	−
スウェーデン	−	−	−	1,500	−
スイス	−	1,602	−	−	−
スペイン	5,519	4,620	−	−	−
イギリス	3,478	2,875	2,000	2,600 **	−
合　計	36,787	30,013	14,600	19,700	11,050

＊1966・67年の数字，各チェーンによる。＊＊合併のためにこの数字より減少している。
出所：Wilkens(ed.)(1967), p. 23より筆者修正。

による国際商品調達の特徴は，各国にまたがって組織することにより各地の特産品の流通を行ったことである。

このような各地の特産品の流通に加えて，スパー，ベゲにおいてそれぞれスパー－ユーロ，ユーロ－ベゲと共通ブランド商品を扱いはじめていることも特徴の1つである。

その他，食料品以外にも金物ボランタリー・チェーンであるカテナは，ベルギー，フランス，西ドイツ，オーストリアの卸売企業40社，小売企業1,800社が加盟している。また，ドイツに本部を置いている電気器具ボランタリー・チェーンにEltropaがあった。

以上のように，購買事務所の設立や国際トレードショーや西ヨーロッパにおけるボランタリー・チェーンによる国際商品調達は，特色ある特産品や共通ブランド品を仕入れて商品差別化を図るため，第二次世界大戦後から行われてきたのである。

2. 日本における国際商品調達

これまで，西ヨーロッパにおける小売業における国際商品調達の歴史を概観した。確かに，西ヨーロッパでは第二次世界大戦後に他地域に先駆けて行われてきた。しかし，日本においても1980年代半ば以降に国際商品調達が注目を集めるようになってきた。本節では，はじめに日系小売企業における国際商品調達の経緯と状況を整理する。

日本における国際商品調達状況を統計資料から分析する場合，海外からの商品調達は，直接輸入と間接輸入の2つに大別される。前者には，開発輸入とそれ以外の直接輸入がある。開発輸入とは，小売業が自ら企画しその仕様書に基づいて海外メーカーに生産させ，その製品を輸入することである。それ以外の直接輸入とは，海外で生産された製品を小売企業がメーカーから直接輸入することである[5]。後者の間接輸入とは，卸売業者や専門輸入業者に委託し製品を輸入することである。小売業による直接輸入・開発輸入は1985年のプラザ合意以降，円高を背景として急速に進展した[6]。

図表4-2は，1987年から1994年までの直接輸入と間接輸入を合わせた輸入比率の推移を表している。1987年は製品輸入が44.1%であったが，1988

5 田口（1989）によると，直接輸入は小売企業が卸売企業などを経由しないため，消費者ニーズに直結した短いチャネルによって価格の低下が期待できる反面，輸入通関手続き，在庫や物流の負担，返品がきかないなどのリスクが大きくなると述べる。そのため，国内で商品を仕入れる場合にみられる小口・多頻度仕入れが期待できず，直接輸入はコストやリスクを納入業者に転嫁することができないと指摘している。輸入の形態は，直接輸入，間接輸入の他に，並行輸入，逆輸入，再輸入，個人輸入がある。

6 保田（1997）と坂本（2001）でも同様に指摘している。詳しくは保田（1997）や坂本（2001）を参照されたい。

図表 4-2　製品輸入比率の推移

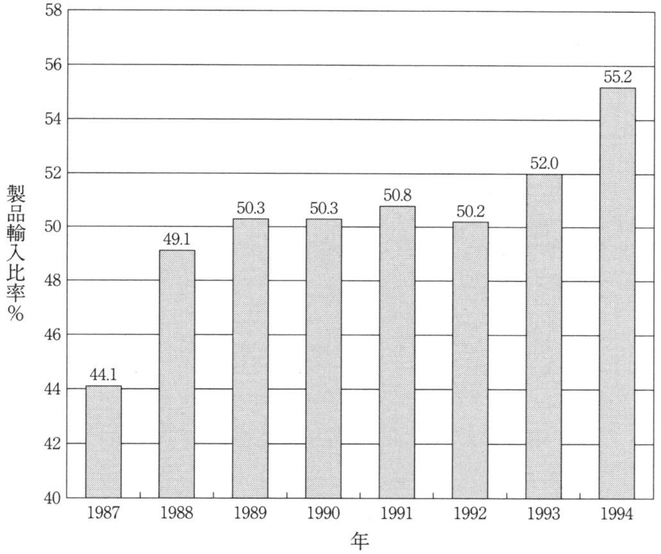

出所：日本貿易振興会『日本の製品輸入』1991年，1994年より筆者作成。

年には49.0%，1989年には50%を突破し，1994年には55.2%となっている。1987年から1994年までの7年間で11.1ポイントも比率が伸びている。このように，1980年代後半から1990年代半ばにかけて国際商品調達が盛んに実施された。

次に輸入形態の内訳をみてみよう。図表4-3には，日系小売業におけるチェーンストア輸入品総売上高と輸入形態別比率が示されている。1990年における輸入品売上高は1兆798億円であり，その後1993年における1兆3,750億円まで増加している。輸入品売上高のうち開発輸入についてみてみると，1990年は2,616億円であり，その後1992年には一度減少するものの，1993年には4,323億円と増加している。開発輸入比率は，年次によって上下するものの傾向的には上昇し，1993年には31.5%となっている。この開発輸入のうち，直接輸入の割合は1990年には全体の65.0%であり，1991

図表 4-3　チェーンストア輸入品総売上高と輸入形態別比率

	輸入品売上高	開発輸入			
		売上高	直接輸入比率	間接輸入比率	開発輸入比率
1990 年	10,798	2,616	65.0	35.0	24.2
1991 年	11,742	3,813	73.1	26.9	32.5
1992 年	12,762	3,799	70.2	29.8	29.8
1993 年	13,750	4,323	66.0	34.0	31.5

※売上高の単位は億円，比率は（%）である。

出所：日本チェーンストア協会「チェーンストアにおける製品輸入の実態」1990 年，1991 年，1992 年，1993 年版より筆者作成。

年と 1992 年には 70%台に上昇し，1993 年にやや低下したものの 66.0%を占めている。

チェーンストア輸入品総売上高と輸入品形態別および品目別内訳がより詳しく示されているのが図表 4-4 である。日本における国際商品調達比率（1996 年 4 月現在）を表している。

注目すべきことは，開発輸入品の輸入品総売上高に占める比率が高いことである。食料品 35.6%，衣料品 39.2%，住関連・その他 42.5%であり，全体の輸入品総売上高が 1 兆 4,141 億円であるうち，全体の開発輸入売上高合計（a + b）は 5,389 億円を占める。つまり，開発輸入品は輸入品の 38.1%を占めるのである。図表 4-4 でみた 1993 年の数値，31.5%を 6.6 ポイント上回っている。また，開発輸入売上高合計（a + b）は前年度比において，食料品 143.8%，衣料品 108.7%，住関連・その他 126.6%とその割合が増加していることがわかる。

これまでみてきたように，日本における国際商品調達は，円高を背景として急速に進展し，輸入品全体における開発輸入の割合は 4 割近くに達している。このように日系小売業において国際商品調達に強い関心が集まるようになったのは，1980 年代半ばにおける円高以降である。そのため，1980 年半ばから 1990 年代半ばまでは，これまで示してきたような統計資料を確認することができた。しかしながら，1990 年代半ば以降の公的な統計資料につ

図表 4-4　チェーンストア輸入品総売上高の輸入形態別・品目別内訳

	食料品（億円）	前年度比（%）	衣料品（億円）	前年度比（%）	住関連・その他	前年度比（%）
総売上高	54,516	110.6	29,652	100.7	33,780	76.2
輸入品総売上高	6,435	111.7	5,692	101.4	2,014	84.7
直接輸入品売上高	1,763	131.2	1,273	91.8	848	128.7
うち開発輸入品売上高（a）	1,499	136.4	898	72.7	623	119.8
間接輸入品売上高	4,672	105.8	4,419	104.5	1,166	67.9
うち開発輸入品売上高（b）	793	160.2	1,334	163.3	233	149.4
開発輸入品売上高合計（a ＋ b）	2,292	143.8	2,232	108.7	865	126.6
開発輸入品の輸入品総売上高に占める比率（%）	35.6	＋ 7.9	39.2	＋ 2.6	42.5	＋ 14.1

（注）開発輸入の輸入品総売上高に占める比率の前年度比は，前年度数値に対するポイント増を示している。
出所：日本チェーンストア協会「チェーンストアにおける製品輸入の実態」1996 年 4 月。

いては筆者が探した限り見当たらなかった。統計資料を取らなくなった理由を日本チェーンストア協会等に伺ったところ，その後も国際的な商品調達が増加し続け，その数が多くなり一般化していったため集計しなくなったそうである。

そのため，日本における国際商品調達に関する最新のデータは提示できないものの，1990 年代半ば以降の近年においても国際商品調達が盛んに行われていることは間違いないであろう。

これまで本節では，国際商品調達の歴史と現状について整理してきた。国際商品調達は，第二次世界大戦以後から西ヨーロッパを中心として行われ，日本における国際商品調達は 1980 年代半ば以降 1990 年代に入り増加し続けてきたことを確認した。

第3節　国際商品調達の方法と進展段階

これまで，国際商品調達が西ヨーロッパや日本において盛んに行われてきたことを確認してきた。それではなぜ，小売業は国内商品調達のみならず，海外から調達を行おうとするのであろうか。その理由を探るため，国際商品調達のメリット・デメリットは何かについて検討する。そして，国際商品調達はどのような方法で行われるのか，その方法と方向性について考察していく。

まず，なぜ小売企業が国際商品調達をしようとするのかについて，日系小売企業に対して実際にアンケート調査をした石崎・岩沢（1991）の研究をみていきたい（図表4-5）。この調査では，日系企業が直接輸入や開発輸入に開発輸入，直接輸入，卸売業委託の間接輸入，専門輸入業者委託の間接輸入の4つに分類した上で，国際商品調達のメリットとデメリットが何かをアンケート調査にて明らかにしている。

石崎・岩沢（1991）の調査によると，開発輸入のメリットには，上位から順に仕入れコスト（35.1%），商品差別化（34.1%），価格差別化（13.4%）があげられる。そして，開発輸入を除く直接輸入のメリットには，上位から順に商品差別化（32.0%），仕入れコスト（25.8%），品揃えの多様化（19.6%）があげられる。国際商品調達の最大のメリットには，開発輸入・直接輸入とともに，仕入れコストと商品差別化があげられる。

次にデメリットの検討を行おう。開発輸入のデメリットには，上位から順にクイックデリバリー（21.6%），返品条件（21.6%），仕入先の探索コスト（18.6%），品質のばらつき（14.4%）があげられる。開発輸入を除く直接輸入のデメリットには，上位から順にクイックデリバリー（20.6%），返品条件（19.6%），品質のばらつき（18.6%），仕入先の探索コスト（15.5%）があげられる。

開発輸入と開発輸入を除く直接輸入における共通のデメリットは，クイックデリバリー，返品条件，仕入先の探索コスト，品質のばらつきという4要

図表 4-5　国際商品調達のメリット・デメリット

	各N＝97 数値は％	1）開発輸入（自社）	2）直接輸入（開発輸入を除く）	3）卸委託（間接輸入）	4）専門輸入業者委託（間接輸入）	5）その他
メリット	1	35.1	25.8	5.2	4.1	1.0
	2	4.1	2.1	6.2	11.3	0.0
	3	34.0	32.0	5.2	11.3	0.0
	4	0.0	1.0	21.6	15.5	0.0
	5	4.1	4.1	2.1	2.1	0.0
	6	6.2	19.6	24.7	21.6	2.1
	7	13.4	7.2	7.2	5.2	0.0
	8	1.0	1.0	0.0	8.2	0.0
	無回答	35.1	34.0	48.5	40.2	96.9
デメリット	1	2.1	1.0	1.0	0.0	0.0
	2	14.4	18.6	15.5	14.4	0.0
	3	18.6	15.5	7.2	6.2	1.0
	4	21.6	20.6	15.5	18.6	0.0
	5	21.6	19.6	11.3	23.7	2.1
	無回答	38.1	38.1	58.8	49.6	96.9

〈メリット項目〉
1. 仕入れコスト　2. 安定供給　3. 商品差別化　4. リスクヘッジ　5. 円高差益　6. 品揃えの多様化　7. 価格差別化　8. 交渉力

〈デメリット項目〉
1. 低品質　2. 品質のばらつき　3. 仕入先の探索コスト　4. クイックデリバリー　5. 返品条件

出所：石崎・岩沢（1991），79ページを加筆修正して筆者作成。

因である。そのうち，注目すべき開発輸入と直接輸入のデメリットは，仕入先探索コストである。なぜならば，クイックデリバリーは近年情報システムの発展や技術の進歩による新しい物流システムが構築され，調査当時に比べ改善されていて[7]，返品条件は商品買取型の国際的な商慣行で取引が行われる

7　石崎・岩沢（1991），82ページ。詳しくは石崎・岩沢（1991）を参照されたい。

ようになり，調査当時より問題視されなくなったからである。

このように，開発輸入ないし開発輸入を除く直接輸入のメリットは，仕入れコストの削減と商品の差別化である。一方，開発輸入ないし開発輸入を除く直接輸入のデメリットは，仕入先の探索コストである。よって，開発輸入ないし開発輸入を除く直接輸入を検討する際には，仕入れコストの削減，商品の差別化，仕入先の探索コストに着目すべきであることが明らかになった。

それでは，国際商品調達は具体的にどのような方法でどのような順序で進展していくのだろうか。Dawson（1993）によると，国際商品調達は調達活動の場所（国内か国外）および手段（4段階）と，企業間連携の度合い（3段階）から構築されるマトリックス上にマッピングされ，通常，低い段階から高い段階へ向かって進化すると指摘している。

また，向山（1996）は国際商品調達の目的を品揃え形成であると捉え，調達の国際化の駆動力として「もの作りの深化」に注目している。向山（1996）は，Dawson（1993）の見解に販売空間の視点を加えて国際商品調達を8つに分類している。図表4-6のように，どこで商品を調達するのかという商品調達地と，生産機能に踏み込んで商品を調達しているかどうかという生産機能遂行度合いの2軸により分類している。商品調達地は国内と国外の2つに分類し，生産機能遂行度合いは低関与と高関与の2つに分類している。これに加えて，国内市場と海外市場という2つの販売空間の視点を加えて，国際商品調達方法を8つに分類したのである。

その中で，小売企業が国内で販売する場合には，図表4-6の上段に示された4つの手段が利用できる。まず，フェーズ1からフェーズ4までそれぞれ詳しく検討していこう。

フェーズ1は，納入業者依存型の仕入れである。ここでは，小売企業は国内市場で，自らは生産機能に関与しないで商品を調達する。これは日本における伝統的仕入れ形態であった。中小小売商，百貨店，スーパーマーケットなど大抵の日系小売企業は卸売企業に仕入れを依存してきた。日本独特の商

図表 4-6　小売業商品調達方法

		生産機能遂行度	
		低関与	高関与
商品調達地	国内	フェーズ1 納入業者依存型仕入れ	フェーズ3 PB 開発
	国外	フェーズ2 通常輸入	フェーズ4 開発輸入

［販売空間＝国内市場］

↓

販売空間の広がり

↓

		生産機能遂行度	
		低関与	高関与
商品調達地	国内	フェーズ5 単純移出	フェーズ7 PB 海外供給
	国外	フェーズ6 買付け移出	フェーズ8 自在開発

［販売空間＝海外市場］

出所：向山（1996），177ページ。

取引慣行も，こうした伝統的な小売企業と卸売企業との商品調達関係の中から生まれてきていると考えられる。そのため，商品調達において納入業者依存型仕入れの割合は相当高いといえる。

そして，フェーズ2は通常輸入である。いわゆる輸入品の取扱いは，主としてこの手段によるものであった。とりわけ従来の百貨店において，海外の有名ブランドの取扱いは品揃えの中心とされていた。これには，商社や貿易商を介した間接輸入や，海外への直接買付けなどが含まれる。このように具体的な輸入方法にはいくつかパターンがあるが，海外からの輸入調達がこれにあたる。

フェーズ3はPB開発を指す。PB商品の開発は国内で商品を調達するものの生産機能と関わり程度が深いことに特徴がある。フェーズ4は開発輸入である。これは，海外でPB商品を生産することを意味し，より多様性に富んだ品揃えを実現できる。

次に販売市場を国内市場から海外市場へ広げると図表4-6の下段になる。フェーズ5は単純移出である。これは海外店舗が日本本社から調達する通常の調達手段である。フェーズ6は買付け移出である。日本へ輸入した海外ブランドを海外店舗に持ち出す場合や，エクスクルーシブ・ブランドを通して販売権をもつ商品を海外に供給する場合などがこれに相当する。フェーズ7はPB海外供給である。国内で独自に生産したオリジナルブランドとしてのPB商品を，自社の海外店舗で販売することをいう。フェーズ8は自在開発である。自在開発とは，日本に持ち込むことを前提としない開発輸入であり，進出先国で現地向けに商品開発したり，それ以外の国で第三国向けに開発したりするものをいう。

小売業はフェーズ1からフェーズ8まで8つの手段により商品調達を行っている。そのうち国際商品調達は，通常輸入，開発輸入，単純移出，PB海外供給，買付け移出，自在開発の6つである。ただし向山（1996）は販売空間が国内のみの場合でも，海外から輸入や開発輸入を行う意味では，商品調達の国際化がされていることを指摘している。一般的には，海外出店を小売業の国際化と捉える場合が多いが，たとえ国内展開しかしていない企業においても，商品調達においては，国内だけの小売業務で終わることはもはや難しく，意図して国際化しようと思わないとしても企業の業務活動の範囲は海外と関わらなくてはいけないことを明示している。

そもそも，なぜ小売企業は国際商品調達を試みるのであろうか。それに対し，木立（2003）は国際商品調達によって小売企業が獲得しようとする主な利益として，商品の大量性，低価格性，品質差別性の3つをあげている。それでは，こうした利益を獲得するために，小売企業はどのような順序で国際商品調達を進展させていくのだろうか。

例えば，Dawson（1993）は国際商品調達についてその進展度合いから4つの段階に区分している。それによると第1段階は，国内調達が中心で卸売業者を利用して行う国外調達活動である。第2段階は，小売業者の代理人を利用しての国外商品調達である。第3段階は，国外商品調達事務所の設置である。第4段階は，全世界的な商品調達事務所のネットワーク構築である。また木立（2003）は，国際商品調達の進展について①国内調達を基本とし，卸売企業を介して部分的に国外商品を調達する段階，②商社などの貿易の専門的な仲介者を通して，国外商品の調達を拡大する段階，③国外に自ら商品調達事務所を設置し，国外商品の調達を本格化させる段階，④世界的な商品調達事務所のネットワークを活用し，最適な商品を最適な地域から調達する段階の4つに大別している。

先述したDawson（1993）と木立（2003）は，国際商品調達の進展段階を共に4段階に分けており，近年における企業の動態においても説明が可能である。しかしながら，進展段階を4段階で分類するにはその範囲が広く，同じ段階の中にもさらにステップが必要であろう。とりわけ，2段階から3段階の自ら商品調達事務所を設置するまでの間と，3段階目から4段階目の間については，現実を鑑みるとさらに細かく分かれているように思われる。

大石（2009）は，国際マーケティングの進化プロセスについて，国内マーケティング，間接輸出，輸出マーケティング，海外マーケティング，国際ロジスティクス，グローバルSCMの6段階に分類している[8]。国際マーケティングの進化における主な研究対象が製造業であり，基本的に製造部門をもたない小売企業においてこの理論をそのまま当てはめることはできないであろう[9]。

そこで，上記の小売業における4段階に加えて，大石（2009）による国際マーケティングの進化理論を援用し，小売業における実態を踏まえた上で，本書では小売業における国際商品調達の進展段階を6段階に分類する（図表

8　詳細は，大石（2009），3-5ページを参照されたい。

9　近年にはSPAのような製造小売と呼ばれる製造部門をも含む小売企業もみられるようになったが，本書では，従来から小売を専業としている小売企業に焦点をあてて考察する。

図表 4-7　小売業における国際商品調達の進展プロセス

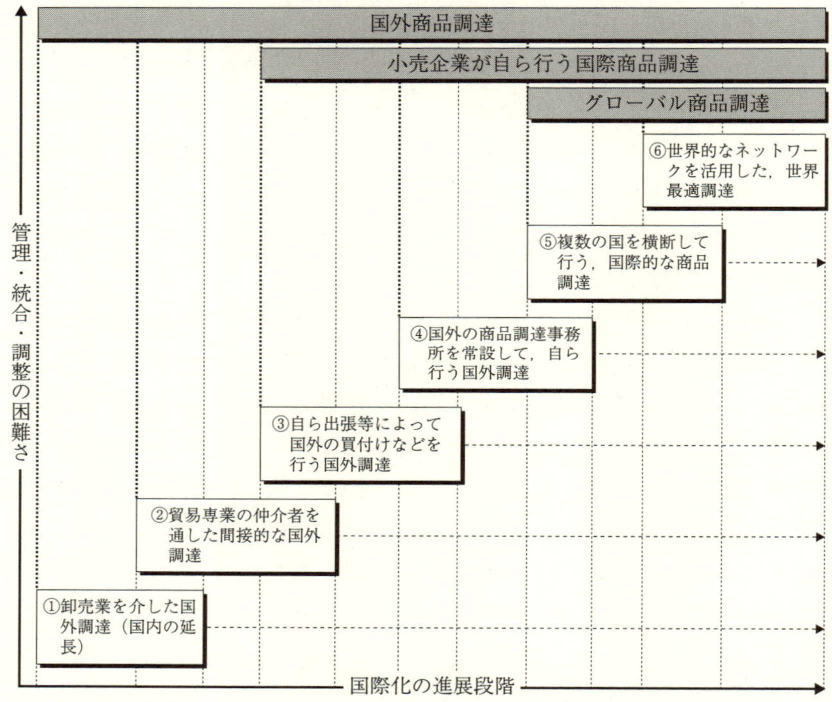

出所：筆者作成。

4-7)。

まず，商品の調達方法が国内調達を基本として卸売業を介して部分的に国外調達をする国内調達の延長から始まり，商社などの貿易の専門的な仲介者を通した間接的な国外調達，出張等で買付けを行う国外調達，国外の商品調達事務所を開設して行う国外調達，複数の国を横断して商品のやりとりをする段階，そして世界的なネットワークを網の目のように張り巡らして最適な商品を最適な地域から調達する世界最適調達と進展する。

国外商品調達は第1段階である卸売業を介して国外調達からはじまり，第2段階において小売企業は受け身でありながらも第三者を介して国外商品の調達を拡大していく意図が芽生える。そして，小売企業が自ら国外商品調達に携わるようになるのは第３段階以降となる。はじめは国外で買付けるために出張等を行なっていたものの，さらに進展すると国外に商品調達事務所を設立して国外商品調達を本格化させていくようになる。その後，グローバル商品調達では，商品調達事務所もしくは海外出店に伴う国外の運営組織などによって国外調達されたものを，本国や別の第三国など複数の国を横断して商品のやりとりをするようになり，さらに発展して世界的なネットワークを活用し，最適な商品を最適な地域から調達する世界最適調達するようになる。

確かに，「international」というのは文字通り「国境を超えた」という意味であり，現代において国内商品のみしか販売していない小売業は少ないという視点から見ると，小売業のほとんどは国際的な商品調達を行なっていることになる。しかしながら，小売企業が自らの意志で国外の商品調達に携わっているのか，海外へどれくらい資本を投下して国外調達に取り組んでいるのかという点によって，国外調達への取り組み度合いが異なる。そして，第６段階に近づくほど管理・統合・調整は困難になっていくであろう。ただし，これら６つの段階は必ずしも下から順番に段階を上がっていくものではないし，ひとつの段階だけではなくいくつかの段階をまたがっていることもあるだろう。

元来，小売業による国際商品調達の目的は商品の大量性，低価格性，品質差別性にある。もし商品の大量性や品質差別性を追求していくのであれば，小売業が自ら行う国際商品調達へ向かう。ただし，小売業の特徴である小規模資本と商品の低価格性をも含めると，全ての企業にとってグローバル調達を達成することが必ずしも効率的で効果的であるとは限らない。その小売企業の規模とオペレーションコストに見合う方法を選び，国際商品調達の目的を達成することが重要であろう。

これまでみてきたように，国際商品調達の重要性は，Dawson（1993），向山（1990），山口（1999），木立（2003）などの研究においても指摘されてきた[10]。中でも，木綿（1989）は並行輸入に焦点をあてた研究を行い，木綿（1998）では直接輸入と開発輸入に焦点をあてた研究を行っている。そして，関根（1999）は，小売業におけるPBの重要性を指摘し，清尾（2000），関根（2001），外川（2001），川端（2002，2003，2004，2005，2007，2008），山口（2003，2009）などの研究では，電子商品調達の重要性を述べている。

そこで次節において，商品調達の国際化における現代の特徴的な商品調達方法である電子商品調達に着目しながら，商品調達の国際化について検討する。

第4節　電子商品調達

1990年代後半からのインターネットをはじめとする情報化の進展に伴い，小売業の商品調達においても，ITを利用するようになってきている。そのため，2000年に入り，国際的な商品調達を電子商品調達によって行うようになってきた。そこで，小売業における電子商品調達について検討する。まず，IT化の進展とその活用方法や現状について検討する。

IT化の進展による商品調達の影響は，サイバースペース・マーケットの出現である。これによりデジタル化された情報が高速に結び付けられ，統合されたサイバースペースを利用して流通活動が行われるようになったのである。このサイバースペースはこれまでのアナログ的なあり方の制約を受けないものであり，実物（リアル）の世界ではなく仮想的（バーチャル）な世界

10 例えばDawson（1993）は，国際商品調達をする理由，国際商品調達の手段（担い手となる組織），促進要因（情報技術と企業提携）など包括的な研究課題を整理した上で，国際商品調達のモデル構築を試みている。さらに，製造業の国際調達研究との違いは「調達するアイテムの量」，「使用するサプライヤーの数」，「バイヤーの力」，「製品とサプライヤーを評価する基準」にあると指摘している。また，Liu and McGoldrick（1995）は，国際商品調達の類型と傾向を分析している。

図表 4-8　SCM 概念図

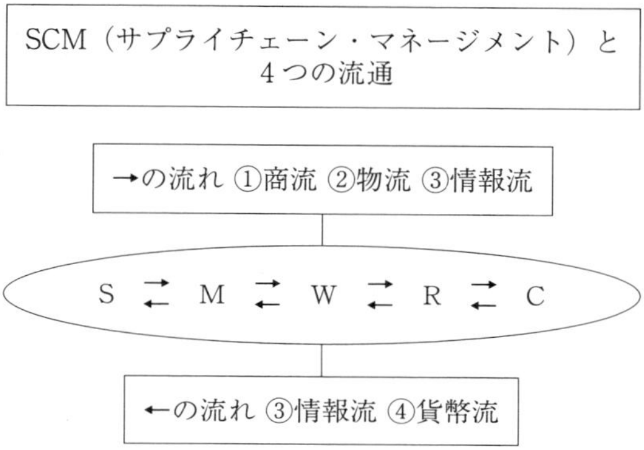

出所：筆者作成。

である。このバーチャルな世界の特徴は，空間的・時間的な制約が存在しないことである。それに対し，リアルな世界においては空間的・時間的な制約を受ける。そのため，空間的・時間的な懸隔を埋める物流以外の商流，情報流，貨幣流がサイバースペース・マーケットにおいて行われるようになるが，物流の取引だけはリアルに行われている。つまり物流業者とメーカー・小売業・消費者間の契約が交わされ，それに関する情報もやり取りされているが，物財を運ぶという点においては，ソフトウェアや音楽，映像など一部の商品を除き，リアルの世界で行われる。

IT 化により，小売業においても SCM の構築に関心が集まるようになった（図表 4-8）。S は供給業者（Supplier），M は製造業者（Manufacture），W は卸売業者ないし物流業者（Wholesaler），R は小売業者（Retailer），C は顧客（Customer）ないし消費者（Consumer）を指す。SCM とは，サプライヤーのサプライヤーから最終顧客までのチャネルメンバーを一気通貫に管理することを意味し，これら一連の供給連鎖における全体最適化を求めて管理することである。[11]

11 SCM の代表的な研究として大石（2003）がある。詳しくは大石（2003）を参照されたい。

そのうち，小売業における流通機能は，商流，物流，情報流，貨幣流の4つがある。その中で，大きく変わったのは情報流である。IT化以前は川上から川下への一方向的情報が大半を占めていたが，IT化以後は川下から川上への情報量が劇的に増加したからである。

この情報量の流れを変えた主な要因はPOSである。POSは，1970年代アメリカにおいて，レジ担当者の不正防止や誤った売価での販売などを防ぐ目的で導入されて先行的に発展し，1980年代スーパーマーケットなどにおける収益改善に効果を発揮した。日本のセブン-イレブンにおいても1982年にPOSの導入を開始している[12]。POSは，物品販売の売上実績を単品単位で集計し，販売時点情報を管理することができる。このPOSによって川下の小売業者に情報が集まるようになった。

その後，1985年代にアメリカのアパレル業界が取り組んだのがQR（Quick Response）である。アパレル業界は流行に左右され，需要が流動的ではあるものの，サプライチェーン全体での情報共有をし，市場の売上や需要にすばやく対応して供給する取り組みのことで，リードタイム，生産コスト，在庫数を抑え，業界としての経営を維持してきた。

そして，アメリカのスーパーマーケットや食品業界においては，QRを手本としたECR（Efficient Consumer Response）を取り入れた。1990年初頭にアメリカのスーパーマーケットが取り組んだECRは，メーカー，流通業，小売店舗という異なる業者がEDIをベースとし情報を共有化し，迅速な情報伝達を行うことであらゆる生産量，在庫量などのコストを下げ，消費者の需要に応じた商品をすばやく供給する取り組みであった。

さらに，1996年にウォルマートがSCMの取り組みとしてメーカーのワーナー・ランバートとCFAR（Collaborative Forecast and Replenishment）に取り組み，このCFARは1997年にCPFR（Collaborative Planning Forecasting

---

12 セブン-イレブン・ジャパンのHP，〈http://www.sej.co.jp/company/aboutsej/info_03.html〉，2010年11月20日アクセス。

and Replenishment）と名称を変更された。

CPFRとは，小売企業と製造企業とが協力（Collaborative）しながら，ビジネスや商品販売計画を立案（Planning）し，商品別販売予測（Forecasting）を調整しあい，商品の補充（Replenishment）作業を行うことである。これはPOSデータ等の情報を共有し，標準的EDIバーコード・システムを活用することによってサプライチェーン間の効率化を図るものである。CPFRは，小売企業と製造企業間の情報の共有段階から，計画・予測・補充という業務まで共同で実施しようとするものである。

ウォルマートは，2005年から在庫管理のためにRFID（Radio Frequency Identification）タグを配送センターに入出荷するパレットおよびケースに取り付けることにより，入出荷作業の軽減と商品のトレーシングとトラッキングに対する可視化を高めようとする取り組みを行っている。ウォルマートはRFIDを活用することにより，在庫管理は物流の効率化，トレーサビリティを目的としてSCMを推進している。

これまで，「いつ，どの商品がいくらで，どの店で，どれだけ売れたのか」という過去の販売情報はPOSデータの共有によって得られていた。また，「現在どれだけの在庫が配送センターまたは店舗にあるのか」という現在の商品情報は先進的小売企業と取引先の間で共有されていた。しかしながら，「これからどれだけ販売しようとするのか」という未来の情報，すなわち販売・出荷予測情報については共有するということはなかった。販売予測においては，特売計画，店舗の新設・閉鎖計画，商品切り替え計画等のイベント情報が重要であるにも関わらず，これら企業戦略に関わる情報はお互いに共有するということはなかったのである。それに対し，CPFRは企業間コラボレーションを高め，未来情報である需要，販売，発注予測をもインターネット上で共有し，消費者需要に適合した商品補充を協働で行うものである。

以上のような，情報化発展の諸段階を整理したのが図表4-9である。情報システムの開発と導入の歴史からみれば，当初はフェーズ1のように大型コンピュータの導入と企業内部の情報化からはじまる。そして，時代の変化と

図表 4-9　情報化発展の諸段階

1970年代 ――― フェーズ1	1985年 ――― フェーズ2	1995年 ――― フェーズ3
〈インターネット〉 企業（系列）内の情報化 大型PCの導入	〈エクストラネット〉 企業間EDIの時代 POS，EOS，VAN 製販同盟 SCM	〈インターネット〉 インターネットの時代 BtoB BtoC CtoC
閉鎖的・集権的ネット ―	閉鎖的・分権的ネット ―	開放的・分権的ネット ―

出所：阿部（2009），109 ページを参考に筆者作成。

共に，フェーズ2にあるように，企業間相互あるいは企業と消費者との弾力的なネットワーク形成がより重要とされるようになり，企業間 EDI，POS，EOS（Electronic Ordering System）VAN（Value Added Network：付加価値通信網），製販同盟や SCM といった，閉鎖的・分権的ネットに発展する。フェーズ2を位置づけたのは，それがフェーズ1に比べ企業内のトップ・ダウンではなく，平等なかたちでの企業間の連携を意図したものと考えたためである。しかし，現実的には，すべての企業や消費者が平等なかたちで参画できるものとは遠く，閉鎖的な特徴は否定できない。むしろこの点は，フェーズ3のインターネットの段階において，はじめて開放的・分権的という特徴と対照をなしている。

さらに，阿部（2009）は縦軸に特定されたクローズか不特定多数のオープンかといった市場の参入条件をとり，横軸に集権的か分権的かといったネットワーク管理のパワー構造をとり，情報化の発展段階とその特徴について整理している（図表 4-10）。そこでは，企業内の専用線であるイントラネットから企業間を結ぶ EDI などのエクストラネットへと発展し，その後に市場の参入者がクローズからオープン化へ進んだウェブ EDI やインターネット直販へ，さらに分権化が進んだ e マーケット・プレイスへと進展していく様子を示している。とりわけ，矢印の最後となっている e マーケット・プレイ

図表 4-10　情報ネットの諸類型と相互関係

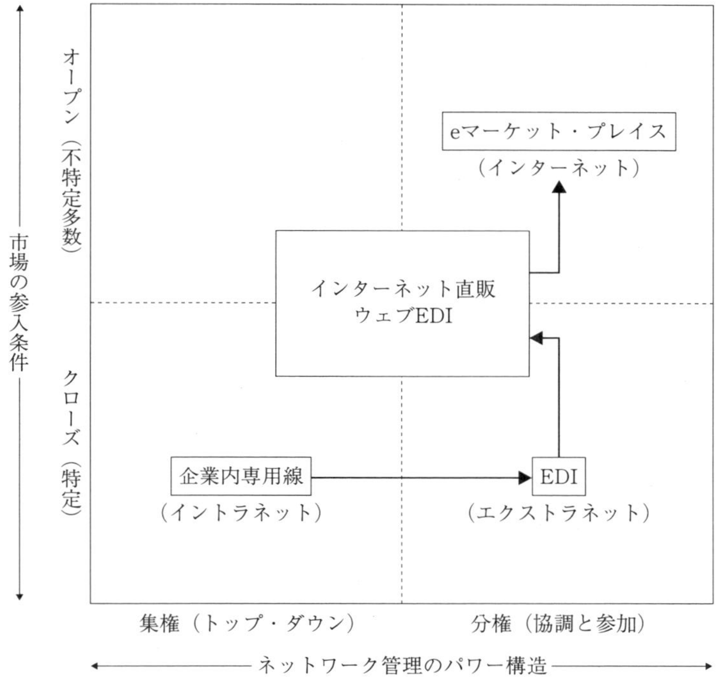

出所：阿部（2009），141ページ。

スでは，市場の参入条件はオープンであり，ネットワーク管理のパワー構造は分権化されているという特徴をもっている。以上のように，阿部（2009）は情報化が発展段階と特徴を整理し，情報化の進展とともにオープン化かつ分権化へ向かうというその特徴と方向性を明示している。

次に，電子商取引の背景と現状，および電子商品調達について検討する。

IT化により，電子商取引が出現し，電子商取引の市場規模は急激に拡大している。フォレスター・リサーチの予測によれば，アメリカにおける企業間電子商取引B to B市場規模をみてみると，1998年初期段階では，2002年までに3,000億ドルに達すると予測されていた。しかし，同社において，

1998年末段階では2003年までに1兆3,000億ドルに達するものとして大幅な上方修正をしている[13]。また，経済産業省によると日本における2003年のBtoB電子商取引市場規模は，77兆4,320億円である。これは，前年の46兆3,070億円から67.2％の大幅増加である。2003年のBtoC電子商取引市場規模は，4兆4,240億円であり，前年の2兆6,850億円に対して64.8％もの大きな伸びを示している[14]。

図表4-11は，世界の電子商取引市場全体の規模を表している。これによると世界の電子商取引市場において，2000年は2,746億ドルから2003年には1兆7,021億ドルに達し，2005年には3兆8,262億ドルに達するものと推計されている。2000年を基準にして考えると，5年後の2005年は13.9倍の市場規模になる。地域別にみるとアメリカが世界最大の電子商取引市場であり，2005年ベースで全体は44.0％，西欧は30.6％，日本は13.8％，アジア・太平洋は5.1％となっている。

そして図表4-12は，日本における企業間電子商取引市場規模の2006年から2009年における推移を表している。

経済産業省の「平成21年度我が国情報経済社会における基盤整備」による狭義の電子用取引と広義の電子商取引の定義は以下である。狭義の電子商取引とは，インターネット技術を用いたコンピューター・ネットワーク・システムを介して商取引が行われ，かつその成約金額が捕捉されるものと定義される。広義の電子商取引の定義とは，コンピューター・ネットワーク・システムを介して商取引が行われ，かつその成約金額が捕捉されるものである。狭義の電子商取引に加え，VAN・専用線等，TCP/IPプロトコルを利用していない従来型EDI（全銀手順，EIAJ手順などを用いたもの）が含ま

13 フォレスター・リサーチのHP，〈http://www.forrester.com/rb/search/results.jsp?N=0&Ntk=MainSearch&Ntx=mode+MatchAllPartial&s=1&Ntt=EC〉，2000年10月4日アクセス。

14 経済産業省のHP，〈http://www.meti.go.jp/press/20050628001/20050628001.html〉，2005年9月10日アクセス。

図表 4-11　電子商取引市場全体規模予測

（2000～2005年予測）

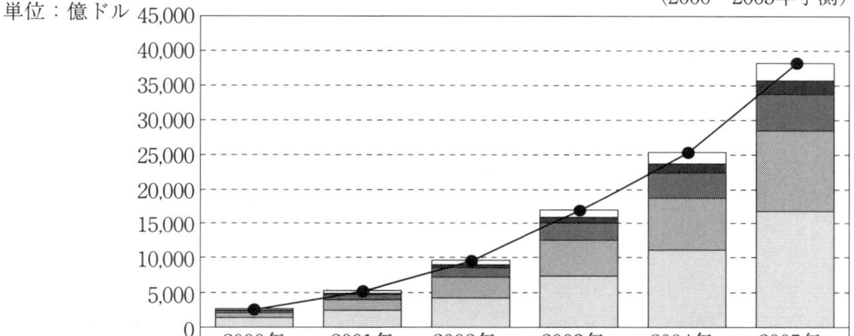

	2000年	2001年	2002年	2003年	2004年	2005年
その他の地域	208	386	635	1,098	1,636	2,503
アジア・太平洋	73	191	425	870	1,304	1,970
日本	323	686	1,357	2,557	3,631	5,266
西欧	703	1,533	2,915	5,162	7,743	11,692
米国	1,439	2,506	4,270	7,334	11,074	16,832
合計	2,746	5,302	9,603	17,021	25,389	38,262

出所：Global Industry Analysts 社のデータ（2003 年 4 月発表）をもとに ECOM（次世代電子商取引推進協議会）作成。〈http://www.ecom.jp/ecit/ecomjournal/no9/activity01_j09.htm〉（2008 年 2 月 16 日アクセス）。

れる。EC（Electronic Commerce）化率とは，すべての商取引における電子商取引による取引の割合を指す。

2009 年において，狭義の市場規模は，約 131 兆円で，前年比 17.5％減と，市場規模は縮小したものの，EC の浸透を示す指標である EC 化率については，13.7％（狭義）となり，前年比 0.2 ポイント増と拡大している。

上記のように，電子商取引市場規模は 2000 年から 2009 年まで増加の一途をたどっていており，市場や企業において電子化が進んでいることがわかった。そこで，電子商取引市場をその商取引内容に応じて分類し，どのような商取引が行われているのかを分析しよう。そのうち，企業間における電子商取引の形態は，売り手と買い手の数により以下の 4 つに分けられる（図表 4-13）。

図表 4-12　日本における企業間電子商取引の市場規模推移

	2006年	2007年	2008年	2009年（前年比）
広義市場規模	231兆	253兆	250兆	205兆（▲17.9%）
狭義市場規模	148兆	162兆	159兆	131兆（▲17.5%）
EC化率	12.6%	13.3%	13.5%	13.7%（＋0.2ポイント）

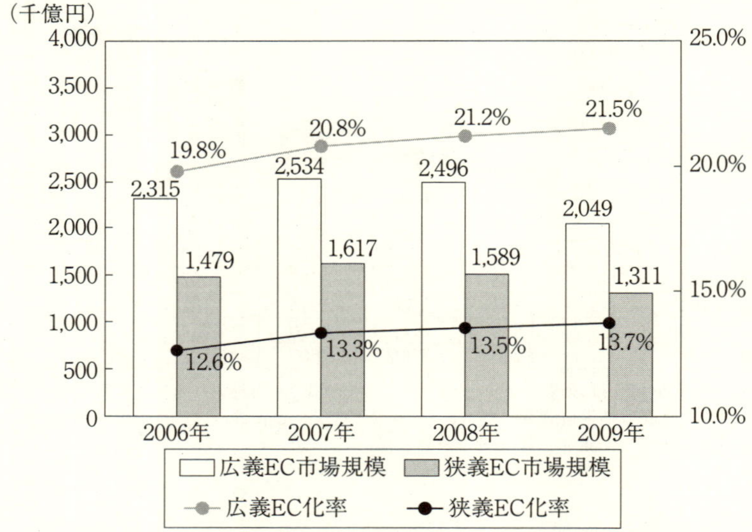

出所：経済産業省『平成21年度我が国情報経済社会における基盤整備（電子商取引に関する市場調査）報告書』2010年7月版。〈http://www.meti.go.jp/press/20100720001/20100720001.html〉（2010年10月16日アクセス）。

①　1：1　特定企業コラボレーション

これは，売り手1社に対して買い手1社である。つまり，1対1の取引形態である。これは，特定企業間のコラボレーションである。ここでは，営業，情報，共同商品開発情報の共有化が特定企業間内においてのみ行われる。情報ネットワークとしては，閉鎖的である。

②　1：N　ネット販売

これは売り手が1社に対して買い手が複数である。1対複の取引形態であ

図表 4-13　企業間電子商取引における取引形態

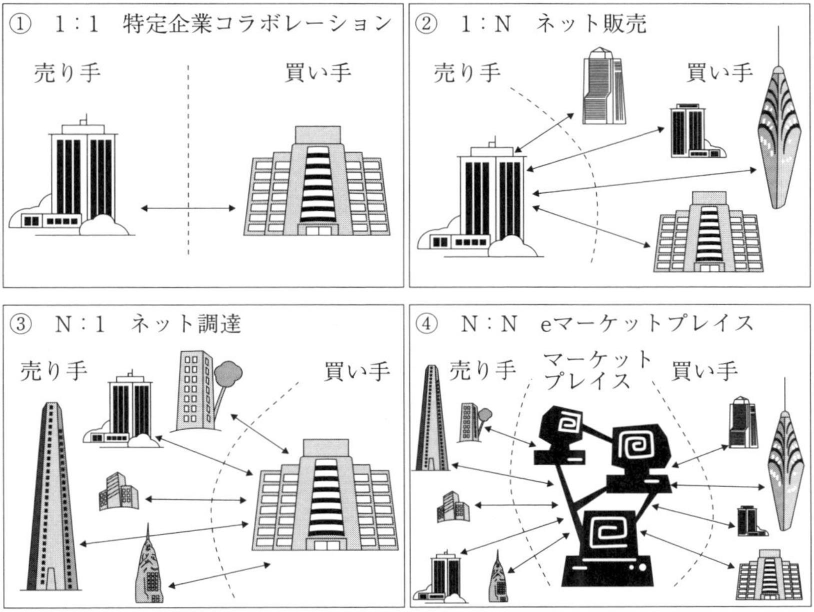

出所：筆者作成。

り，一般的なネット販売である。例えば，販売サイト，カタログ販売など，特定サプライヤー企業の複数販売先への販売である。

③　N：1　ネット調達

これは売り手が複数であるのに対して買い手が1社の場合である。②と同様に1対複の取引形態であるが，売り手と買い手が逆転している。①よりオープンな情報ネットワークであるが，完全なオープン・ネットワークとはいえない。この取引形態は，特定の買い手が複数取引先から調達するものである。

④　N：N　eマーケットプレイス

これは，売り手が複数であるのに対して買い手も複数である。ここでは，電子市場上において複数の売り手と買い手が同時に取引する。eマーケットプレイスが電子商取引において最もオープン化されている。④になってはじめて複数の買い手と複数の買い手が参加できる取引形態になる。

以上のように，企業間の電子商取引には，①特定企業のコラボレーション，②ネット販売，③ネット調達，④eマーケットプレイスの4つがある。小売企業においてどの電子取引が行われているのか，その効果はどのようなものなのかについては，5章，6章，7章で検討を行う。

また，企業間の電子商取引ではどんな取引手法があるのかを検討しよう。企業間の電子商取引は，取引機能によってエクスチェンジ型，オークション型，逆オークション型，カタログ型，それに総合型に分けられる[15]。

① エクスチェンジ型：複数の売り手の希望販売価格と複数の買い手の希望販売価格とのマッチングを行い，条件が合致した場合，取引が成立する。市場の定まった商品や，汎用品のスポット取引に適する。

② オークション型：売り手が提示する商品に関して，複数の買い手が購入規模価格を入札し，最高値をつけた買い手が落札し，取引が成立する。余剰在庫品，中古品，稀少品に適する。

③ 逆オークション型：買い手が購入希望価格を提示し，売り手が販売価格を入札していき，買い手の条件に折り合った売り手と買い手との間で取引が成立する。卸売業や小売業など川下に近い産業が大量に商品を調達するのに適する。

④ カタログ型：複数の売り手から集められたカタログの中から，買い手が購入希望商品を検索し，発注する。カタログに掲載されている固定価格で取引される。エクスチェンジ型と比べ，商品や参加企業とも膨大な

[15] 國領（1995），80-85ページ。

数になる取引に適する。

⑤　総合型：①②③④すべての機能をもち合わせた型である。さらに，情報交換としての機能をもつものもある。そこでは業界内での情報共有を行ったり，各企業の情報及び新商品の情報を買い手に流したりする。さらに，情報交換のみならず，商談を行うこともできるものもある。

このように企業間電子商取引といっても取引形態と取引手法は様々あり，その特徴も異なる。そこで，上記を踏まえ，企業間の電子商取引について既存研究からその効果を検討していこう。

例えば，電子商取引についてBichler（2001）は透明性，グローバル化，低コストという3つの点を，電子商取引が既存のそれと異なる革新性として指摘している。第1に透明性というのは，「市場参加者が取引過程における情報を監視できること」と定義し，価格や提供物，数量や市場参加者の性格などに関する情報が，ネット上の様々な付帯サービスを通じて利用できる点をあげている[16]。第2にグローバル化とはいうまでもなく，既存の地域的商圏に制約されないインターネット上の商圏の広がりを示している。第3に低コストでは，売り手と買い手との接触可能性がネットを介することにより極めて安価で実現されることを指摘している。

Bichler（2001）が電子商取引の良い点を評価しているのに対して，Jap（2003）は取引関係に着目して，電子商取引の良い点のみならず問題点についても言及している。つまり，電子商取引において買い手企業はコスト削減効果が実現されていると評価しているものの，売り手企業側では不満が高まっていると指摘している。そこでは，買い手企業は自己中心的な機会主義者として振舞うため，パートナーシップの精神はひとかけらもないという。

またMalone（2004）は，電子商取引の市場に着目し，その長所として効

16 Bichler（2001），P. 5.

率性，柔軟性，モチベーション性をあげ，短所としてインセンティブの問題と，コミュニケーションの必要性をあげている。効率性とは，市場の見えざる手と同様の考え方で，各参加者が利益を最大化しようとするだけで，通常，資源全体が効率的な配分となることを指摘している。そして柔軟性には，状況変化の際に多くの頭脳が同時に取り組むこと，多くの選択肢を検討すること，成功をまねることが容易なこと，個々の事例に様々な対応を取りやすいことをあげており，モチベーション性には，自主性，モチベーション，創造性が高いことをあげている。さらにインセンティブの問題には，全体にとって利益となる合意でも参加者の片方もしくは双方にとって利益とならないために，実現しないときがあることをあげている。また，コミュニケーションの必要性の問題には，選択肢をみつけて比較し，合意までに多くの交渉をするため，通常，膨大なコミュニケーションが必要となる点をあげている。ただし，Malone（2004）は，コミュニケーションが必要となるものの電子上で行うことにより情報伝達コストが下がること，つまり商談と意思決定を下すために必要となるコミュニケーションコストの劇的な低下を指摘している[17]。

このようにMalone（2004）が，情報交換が容易になる点について言及しているのに加えて，Ivang and Sorensen（2005）は，インターネットによる電子商取引が一方では買い手と売り手の関係をよりクローズなものにすると述べている。インターネットを通じての情報の交換は容易かつ密接に行われ，それによって両者の協調関係が実現される可能性をもつという。しかし，他方では，逆オークション取引などの導入によって，取引の競争的側面を増幅する可能性を指摘している。Ivang and Sorensen（2005）は，Jap（2003）の指摘した取引関係について，パートナーシップの精神はひとかけらもないという競争的側面について，同様の主張をしている。

---

17 Malone（2004），訳153-154ページ。

図表 4-14　取引マーケティングと関係性マーケティングの相互関係

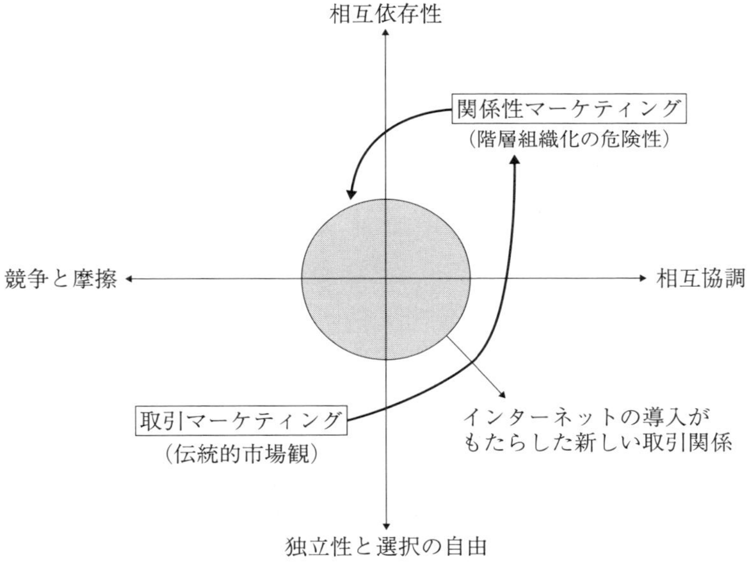

出所：阿部（2009），157ページ。

そして，阿部（2009）は取引関係に着目して図表4-14のように，電子商取引には売り手と買い手の協調関係性を強める側面と，逆オークションなどで市場での競争的側面（取引マーケティング）を増幅するという2つの側面もつと指摘している。この取引マーケティングとは，売り手と買い手の間には競争による対立と摩擦が存在することを指し，関係性マーケティングとは，情報システムを通じての取引主体間の協調関係を形成して共通の利益追求を重視するものを指している。ここでは，従来の取引マーケティングから，電子商取引によって情報交換や情報共有が進むとともに協調関係が形成されて関係性マーケティングに移行するものの，逆オークション取引等によって競争と摩擦が増加し再び競争的側面が強調されて取引マーケティングへの移行を明示している。

上述を踏まえ，電子商取引による国際商品調達の特徴と効果として以下のように整理できる。

第1に，調達価格削減の効果である。電子商品調達，とりわけｅマーケットプレイスは，不特定多数の売り手と買い手を集め，取引を仲介する。そのため，市場価格透明化の効果がみられる。そこでは，買い手と売り手が，取引に最も適切で利用可能な価格を知ることができるように構造化されている。買い手と売り手は，取引が発生するたびに取引の価格を観察することができる。市場取引において価格の透明性が小さいという状況は，売り手が買い手より情報優位性が存在していることから生じる。こうした市場構造がIT化によって変化し，情報優位性に逆転現象があらわれる。つまり，売り手と買い手との間にあった従来の情報格差は，買い手側に有利に変化する。

第2に，コミュニケーションコスト削減の効果である。市場取引において，取引を成立させるため，条件にマッチする取引相手を探索する費用は膨大である。この費用には相手を探す時間や手間などが含まれる。そして，みつかった相手に関して，その信頼性と誠実さ，能力（品質・納期）などを調べなければならない。それに関する情報は調査が困難で，莫大なコストがかかる可能性が高い。しかし，電子商品調達機関によって事前審査されるため，探索時間と費用を削減することができる。

第3に，情報共有の効果である。取引が継続的に行われる場合，売り手と買い手の双方に互いの技術や環境についての情報が共有・蓄積される。SCMとは情報共有を基盤にするが，それによって在庫の削減とリードタイムの短縮が同時に達成できる。また，情報化の進展により情報共有するための時間が短縮，コストが削減され，以前より多くの情報を収集・共有することが可能となった。

第4に，新規取引機会拡大の効果である。多くの売り手と買い手が取引を行う場合，大きな探索費用がかかる。電子商品調達において，とりわけｅマーケットプレイスでは，仲介を通して交換を集中するためこのような探索費用を節約する。仲介機能は探索費用削減の効果をもっているため，多数の売り手と買い手が集合できるｅマーケットプレイスにおいて効果が高くなる。

IT化は，空間的・時間的制約を緩和し，探索コストを削減して，新規取引機会を拡大する効果がある。

第5に，取引透明性の効果である。これまで既存の取引先とこれまでの取引関係や付き合いも考慮に入れながら，取引先と自社間という閉鎖的な関係の中で取引を行うことが多かった。しかし，ネット取引の分権的で開放的な特徴をもち，多数の参加者によるオープンな競争価格形成が行われるようになった。そのため，既存の取引先との関係性だけではなく，取引内容のみで取引先を決め，価格が決定されるようになり，取引の透明性が向上する。

第6に，経営スピードを向上させる効果がある。経営に関する意思決定をする際に，情報収集が必要であり，この情報収集をするために多くの時間とコストが必要とされてきた。これまで取引先などから情報収集する際には，1社ごとに問い合わせる必要があったが，ネット上で多くの企業から一度に問い合わせをすることが可能となった。そのため，情報収集時間とコストが削減され，それと共に経営に関する多くの選択肢を用意し，意思決定に関わる情報収集を短時間で行い，検討できるようになった。

先述したように，小売業の国際商品調達のメリットは，仕入れコストの削減と商品の差別化であったし，最大のデメリットは仕入先の探索コストであった。電子商取引による国際電子商品調達は，このようなメリットをさらに強化し，デメリットを縮減することが可能となるであろう。例えば，オークション機能や逆オークション機能は商品価格を低下させ，仕入れコストを削減する。そして，カタログ機能や新規取引機会拡大の効果は，商品の差別化に寄与する。また，探索費用削減の効果は，仕入先の探索コスト問題を解決するであろう。このように情報化の進展は，情報流の機能を飛躍的に高め，取引流通面においては時間的・空間的な制約を大幅に解消した。しかし，デジタル商品以外については，取引の完了には実際のモノの移動を遂行する物流が不可欠となるであろう。

ただし，木立（2003）は国際商品調達に関する制約条件として以下の点を指摘している。前提条件には，商品の品質・鮮度管理，物流・在庫管理，アベイラビリティ，トレーサビリティと安全性の確保などに関わるロジスティクスおよびサプライチェーンをグローバルなレベルで構築することをあげており，基礎的な条件には生産段階においてグローバル企業が成立している点をあげている。また，少なくとも既述のような制約条件を念頭に置くならば，商品種類別にその状況はかなり異なるとみなければならないと指摘している。その中でも消費者の食生活の地域性から強い影響を受ける食品については，消費需要の多様性からはるかに強い制約を受けざるをえず，消費面からの制約に加え，加工食品以外の腐敗性の高い生鮮食品では，コールドチェーンなどの物流インフラの未整備が決定的な制約条件となると述べている[18]。

確かに，国際商品調達においては，上記のようにいくつかの制約条件に縛られており，依然として克服しなければならない課題も多い。しかしながら，電子商取引の登場が国際商品調達に影響を与えたことについて異論はないであろう。

そこで本章以降，第Ⅱ部においては，これまでの分析を踏まえながら国際電子商品調達に焦点をあてて分析していこう。

第5節　結　　語

本章の目的は，小売業における国際商品調達について考察することであった。

まず，国際商品調達の歴史について欧州と日本を中心に整理し，国際商品調達の方法と進展段階について考察した。次に，企業における情報化の流れと電子商品調達による効果や企業間関係の変化について明らかにしてきた。

Dawson（1993）や向山（1996）らの研究者に共通しているのは，小売業の

18 木立（2003），222-223ページ。

国際化行動の中で国際商品調達が極めて重要であると指摘している点である。確かに，商品調達は消費者の代理購買が小売業の存立基盤である以上，極めて重要であり，店舗やサービスなど模倣しやすいものが多い小売業において，競争優位を獲得するためには不可欠な活動である。

これまでは小売業の国際化というと，一般に「海外出店すなわち国際化」と捉えられてきたが，国内販売のみを行う企業においても国際商品調達は避けて通れない問題となっている。海外出店をしていない小売企業においても国際化は進展しているのである。そういう意味では，海外出店よりも国際商品調達の方が多くの小売企業において国際化を肌で感じる身近な問題であろう。

また，第2章の海外出店の歴史でみたように，小売企業の海外出店は差別化された独自商品を販売している専門店やカテゴリーキラーからはじまっている。このことは，商品差別化が小売業の国際化において決定的に重要であることを示している。従来は，競争優位を得るために，通常の方法で海外からの商品輸入や開発輸入を行って，他店との差別化を図ってきた。IT化が進展した近年では電子商取引が活発化し，海外からの商品調達が以前よりはるかに容易になり，国際商品調達が飛躍的に進展する契機となった。

このように，小売業の国際化において競争優位を持続するためには，商品調達の国際化が重要であることを確認した。また，本書の分析視角の第1は商品調達の国際化がどのように進展しているのか，第2は電子商品調達の市場がどのような特性をもつのか，第3は電子商品調達がどのような影響をあたえるのかについて検討することである。そこで，以上を踏まえた上で，国際電子商品調達について具体的に事例を分析していくことにする。

第Ⅱ部

国際電子商品調達の実証研究

第5章
ウォルマートの国際商品調達

第1節　問題の所在

ウォルマートは，1990年初頭にシアーズ・ローバックから小売業売上高世界一の座を奪って以来，高い成長率によって首位を走り続けており，グローバル小売業の筆頭といえる企業である。しかしながら，小売業売上高トップ10に入るグローバル小売企業の順位においては，頻繁に入れ替わりがあった。

ウォルマートに追随するグローバル小売企業の代表として，フランスのカルフールやオランダのロイヤル・アホールドがある。カルフールのCEOは「将来は地方会社と世界会社に2極化し，その中間はない。グローバル化は世界企業あるいは地方企業の同盟を導くだろう」と述べ，アホールドのCEOは「遠くない将来において，世界の食品小売業は4つから6つのグループによって支配されるであろう」と述べている[1]。

上記2社におけるCEOの発言は，小売業において，グローバル化の進展に伴い，グローバル競争の激化と世界的小売企業の巨大化および寡占化という，近年における小売業の動向と今後の方向性を示唆している。

グローバル小売業を牽引しているウォルマートは，2001年に売上高が製造業を含めて世界最大になったことを契機に，実務界においても研究者の間

1　Wrigley and Lowe（2002）を参照されたい。

においても注目されるようになった。日本においては，西友の株式取得を契機に2002年前後より注目され，それに伴い小売業の国際化研究にも関心が集まるようになった。ウォルマートに関する研究には，二神（1999，2002，2006），根本・為広（2001），矢作（2001，2002b，2006），根本（2002），渦原（2002，2008），今井（2003，2004，2005），金崎（2003），佐々木（2003），白石・鳥羽（2003b，2004），丸谷（2003a，2003b），葉（2003），原田（2004a，2004b，2004c，2004d，2004e，2004f，2004g），野口（2004），田口（2005），大石・星田（2005），宮内（2006），川端（2007），馮（2007），鳥羽（2008）など多くの研究蓄積がある。

ウォルマートが世界第１位の小売業となるためには，どのような歴史的変遷があるのか，国際化の展開はどのように行われたのか，どのようなシステムを採っているのだろうか。上記のウォルマートについての研究において，ウォルマートの競争優位とは何かという成功要因についていくつもの指摘がされてきた。その中で共通して強みといわれていることには，ウォルマートのIT戦略があげられる。ウォルマートにおける情報活用は，情報収集や業務の効率化だけでなく，商品調達，物流システムに多く利用されている点に特徴がある。

本章では，ウォルマートがどのように世界第１位になってきたのかを明らかにするために，ウォルマートの歴史と国際化展開に加えて，ウォルマートの競争優位を支えている民間最大の情報システムであるリテールリンク（RL）にふれながら国際商品調達に焦点をあてて考察する。

第2節　ウォルマートの歴史

ここでは，まず，ウォルマートの概要を概観し，ウォルマートが世界的な注目を集めるまでの経緯と国際化展開について検討していくことにする。

ウォルマートとは，アメリカのアーカンソー州ベントンビルに本社を置き，1969年に会社設立されスーパーマーケットやディスカウントストアの事業を運営する，世界最大のスーパーマーケットチェーンである。2011年10月現在，ウォルマートは連結で売上高4189億5200万ドル，営業利益255億4200万ドル，従業員212万1634人の企業である。また，EDLP（Everyday Low Price）を掲げ，低価格，物流管理，コスト削減などを推し進め急速に成長し，世界最大の売上げを誇る企業となった。

2011年11月時点で，世界15カ国に進出し，日本では西友を子会社化して展開している。

ウォルマートの歴史は，サム・ウォルトンが1945年にアーカンソー州ニューポートにベン・フランクリン雑貨店を開いたことにはじまる。1946年，弟のジェームズ・L・ウォルトンが，ミズーリ州バーセイルズに同様の店を開いた。サム・ウォルトンは，1950年に当時人口1万人にも満たなかったアーカンソー州ベントンビルでウォルトンズ5 & 10を開業。1962年まで創業者の事業は雑貨店の経営に限られていたが，同年7月2日，ディスカウントストアである最初のウォルマート・ディスカウント・シティを，アーカンソー州ロジャーズに開いた（図表5-1）[2]。

その後，創業21年目である1983年に，ウォルマートはようやくウォルマートストア以外の新業態であるサムズクラブ1号店をオクラホマ州ミッドウェストシティに開店した。サムズクラブとは，ウォルマートストアよりも商品価格を割安にして運営している会員制のホールセールクラブである。

そして，1988年にミズーリ州ワシントンにスーパーセンターを開店した。スーパーセンターとは，ウォルマートが開発した現在のウォルマートの代名詞といえる業態である。このスーパーセンターは，食料品ストアとディスカウントストアを兼ね揃えた店舗で，売り場はワンフロアを基本とし，広大な店舗面積と巨大駐車場をもつものである。1991年には，インターナシ

2　ウォルマートのHP〈http://www.walmart.com/〉，2011年10月1日アクセス。

図表 5-1　ウォルマートの沿革

1962 年	ウォルマート 1 号店開店（アーカンソー州）
1983 年	サムズクラブ 1 号店開店（オクラホマ州）
1988 年	スーパーセンター 1 号店開店（ミズーリ州）
1991 年	インターナショナル 1 号店開店（メキシコ）
1998 年	ネイバーフッドマーケット 1 号店開店（アーカンソー州）
2008 年	マーケットサイド 1 号店開店（アリゾナ州）
2009 年	スーペルメルカード 1 号店開店（テキサス州）

出所：ウォルマートの HP,〈http://walmartstores.com/AboutUs/7603.aspx〉, 2010 年 7 月 31 日アクセスより筆者作成。

ョナル 1 号店として初めてメキシコに出店する。創業約 30 年目に海外出店し，これがウォルマートの国際化のはじまりとなった。1998 年には食品スーパーのネイバーフッドマーケット第 1 号店をアーカンソー州に開店，2008 年にはウォルマート・スーパーセンターの 10 分の 1 以下である 300 坪～450 坪の小型店のマーケットサイド 1 号店をアリゾナ州に開店，2009 年にはスーペルメルカード店をテキサス州に開店，といったように次々と新しい業態を開発してきた。このようにして，ウォルマートは 1990 年に売上高で世界最大の小売業になり，2001 年に売上高が製造業を含めて世界最大の企業となったのである。

ウォルマートの海外展開については図表 5-2 に整理している。ウォルマートの国際化は 1991 年のメキシコにはじまる。3 年後の 1994 年にはカナダに進出し，1995 年にはブラジル，アルゼンチン，1996 年には中国へ進出する。

ウォルマートの海外進出は 1990 年代以降にはじまり，小売業国際化を進めてきた企業の中では決して早い方とはいえない。例えば，日系企業においてさえ百貨店は 1960 年代に海外進出を行っているし，スーパーも 1980 年代には海外進出している。その中でも，ウォルマートは広大なアメリカ市場の開拓に時間と資源をとられており，海外進出には消極的であった。しかしながら，1994 年ごろを境に急速に海外出店を進めるようになった。

図表5-2　ウォルマートの海外店舗数と参入時期

国	店舗数	提携・参入時期
メキシコ	1,479	1991年11月
カナダ	317	1994年11月
ブラジル	438	1995年5月
アルゼンチン	44	1995年8月
中国(※)	284	1996年8月
イギリス	374	1999年7月
日本	372	2002年3月
コスタリカ	170	2005年9月
エルサルバドル	77	2005年9月
グアテマラ	164	2005年9月
ホンジュラス	53	2005年9月
ニカラグア	55	2005年9月
チリ	254	2009年1月
インド	1	2009年5月

※35%の株を所有するトラストマートの104店舗を含む。2010年4月30日時点。
出所：ウォルマートのHP,〈http://walmartstores.com/AboutUs/7603.aspx〉, 2010年7月31日アクセスより筆者作成。

ウォルマートの海外進出国数をみてみると，1991年におけるメキシコ以降，1990年代半ばに4カ国，2000年前後に2カ国，2005年に5カ国，2009年に2カ国となっている。つまり，ウォルマートの海外展開は1990年代半ばから2000年代にかけて加速化してきていることが分かる。そして，ウォルマートの海外出店は，インドを除くと各進出先国において店舗数が多いことが特徴である。これはウォルマートが，現地企業の買収という参入形態を比較的多く用いることが要因の1つである。

第3節　ウォルマートの国際化

ここでは，ウォルマートの企業内外の視点からウォルマートの国際化について検討する。まず，全体像を把握するため，全産業内および小売産業内について2000年と2009年を比較することにより，企業外の視点からウォルマートについて検討する[3]。次に，ウォルマートの国際化についての詳細を明らかにするために，ウォルマートの売上高と純利益および海外売上高比率の推移と，海外出店動向という企業内の視点から考察する。

図表5-3は，フォーチュン誌による2000年度と2009年度における世界の企業売上高上位500社のうち，上位10社を抜き出してみたものである。これによると，2000年度の売上高1位はエクソンモービルで2103億ドル，2位ウォルマートが1932億ドル，3位ジェネラルモーターズ，4位フォードモーターズとなっており，4位まではアメリカ企業が占めている。5位ダイムラークライスラー，6位ロイヤル・ダッチ・シェル，7位BP，8位GEといったように，ウォルマート以外，小売企業は上位10位に入っていない。ウォルマートが世界第2位であった2000年においても，フォーチュン誌による世界の売上企業上位500社において小売業で上位10位に入る企業はない。

つまり，ウォルマートのように小売業で売上企業上位に入ることは，極めて異例であったのである。2009年度をみてみると，売上高1位はウォルマートであり，初めて世界売上高1位になった2001年から2009年度まで売上高第1位を維持し続けている。2009年度において，売上高第1位のウォルマートが4,082億ドル，2位のロイヤル・ダッチ・シェルが2,851億ドル，3位にエクソンモービル，4位にBP，5位にトヨタ自動車となっている。ま

3　ウォルマートが売上高世界第1位になったのは，2001年である。そこで，ウォルマートが売上高世界第1位になる前後の上位産業を比較するため2000年のデータを使用し，現在と比較するために2009年のデータを取り上げる。

図表5-3　世界の企業売上高上位10社（2000年度と2009年度比較）

〈2000年度〉

順位	国名	社名	売上高（百万ドル）
1	アメリカ	エクソン・モービル	210,392
2	アメリカ	ウォルマート・ストアーズ	193,295
3	アメリカ	ゼネラル・モーターズ	184,632
4	アメリカ	フォード・モーターズ	180,598
5	ドイツ	ダイムラー・クライスラー	150,070
6	オランダ	ロイヤル・ダッチ・シェル	149,146
7	イギリス	BP	148,062
8	アメリカ	ゼネラル・エレクトリック	129,853
9	日本	三菱	126,579
10	日本	トヨタ自動車	121,416

〈2009年度〉

順位	国名	社名	売上高（百万ドル）
1	アメリカ	ウォルマート・ストアーズ	408,214
2	オランダ	ロイヤル・ダッチ・シェル	285,129
3	アメリカ	エクソン・モービル	284,650
4	イギリス	BP	246,138
5	日本	トヨタ自動車	204,106
6	日本	日本郵政	202,196
7	中国	シノペック	187,518
8	中国	ステートグリッド	184,496
9	フランス	アクサ	175,257
10	中国	CNPC（ペトロチャイナ）	165,496

出所：*Fortune*, July 23, 2001 Global 500（左），*Fortune*, July 26, 2010 Global 500（右）より筆者作成。

た，2000年度と2009年度におけるウォルマートの売上高を比較すると，約2倍とほぼ倍に売上高を伸ばしている。このことから，ウォルマートの売上規模が巨大化していることに加えて，ウォルマートのみならずその他の産業や企業においても売上規模が巨大化している傾向にあることが分かる。

図表5-3において，全産業内での動向と全産業におけるウォルマートの位置を確認した。そこで，図表5-4では，小売産業内におけるウォルマートについて検討する。図表5-4は，フォーチュン誌による2000年度と2009年度における世界の小売企業売上高上位20位を示している。2000年度における世界の小売企業1位ウォルマートの売上高は1,932億ドルであり，2位カルフールの売上高が598億ドルである。1位と2位の売上高を比較してみると，ウォルマートの売上高はカルフールの売上高の約3倍である。また，3位クローガーが490億ドル，4位アホールドが484億ドル，5位ホーム・デポが457億ドルと続いている。

このように，ウォルマートは小売企業の中でも圧倒的な地位を占めてお

図表 5-4　世界の小売業売上高上位 20 社（2000 年度と 2009 年度比較）

〈2000 年度〉

順位（全産業順位）	国名	社名	売上高（百万ドル）
1（2）	アメリカ	ウォルマート	193,295
2（37）	フランス	カルフール	59,888
3（54）	アメリカ	クローガー	49,000
4（58）	オランダ	ロイヤル・アホールド	48,492
5（66）	アメリカ	ホーム・デポ	45,738
6（75）	ドイツ	メトロ	43,371
7（85）	アメリカ	シアーズ・ローバック	40,937
8（100）	アメリカ	K マート	37,028
9（101）	アメリカ	ターゲット	36,903
10（102）	アメリカ	アルバートソンズ	36,762
11（113）	アメリカ	J.C. ペニー	32,965
12（116）	アメリカ	コストコ	32,164
13（119）	アメリカ	セーフウェイ	31,977
14（126）	イギリス	テスコ	31,284
15（152）	日本	イトーヨーカ堂	28,393
16（162）	日本	ダイエー	26,659
17（173）	イギリス	セインズベリー	25,509
18（179）	日本	ジャスコ	25,077
19（202）	フランス	ピノー・プランタン	22,883
20（218）	フランス	オーシャン	21,714

〈2009 年度〉

順位（全産業順位）	国名	社名	売上高（百万ドル）
1（1）	アメリカ	ウォルマート	408,214
2（22）	フランス	カルフール	121,452
3（45）	アメリカ	CVS ケアマーク	98,729
4（57）	ドイツ	メトロ	91,152
5（58）	イギリス	テスコ	90,234
6（70）	アメリカ	クローガー	76,733
7（79）	アメリカ	コストコ	71,422
8（97）	アメリカ	ホーム・デポ	66,176
9（98）	アメリカ	ターゲット	65,357
10（106）	アメリカ	ウォルグリーン	63,335
11（122）	フランス	オーシャン	55,141
12（124）	日本	セブン&アイ・ホールディングス	54,701
13（127）	日本	イオン	54,092
14（142）	アメリカ	ベストバイ	49,694
15（152）	アメリカ	ロウズ	47,220
16（165）	アメリカ	シアーズ・ホールディングス	44,043
17（176）	アメリカ	セーフウェイ	40,851
18（178）	アメリカ	スーパーバリュ	40,597
19（184）	オランダ	ロイヤル・アホールド	38,814
20（192）	オーストラリア	ウェスファーマーズ	37,466

出所：*Fortune*, July 23, 2001 Global 500（左），*Fortune*, July 26, 2010 Global 500（右）より筆者作成。

（注）小売企業順位の（　）は全産業での順位である。

り，2位カルフール，3位クローガー，4位アホールドという3社の売上高を合わせてもウォルマートに届かない。5位メトロの売上高を合わせて，ようやくウォルマートの売上高を若干上回る。そして，世界2位以下の4社合計の売上高がウォルマートの売上高とほぼ同規模ということからも，小売業内におけるウォルマートの巨大さと，それに対する他の小売企業におけるウォルマートの脅威が分かるだろう。

次に，2009 年度をみてみよう。2009 年度における世界の小売企業第1位ウォルマートの売上高は4,082億ドルであり，2位のカルフールは1,214億ドルである。2000年度に加えて2009年度においても，小売業における売上高1位のウォルマートは2位カルフールの約3倍の売上高となっている。続く3位CVSケアマークは987億ドルである。ただし，CVSケアマークは，CVSファーマシーやロングスドラッグスといった薬局・コンビニエンスストアチェーンであるが，2007年にCVSは薬剤給付管理事業大手のケアマーク社と経営統合したことにより，売上高3位になっている。そして，4位メトロが911億ドル，5位テスコが902億ドルと続いている。2000年度と2009年を比較すると，世界の小売業売上高上位20社の大半は，売上高規模が拡大しているという特徴がみられる。これは，合併・買収が多かったことも1つの要因であり，近年の傾向の1つとしてあげられる。

図表5-4において小売業における世界ランキングトップ20位までをみてきた。そこで，日本との比較する視点を加え，図表5-5では2002年度の小売業売上高世界ランキングにおけるトップ100位に入る日系小売企業と日本市場に参入した世界の小売企業をまとめて表している。2002年度の売上高において，1位のウォルマートの売上高は円換算で29兆8,282億円，2位のカルフールが8兆5,584億円，3位のロイヤル・アホールドが7兆8,055億円，4位のホーム・デポは6兆9,881億円である。図表5-4における2000年度と図表5-5における2002年度を比較してみると，1位のウォルマートと2位以下の小売企業の差はさらに開いていることが分かる。また，2002年度における売上高2位から5位の4社の売上高合計よりも，1位であるウォルマートの売上高が続く4社を上回っている。以上のことから，ウォルマートは小売業において圧倒的な売上高を維持し続けていることが分かる。

これまで，ウォルマートについて他の企業と比較検討してきた。そこで，以下においてウォルマートの企業内に焦点をあてて考察していこう。図表5-6では，1983年から2009年までにおけるウォルマートの売上高と純利益の推移を表している。この表から，ウォルマートは1983年から2009年の27年間に売上高と純利益をともに増加し続けていることが分かる。その中

図表 5-5　世界小売業売上高ランキング（2002 年度）

（＊は日本参入企業）

順位	企業名	出身国	売上高（百万円）	伸び率（%）
1	ウォルマート＊	アメリカ	29,828,212	0.7
2	カルフール＊	フランス	8,558,410	5.5
3	ロイヤル・アホールド	オランダ	7,805,564	–
4	ホーム・デポ	アメリカ	6,988,148	▲ 2.5
5	メトロ＊	ドイツ	6,208,095	11.0
6	クローガー	アメリカ	5,267,408	▲ 7.4
7	ターゲット	アメリカ	4,908,905	▲ 1.3
8	シアーズ・ローバック	アメリカ	4,904,376	▲ 8.8
9	テスコ＊	イギリス	4,595,817	9.5
10	コストコ＊	アメリカ	4,272,983	11.0
11	アルバートソンズ	アメリカ	3,911,187	▲ 15.8
12	メドコ	アメリカ	3,879,700	2.7
13	J.C. ペニー	アメリカ	3,844,814	▲ 9.4
14	セーフウェイ	アメリカ	3,844,814	▲ 14.5
15	K マート	アメリカ	3,689,595	▲ 29.7
16	イトーヨーカ堂	日本	3,530,316	0.8
21	イオン	日本	3,088,504	5.2
28	ダイエー	日本	2,197,533	▲ 12.1
51	高島屋	日本	1,184,236	▲ 1.8
52	ユニー	日本	1,179,913	0.1
54	西友	日本	1,139,718	2.6
63	三越	日本	942,349	▲ 2.2
73	大丸	日本	793,905	▲ 2.1
74	ヤマダ電機	日本	793,829	–
88	伊勢丹	日本	601,897	▲ 2.2
92	丸井	日本	558,867	1.3
95	西武百貨店	日本	539,354	▲ 3.5
100	ヨドバシカメラ	日本	515,938	19.4

出所：白石・鳥羽（2004），81 ページ。

でも，1989年さらに，ウォルマートは2001年に世界第1位の売上高になった後も，前年比売上高が増加し続けており，2009年において売上高が4,050億ドルであり，純利益が148億ドルである。この売上高と純利益の増加は，ウォルマートの国際化と深い関連がある。そのため，次にウォルマートの国内・海外における出店数をみてみよう。

図表5-7は，ウォルマートの業態別および国内外別の出店数を表している。この図表から，1993年におけるディスカウントストア（＝ウォルマートストア）の海外出店数が14であり，ディスカウントストア，スーパーセンター，サムズクラブという3業態による海外出店を行っている。しかしながら，1993年度における海外出店比率はわずか0.9%にすぎず，この時点におけるウォルマートは，海外進出を積極的に行っているわけではない。実際に海外出店比率が10%を超えてくるのは，1996年以降のことである。

図表 5-6　ウォルマートの売上高と純利益の推移

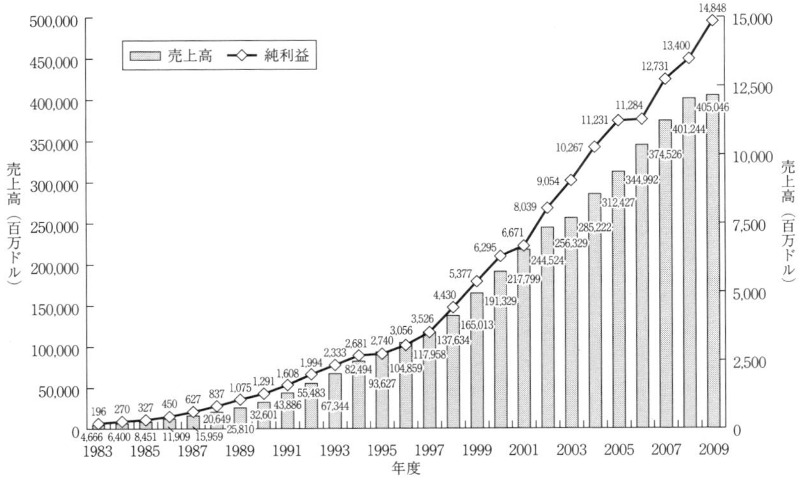

出所：ウォルマートの HP 〈http://investors.walmartstores.com/phoenix.zhtml?c=112761&p=irol-reportsannual〉，2010年8月20日アクセス。各年度のアニュアルレポートより筆者作成。

図表 5-7 ウォルマートの国内・海外市場における業態別出店動向

		1992	1993	1994	1995	1996	1997	1998	1999	2000	2001	2002	2003	2004	2005
アメリカ国内	ディスカウントストア	1,848	1,950	1,985	1,995	1,960	1,921	1,869	1,801	1,736	1,647	1,568	1,478	1,353	1,209
	スーパーセンター	34	72	147	239	344	441	564	721	888	1,066	1,258	1,471	1,713	1,980
	サムズクラブ	256	417	426	433	436	443	451	463	475	500	525	538	551	567
	ネイバーフッドマーケット	–	–	–	–	–	–	4	7	19	31	49	64	85	100
	小計	2,138	2,439	2,558	2,667	2,740	2,805	2,888	2,992	3,118	3,244	3,400	3,551	3,702	3,856
海外	ディスカウントストア	–	14	186	223	249	500	520	572	612	648	942	982	1,175	1,431
	スーパーセンター	–	7	11	16	26	61	149	383	406	455	238	257	285	416
	サムズクラブ	–	2	25	37	39	40	46	49	53	64	71	80	91	103
	ネイバーフッドマーケット	–	0	0	0	0	0	0	0	0	3	37	36	36	335
	小計（Y）	10	23	222	276	314	601	715	1,004	1,071	1,170	1,288	1,355	1,587	2,285
世界	合計（X）	2,148	2,462	2,780	2,943	3,054	3,406	3,603	3,996	4,189	4,414	4,688	4,906	5,289	6,141
	Y/X（%）	0.4	0.9	7.9	9.3	10.2	17.6	19.8	25.1	25.5	26.5%	27.4	27.6	30.0	37.2

出所：ウォルマートのHP〈http://investors.walmartstores.com/phoenix.zhtml?c=112761&p=irol-reportsannual〉，2010年8月20日アクセス。各年度のアニュアルレポートより筆者作成。

* 2006年度以降のアニュアルレポートは，海外展開の業態別展開表示から店舗名表示に変更されているために具体的なデータを把握することが不可能であった。

そして，1997年には海外へ，ディスカウントストア500店舗，スーパーセンター61店舗，サムズクラブ40店舗の海外出店を行い，海外出店比率が17.6%と急上昇した。続いて，1998年もディスカウントストアを中心に出店していたが，1999年以降はディスカウントストアだけではなく，スーパーセンターの出店数が増えているのが特徴的である。ただし，アメリカ国内における出店については，1995年以降ディスカウントストア業態での出店数が減少している。

その後におけるウォルマートの出店において，2000年の国内出店数は3,118店であり，海外出店数は1,071店であったため，海外出店比率は全体の25.5%となった。そして，2005年においては国内出店数が3,856店であり，海外出店数が2,285店であったため，海外出店比率は全体の37.2%に上昇した。とりわけ，海外出店比率を1995年と2005年とで比較すると，1995年の海外出店比率は9.3%，2005年は37.2%であり，海外出店比率はこの10年間で約4倍になっている。上記において，ウォルマートの国際化についてアメリカ国内と海外における出店数から検討してきた。次に，売上高における比率から，ウォルマートの国際化についてみていこう。

図表5-8は，ウォルマートの総売上高に対する海外売上高の比率を示している。ウォルマートは1995年において総売上高936億ドルに対し，海外売上高が37億円でしかなく，海外売上高比率はわずか4.0%であった（アニュアルレポート上で海外売上高が公開されはじめたのは1995年以降である)。その後，1999年になり，ようやく海外売上高比率は13.8%となって10%代を超え，2009年には24.7%となった。ウォルマート海外売上高比率を1995年と2005年とで比較すると，1995年は4.0%，2005年は19.0%であり，海外売上高比率は10年間で約4.8倍になっており，急激に増加していることが分かる。さらに，海外売上高比率を1995年と2009年とで比較すると，1995年が4.0%であり，2009年が24.7%であり，海外売上高比率は14年間で約6.2倍になった。

以上のことから，ウォルマートにおける国際化の特徴として，国内外の出

図表 5-8　ウォルマートの海外売上高と海外売上高比率

（単位：百万ドル）

	総売上（X）	海外部門売上（Y）	Y/X（%）
1995	93,627	3,712	4.0
1996	104,859	5,002	4.8
1997	117,958	7,517	6.4
1998	137,634	12,247	8.9
1999	165,013	22,728	13.8
2000	191,329	32,100	16.8
2001	217,799	35,485	16.3
2002	244,524	40,794	167
2003	256,329	47,572	18.6
2004	285,222	56,277	19.7
2005	312,427	59,237	19.0
2006	344,992	77,116	22.4
2007	374,526	90,570	24.2
2008	401,244	98,840	24,6
2009	405,046	100,107	24.7

出所：ウォルマートの HP〈http://investors.walmartstores.com/phoenix.zhtml?c=112761&p=irol-reportsannual〉，2010年8月20日アクセス。各年度のアニュアルレポートより筆者作成。

店数と売上高の視点からみても共通しているのは，1990年代末以降において国際化が急速に進んでいるという点である。このように，海外出店数が急激に増加し，海外売上高比率が高まっていることが確認した。そこでさらに，出店以外の国際化である，国際商品調達を中心として知識移転についてもふれながらウォルマートの国際化について明らかにしていく。

第4節　ウォルマートの国際商品調達

ウォルマートは，売上高世界第1位の小売業として注目を集めてきた。その中で1990年後半以降にウォルマートは国際化を進めてきている。具体的に，ウォルマートは，どのように国際化を運営してきたのか，そして，ウォルマートの競争優位は何であろうか。ウォルマートに関する研究成果から，その競争有の要因として，例えば，EDLPに代表される販売方法[4]，統一的なフォーマット，圧倒的な販売力を背景にした低コスト調達[5]，低賃金を含むローコスト・オペレーション，優れた物流システムなど，様々な競争優位要因が指摘されてきた。しかしながら，各論者にみられる共通の側面として，ウォルマートの競争優位の源泉として同社の構築した情報システムであるリテールリンクがあげられる。例えば，Colla and Dupuis（2002）はウォルマートとカルフールの比較研究を行っており，その研究の中でウォルマートの強さの要因は，リテールリンクであると結論付けている。そこで，リテールリンクを取り上げて，ウォルマートの情報戦略および国際商品調達と知識移転について検討していこう。

まず，ウォルマートの情報システム活用として重要なことは，1983年に2,400万ドルを投資し，人工衛星を打ち上げたことである[6]。これにより本部，店舗，配送センター間で迅速なデータ交換を行うことができるようになった。次いで，1987年には，P&G社と連携してQRのパイロット実験を行った。これにより，店舗側のPOSデータをメーカー側に開示し，商品の売れ行きを監視させ，自動補充するシステムを構築したのである。この結果，小売側は店舗での欠品率を大幅に低下させることが可能になり，メーカー側は在庫削減と卸値価格を下げたのである[7]。これ以降，他のメーカーもQRに参加するようになり，これが1991年よりリテールリンクに発展したのであ

4 EDLPとは，ウォルマートが打ち出した代表的な経営戦略の1つであり，毎日が安売りであるという恒常的に低価格で販売する方法である。

5 取引条件に関して強圧的な要求を出すカルフールなどに比べると，ウォルマートは供給者との関係は協調的であるといわれている。詳しくは，Colla and Dupuis（2002），p.107.

6 西山（2002），38ページ。詳しくは西山（2002）を参照されたい。

7 溝上（2002），107-108ページ。詳しくは溝上（2002）を参照されたい。

る。

具体的には，リテールリンクにアクセスすると全米店舗の前日の販売データをみることができ，ウォルマートのサプライヤー約7,000社は，自社製品の過去104週間の売上，在庫，集荷状況を知ることができる。これにより，サプライヤー側は，今後の自社製品の販売トレンドの予測と店舗ごとの納品数量や販売促進について提案するよう求められる。そうして，顧客が求めている商品を適切なときに，適切な数量だけ店舗に供給し，適切な価格で販売することが可能となるのである[8]。

以上みてきたリテールリンクにおける最大の特徴は，その膨大な購買力を背景に小売企業がウォルマート1社のみで行っているクローズなネット調達型の電子商品調達システムであるということである（図表5-9）。

図表5-9のように，リテールリンクは，売り手であるメーカーが多数であるのに対し，買い手である小売業はウォルマート1社のみで行う形態となる。リテールリンクについて，企業間電子商取引形態の視点から売り手と買い手と2つにわけて検討すると大きな形態の違いがあることが分かる。そのうち，①N：1であるネット調達型と②N：NであるBtoBのeマーケット

図表5-9　リテールリンクの商品調達概念図

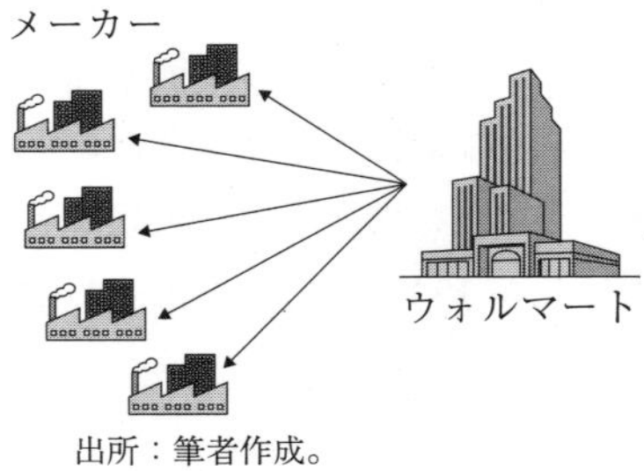

出所：筆者作成。

8 ウォルマートは数千品目にわたり小売ブランドをもっている。詳しくはM + M Planet Retail（2004）を参照されたい。

プレイスの型の2つの違いを以下で具体的に比較して検討する。

①　N：1　ネット調達

これは売り手が複数であるのに対して買い手が1社である，1対複の取引形態である。オープンな情報ネットワークであるが，完全なオープン・ネットワークとはいえない段階である。この取引形態をもつのは，e-Procurementなど，特定の買い手企業による複数取引先からの調達形態である。リテールリンクは，1社のみでこのネット調達形式をとっている。

②　N：N　eマーケットプレイス

これは買い手が複数であるのに対して売り手も複数である。これは，電子市場上において複数の売り手と買い手が同時に取引をすることが可能であり，最もオープン化された情報ネットワークである。はじめて複数の売い手と複数の買い手が参加できる取引形態になる。この形態としては，次章で取り上げるアジェントリクスがあてはまる。

これらを阿部（2009）による市場のクローズ化とオープン化の類型に当てはめて検討すると，リテールリンクの行っているN：1型とは，多数の売り手がいるもののウォルマートにより選抜された特定の取引企業であるため市場への参入条件は特定されたクローズなものである。さらに，ウォルマートによるトップダウンの集権型であるため，クローズ化した市場調達システムであるという特徴をもつ。それに対し，アジェントリクスによるN：N型取引は，市場の参入条件も不特定多数なオープン化されたものであり，ネットワーク管理のパワー構造においても分権型である。そのため，アジェントリクスはeマーケットプレイスのうちでもオープン化した市場調達システムであると分類される。

以上のように，ウォルマートの商品調達は，リテールリンクによってN：1型のクローズ化の中でネット調達を行ってきた。買い手が1社であるネット調達を行うことができるのは，ウォルマートの膨大な商品調達量とその販売量だからである。それでは，このウォルマートの商品調達システムでもあるリテールリンクは，どのように構築されてきたのか，次にリテールリンクの沿革をみていこう。

リテールリンクは，他社に先駆けて1991年に構築され，1996年にはCPFRの実験が開始された。そして，1998年にはイントラネット化され，1999年にeマーケットプレイスが開始されている（図表5-10）。

その後，2005年には，100社を超える取引先との間でRFIDの本格導入を開始した[9]。これは，配送センターに入出荷するパレットおよびケースにRFIDタグを取り付けることにより，自動読取による入出荷作業の軽減，商品のトレーシングとトラッキングに対する可視化を高めようとするものである。

ウォルマートによると，2006年末までにアメリカ国内すべての配送センターに入荷するすべてのパレットとケースにRFIDシステムを適用し，2007年よりインターナショナルに拡張すると発表している[10]。また，タイヤ，芝刈り機，自転車，家電製品など高額商品から開始し，ICタグ価格の低下に伴

図表5-10　リテールリンクの沿革

	リテールリンク
1991年	リテールリシク構築
1996年	CPFRの実験開始
1998年	イントラネット化
1999年	電子商取引開始
2000年	XML化
2005年	RFID本格稼動
2006年	全米すべてRFIDシステムの適用計画
2007年	RFIDシステムのインターナショナル拡張計画

出所：ウォルマートのHP〈http://www.walmart.com/〉，2006年8月1日アクセスより筆者作成。

9 詳細はサン・マイクロシステムズのHPを参照されたい。サン・マイクロシステムズのHP〈http://jp.sun.com/solutions/retail/funamoto/rfid.html〉，2006年9月1日アクセス。
10 同上。

い順次個別商品にも取り付ける方向であるとしている。

このRFID採用の目的は，配送センターにおける入出荷処理の自動化が進み，商品のビジビリティ向上によりサプライチェーンが効率化され，欠品商品の早期把握により売上の向上と無駄な作業の排除ができることである。そして，将来的には店舗在庫のリアルタイム把握により棚卸作業の軽減と需要に合った商品補充を可能にするためである。

ウォルマート研究における各論者にみられる共通点として，ウォルマートにおける競争優位は，自社の電子商品調達機関リテールリンクと自社物流システムによって支えられていると指摘していることである。ウォルマートの自社物流システムは，リテールリンクの情報システムと連携しており，最新設備の24時間稼動流通センターと，全米第1位といわれるトラック部隊から構成されている。この流通センターは，1日以内に150から200店舗に物流サービスができるように戦略的に配置されており，衛星ネットワーク・システムを使って，各店舗，物流センター，供給者間で情報共有を行っており，受注の統合とトラック満載を実現させ，多量購買を可能にしている。

これらの自社物流システムの効果として，①在庫の削減，②輸送コストの削減，③店舗欠品率の減少，④店頭在庫の削減，⑤店頭在庫削減による売り場面積拡大があげられる[11]。また，リテールリンクは，詳細な販売関連データをサプライヤーと共有し，全世界のサプライヤーとの間で電子商取引を行っている。ただし，それらが国内外においてどれほど活用されているのかを示す詳細な数値については，ウォルマートから公開されていないため正確に確認することはできない。しかしながら，ウォルマートの創業者であるサム・ウォルトンもリテールリンクと自社物流システム活用による効率性と規模の経済性が，1970年代から1980年代にかけてのウォルマートの最大の競争力の源泉であると述べているように，大きな戦力になっていることはいうまで

11 田村（2004），209ページ。

もないであろう[12]。

これまでみたように，ウォルマートは情報システム活用において先駆的な代表企業であったため，自社構築したリテールリンクにおけるシステムの精度が高い時期が続いていた。しかしながら，2008年9月からリテールリンクに加えて，アジェントリクスをも活用するようになった。その契機は，PB商品を含む一斉ロゴ変更のためであった。このロゴ変更は，ウォルマートに対する訴訟が相次ぎ起こされた後に，企業ブランドと商品ブランドのブランドイメージを回復することやPB商品の改善を目的として，より柔らかく明るい感じへイメージチェンジを図るために行われたものである[13]。

例えば，企業名のロゴについては，図表5-11にあるように旧企業名は濃い紺色で文字の形式は角が角張っている「WAL★MART」文字を採用していたのに対し，新しい企業名のロゴは以前より明るい空色で文字の角を丸めて「Walmart」という文字に変更した[14]。また，PB商品の旧ロゴは，縁が黒く黄色の文字で「*Great* Value」と前半部に斜体文字を使っており，パッケージの右横端に縦書きで表記されており，比較的目立たない様式であった。それに対し，PB商品の新ロゴは，全商品のパッケージを統一化して，白地の背景に「Great」は青く縁取りした白抜き文字で書かれ，「Great」部分は塗りつぶした青色文字で書かれており，商品の一番目立つ部分に大きく表示されるように変更された。

とりわけ，新しいPB商品については，750品目の製法を見直し，デザインやロゴ，商品画像もより訴求しているものに変更するとともに，80品目を新たに加えた[15]。このような，多品目の商品を大量に調達しようとした際

---

12 Walton and Huey（1993），訳25ページ。

13 詳しくは原田（2004a，2004b，2004c，2004d，2004e，2004f，2004g）を参照されたい。

14 企業名のロゴは2008年に変更され，旧ロゴは1992年から2008年まで使用されたものである。

15 ウォルマートにより2009年3月16日発表された。

図表 5-11　ウォルマートのロゴ変更

①企業名　ウォルマート

〈変更前 1992 年から 2008 年〉　　〈変更後 2008 年以後〉

WAL★MART ➡ Walmart

② PB 商品　グレートバリュー

〈変更前〉　　〈変更後〉

➡

出所：ウォルマートの HP〈http://www.walmart.com/〉, 2006 年 8 月 1 日アクセス，2011 年 10 月 1 日アクセスより筆者作成。

に，リテールリンクだけ調達しようとすると多くの時間がかかってしまうことになってしまい，すぐにロゴ変更に対応できなかった，そのため，ウォルマートはＮ：Ｎ型のｅマーケットプレイスというオープン化された市場でより多くの売り手から調達するために，アジェントリクスに参加することになったといわれている。つまり，ウォルマートはブランドイメージチェンジのためにロゴ変更を行うという課題を迅速に解決するために，クローズ型とオープン型の電子調達機関を併用するように経営戦略を変更したといわれている。このことから，情報化の進展に伴い，ウォルマート以外の他社においても情報システムが進化していること，それに加えて，オープンなｅマーケットプレイスの活用は，経営スピードを向上させる効果があることを示唆している。

また，ウォルマートにおいては，リテールリンクやアジェントリクスの活用に加えて，中国へ出店することにより商品調達の国際化が進展している。これは，ウォルマートが中国へ出店して現地における商品調達を行うとともに，全世界にある店舗向けの商品調達も中国で行うようになったためである。これまでの既存研究において，向山（1996）は「開発輸入経験の蓄積が海外での商品販売，そのための拠点としての海外出店へと発展」すると述べ，これらの相互浸透関係を強調した[16]。

それに対し，木立（2003）は，ウォルマートが中国で店舗網を44カ所に拡大すると同時に世界55カ国からの商品調達のうち約3分の2を同国から調達し[17]，中国市場を店舗展開のための消費市場と商品の調達市場との両面で位置づけている現象が，論理的必然ではなく，歴史的偶然にすぎないと指摘している。その理由として，個別小売企業からみた特定国外市場のもつ消費需要面や小売構造などからみた進出先市場としての適格性と，ある特定商品の生産力と輸送条件など供給面での優位性とが必ずしも一致するとは限らないことをあげている。その上で，小売業のグローバル化はその諸局面で並行的に進行するわけではなく，むしろ不均衡に進展することがより一般的であると指摘している[18]。

これまで，ウォルマートについて，リテールリンクやアジェントリクスの活用，および中国への出店を契機とした国際商品調達の進展について考察してきた。以上のことから，ウォルマートの国際商品調達の進展段階は，第5段階である複数の国を横断して行う国際的な商品調達の段階に位置し，今後は，第6段階である世界最適調達に向けて進んでいる段階にあるといえるだろう。また，ウォルマートの使用する電子商品調達の市場については，自社のリテールリンクを使用するクローズ型からアジェントリクスのようなオープン型も併用するように変化した。これらウォルマートにおけるリテールリンクの効果には，調達価格削減の効果，コミュニケーションコスト削減の効果，情報共有の効果に加え，欠品率削減の効果，効率的な物流構築の効果，在庫削減の効果がみられた。

16 向山（1996），167ページ。
17『日経流通新聞』2003年1月28日付。
18 木立（2003），220ページ。

第5節　結　　語

本章の目的は，ウォルマートの国際化および，その競争優位の基盤であるリテールリンクについて検討を行うことであった。

ウォルマートにおける国際化の歴史は，長くない。国際化が本格化したのは1995年以降であり，2000年に入り急速に進展している。

ウォルマートは小売業において，はじめて売上高世界最大の企業となり，流通の川上にある製造業とのパワー関係を変化させた。

さらに，ウォルマートはアメリカの国防総省を上回る情報システム投資を行い，自社だけの商品調達システムであるリテールリンクを構築した。このリテールリンクにより，ウォルマートは商品に関する正確な販売情報を獲得し，精緻な情報分析を行うことにより小売業界の中の競争力と製造業への交渉力を強化していったのである。

このリテールリンクにより，需要集約を行い，世界各地から大規模商品調達を行っている。海外出店を加速させた際にも，進出先国で新しい流通ルートの構築や仕入れ先確保の問題を解決するために，リテールリンクを用いた国際商品調達を増加させている。

リテールリンクの構築により，国際商品調達を進展させ，調達商品の価格低下と差別化を図りながら，さらに海外出店を進展させ，知識移転を効率よく行うことが可能となるのである。

本章の検討のみでウォルマートの電子商品調達であるリテールリンクのすべてを明らかにしたわけではないが，少なくともウォルマートのリテールリンクによる国際的な電子調達網の構築は，現代の競争関係の中で重要であることを明らかにした。

次章では，本章での検討をもとに，ウォルマート以外の世界的な大規模小売業の電子商品調達システムの設立と国際商品調達における諸問題を検討する。

第6章

アジェントリクスの国際商品調達

第1節　問題の所在

第5章で，ウォルマートの電子商品調達を考察した。ウォルマートは世界の小売企業で第1位の売上高であり，同社の売上高は小売企業第2位から第5位の4社合計の売上高を上回る。圧倒的な売上高を背景にして，ウォルマートは強力な価格交渉力のもとで大量に商品調達を行うことにより，他社より低価格での仕入れを可能としている。

ウォルマートはその購買力を背景として，小売企業が1社に対し多くのメーカーから調達するクローズな形態であるリテールリンクというプライベートエクスチェンジを利用して電子調達を行っていた。もちろん，ウォルマート以外の小売企業においても，ウォルマートに追随して情報投資や電子調達を行いたいと考えるであろう。しかしながら，リテールリンクのような情報システムを各社が自前でもとうと情報投資をしたならば，システム構築費や管理費のためにコストが高くなり，情報システム自体さえも維持することができない。それでは，ウォルマート以外の小売企業が，本国もしくはウォルマートの進出先国でウォルマートと競争するにはどうしたらよいのか。ウォルマートのような世界第1位の企業以外は電子商品調達を行うことはできないのだろうか。

そのような中で，圧倒的な売上高と強さをもつウォルマートに脅威をおぼえていた世界第2位以下の大規模小売企業達は，ウォルマートに対抗するために協力して商品調達を行うことを考えたのである。そこで，本章はウォルマート以外の大規模小売企業による電子商品調達を中心にして検討していく。

近年，ウォルマート以外の大規模小売企業は，出店の国際化の進展により各進出先国においてウォルマートとの直接対決を避けることができなくなってきた。そのような中で，進出先国でどのように商品調達を行うのかという課題とリテールリンクをもつウォルマートとの競争を可能とする商品調達をいかに行っていくのかという問題が取り上げられるようになった。

このように，ウォルマートのリテールリンクによる電子商取引開始とその脅威に曝されて，2000年にライバル大規模小売企業達は，共同で国際電子商品調達機関を設立することにしたのである。その国際電子商品調達機関が，GNX（ジーエヌエックス＝Global Net Xchange）とWWRE（ダブルダブルアールイー＝World Wide Retail Exchange）である。GNXとWWREは，先導する小売企業により2つの陣営に分れて設立された。このGNXとWWREにおいては，主要な設立メンバーが異なり，その理念と目的においても若干の違いがあるものの，構築した電子商品調達自体の機能としては大きな差異はなく，その後2005年に情報システムの維持と運営コスト負担の軽減を意図してGNXとWWREが合併され，アジェントリクスになった。

本章では，電子商品調達のはじまった当初と経過および現状を考察するため，前半部分でGNXとWWREを取り上げ，後半部分ではアジェントリクスを取り上げて検討を行う。本章の前半部分と後半部分は，異なる企業として章を分割するべきかもしれないが，国際電子商品調達機関における設立当初とその経過と現状の一連の流れを考察するために，ひとつの章にまとめて取り扱うことにする。まず，それぞれの設立背景，参加企業とその内容について明らかにし，電子商品調達による効果について指摘する。そして，電子商品調達と小売業の国際化への影響を明らかにする。

第2節　GNXとWWREの概要

本節では，はじめに小売企業による国際電子商品調達機関であるリテールリンク，GNX，WWREの3社について比較し，次にGNXとWWREの実態についてそれぞれ詳細にみていこう。

図表6-1はリテールリンク，GNX，WWREの3社の沿革についてに整理している。ウォルマートは1991年にリテールリンクを構築し，1996年にCPFRの実験を開始し，1998年にイントラネット化させ，そして，1999年に電子商品調達を開始した。このように圧倒的な売上高をもち，情報化が進んでいるウォルマートと各国で競争を行うこととなったその他の小売企業は，ウォルマートに対して脅威をもつようになっていた。そこで，2000年2月28日にGNXが設立され，それに追うような形で2000年3月31日にWWREが設立されたのである。日本においては，2001年にGNXジャパンという東京事務所が開設され，WWREも東京にアジア・パシフィック事務所が開設され，電子調達が始まることになった。

電子調達機能については，GNX，WWREともにリテールリンクに追随する形で，様々な機能を導入していった。はじめに，電子調達機能としてGNXは電子商談（オークション機能を含む）を導入し，WWREはオークションを導入した。その後，GNXは共同商品開発機能を導入し，WWREはCPFRやカタログによる調達する機能を取り入れていったのである。

このような電子調達により，バイイングパワーを発揮して調達価格を削減するためには小売企業の購買力が重要となる。そこで，各電子調達機関の購買力を比較するために，GNXとWWREが設立された2000年度における参加小売企業の売上高を集計したものが図表6-1である。GNXとWWREにおいては，終始その概要もほとんど公開されておらず，資料も無きに等しい状況であった。また，GNXとWWREの社内においても参加企業の売上高規模を把握していないとの回答をいただいたので，筆者が独自に集計した数

図表 6-1　リテールリンク・GNX・WWRE の沿革

リテールリンク	GNX	WWRE
1991年　リテールリンク構築 1996年　CPFR 実験開始 1998年　イントラネット化 1999年　電子商取引開始 2000年　XML 化	2000年2月28日発足 電子商談の導入 2001年　GNX ジャパン設立，東京事務所開設 2002年 コラボレーティブ商品開発導入 デュッセルドルフ事務所開設	2000年3月31日発足 オークションの導入 2001年 CPFR 導入 RFx*導入 アジア・パシフィック事務所を東京に設立 2002年 カタログ機能導入

* RFx とは RFI（Requests for Information），RFP（Requests for Proposal），RFQ（Requests for Quotation）の総称である。

出所：ウォルマートの HP，〈http://www.walmart.com/〉，GNX の HP，〈https://www.gnx.com/〉，WWRE の HP，〈http://www.worldwideretailexchange.org〉2004年8月1日アクセスより筆者作成。

値を用いて比較していくことにする。

リテールリンクは，ウォルマート1社が調達を行っている。2000年におけるウォルマート売上高は約1兆6,501億ドルである。それに対し，2000年の GNX に参加している企業の売上高合計は約2,567億ドル，WWRE の売上高合計は約6,885億ドルであることからも，当時のウォルマートにおけるバイイングパワーの強さがわかるだろう。

以下では，GNX と WWRE の概要について詳しくみていく。

GNX は2000年2月，カルフール，シアーズ・ローバック，オラクルが小売業で世界最初のオンライン商品購買連合を組み，合弁会社として設立したものである。GNX の発足時の参加企業は，カルフール，クローガー，メトロ，シアーズ・ローバック，セインズベリー，コールス・マイヤー，ピノー・プランタン，カールスタッドであり，システムのコア部分の構築は，オラクル，プライス・ウォーターハウス・クーパースなどが行っている[1]。2000

1　GNX の HP，〈https://www.gnx.com〉，2000年10月4日アクセス。

年の年次会計報告によると，GNXは総売上高約2,567億ドルの購買連合である（図表6-2）。

それに対しWWREは2000年3月，アホールド，アルバートソンズ，ターゲット，レーベ，J. C. ペニー，イオン，オーシャン，ウォルグリーン，CVSコーポレーション，カジノグループ，キングフィッシャー，テスコ，ベストバイ，セーフウェイ，マークス＆スペンサー，デルハインツ，エル・コルテ・イングレスら国際的な小売企業17社が参加してつくられた[2]。システムのコア部分の構築は，IBM，アリバ，i2テクノロジーズなどが行っている。

2000年の年次会計報告によると，WWREは総売上高約6,885億ドルである（図表6-2）[3]。2004年には，56の小売企業が参加し，130カ国以上の国々で小売店舗を展開し，10万7,000店，500万以上の従業員をもつ購買連合である。

このGNXとWWREにおいて共通しているのは，参加している小売企業の多くは，世界小売企業売上高ランキングにおいて100位に入っており，各国においても代表的な大規模小売企業である点である。この国際調達機関であるGNXとWWREにはそれぞれ日本からの参加メンバーもあった。例えば，GNXジャパンの中心的な小売企業はダイエーであり，WWREのアジア・パシフィック支社における中心的な日系小売企業はイオンであった。元々，GNXを日本に取り入れるために尽力したのは日本オラクル社であり，WWREを日本に取り入れようとしたのはイオンであったため，日本においてもGNXとWWREといった国際電子調達機関の各支社が設立されることになったのである。各支社の設立後は，GNXとWWREのどちらにす

2　WWREのHP，〈http://www.worldwideretailexchange.org〉，2000年10月4日アクセス。

3　WWREに確認したところ，参加メンバーの小売企業における売上高などの情報を本部でも把握していないとの回答を得たため，筆者独自で集計したものである。また，WWREは参加企業が多いため，個々で行われている取引内容等を全体的に把握したり，集計したりするのは困難であるとの回答を得た。

図表 6-2 電子調達機関別の世界的小売企業の売上高

順位	企業名	国名	主な業態	売上高	リテールリンク	GNX	WWRE
1	ウォルマート	アメリカ	DS, WC, SC	165,013	165,013		
2	カルフール	フランス	HM, SM	62,340		62,340	
3	ロイヤル・アホールド	オランダ	SM	50,477			50,477
4	クローガー	アメリカ	SM	45,352		45,352	
5	メトロ	ドイツ	CC, DP, HM, SM	45,145		45,145	
6	シアーズ・ローバック	アメリカ	DP, SS, C	40,937		40,937	
7	レーベ・セントラル	ドイツ	SM, CC	39,346			39,346
8	ホーム・デポ	アメリカ	HC	38,400			
9	アルバートソンズ	アメリカ	SM	37,478			38,478
10	K マート	アメリカ	DS, SC, HC	37,028			37,028
11	ターゲット	アメリカ	DS, DP, SC	36,903			36,903
12	エデカ・セントラル	ドイツ	SM	35,404			35,404
13	レーベ	ドイツ	SM, HM, DS, SS, CC	33,648			33,648
14	J. C. ペニー	アメリカ	DP, C, DR	31,846			31,846
15	コストコ	アメリカ	WC	31,612			31,612
16	テンゲルマン	ドイツ	SM	28,820			
17	イトーヨーカ堂	日本	GM	27,890			
18	ダイエー	日本	GM	25,833		J 25,833	
19	セインズベリー	イギリス	SM	24,555		24,555	
20	イオン	日本	GM	22,950			22,950
21	オーシャン	フランス	HM	22,607			22,607
22	ウォルグリーン	アメリカ	DR	21,206			21,206
23	ウールワース	オーストラリア	SM	20,392			20,392
24	スーパーバリュー	アメリカ	SM	20,339			20,339
25	CVS コーポレーション	アメリカ	DR	20,087			20,087
26	カジノグループ	フランス	HM	17,908			17,908
27	キングフィッシャー	イギリス	VS, SS	15,348			15,348
28	パブリクス	アメリカ	SM	14,600			14,600
29	テスコ	イギリス	SM	14,218			14,218
30	ウィン・ディキシー	アメリカ	SM	13,697			13,697
31	GAP	アメリカ	SS	13,673			13,673
32	アズダ	イギリス	SM	13,382			
33	ライト・エイド	アメリカ	DR	13,338			13,338
34	サーキット・シティー	アメリカ	SS	12,614			
35	コールス・マイヤー	オーストラリア	SM, DP, DS	12,572		12,572	
36	ベストバイ	アメリカ	SS	12,494			12,494
37	トイザらス	アメリカ	SS	12,118			12,118
38	セーフウェイ	イギリス	SM	11,741			11,741

39	マークス&スペンサー	イギリス	DP, SM	11,555			11,555
40	エル・コルテ・イングレス	スペイン	DP, HP	8,200			8,200
41	ブーツ	イギリス	DR	7,316			7,316
42	デイリーファーム	香港	SM	6,644			6,644
43	ロールス	オランダ	SM	6,153			6,153
44	ケスコ	フィンランド	SM	6,068			6,068
45	ダンクス	デンマーク	SM, HP	6,000			6,000
46	ディクソンズ	イギリス	SS	5,483			5,483
47	西武百貨店	日本	DP	5,404			5,404
48	ジョンルイス	イギリス	SM	5,283			5,283
49	C&A ヨーロッパ	ベルギー	DP	4,409			4,409
50	ロングス	アメリカ	DR	3,672			3,672
51	コメルシアル・メヒカナ	メキシコ	SM	3,443			3,443
52	ショップコ	アメリカ	DS	3,048			3,048
53	マクロ アジア	タイ	CC	885			885
54	デルハインツ	ベルギー	SM	769			769
55	H-E-B	アメリカ	GM	546			546
56	メイジャー	アメリカ	SS	545			545
57	ジャイアントイーグル	アメリカ	SM	469			469
58	スケルカー	ドイツ	SM	468			466
59	ガレリーラファイエット	フランス	SM	258			258
60	ウールトゥル	アフリカ	GM	240			240
61	オットー	ドイツ	SS	147			185
—	ウェグマンズ	アメリカ	SM	n.			n.
—	ウォークファーム	アメリカ	SM	n.			n.
—	SCA	スウェーデン	SS	n.			n.
—	ハイヴィー	アメリカ	SM	n.			n.
—	マーカント	ドイツ	SM	n.			n.
—	マイカル	日本	GM	n.			n.
—	ラジオシャック	アメリカ	SS	n.			n.
—	ロッテ	韓国	SM, DP	n.			n.
総計（*）				1,230,316	165,013	256,734	688,499

（*）総計とは1～61位までの合計である。2000年年次会計報告より作成。単位は百万ドル。JとはGNXジャパンである。
DS：ディスカウントストア，WC：ホールセールクラブ，SC：スーパーセンター，SM：スーパーマーケット，DP：百貨店，
SS：専門店，C：カタログショールーム，HC：ホームセンター，DR：ドラッグストア，HM：ハイパーマーケット，
CC：キャッシュアンドキャリー，GM：総合スーパー，VS：バラエティストア
1ドル＝0.96ユーロ＝0.71ポンド＝110円＝2.19ドイツマルク＝9.18メキシコペソ＝43.91タイバーツ＝11.66南アフリカランド。
川端庸子（2002）「小売業の国際化におけるGNXとWWRE」『経営学研究論集』16号，424ページに加筆修正。

るのか，その参加企業をめぐって日系小売企業は2つの派閥が争う様相をみせたのである。

次の図表6-3では国際電子調達機関の概要と3つの陣営を比較している。この図表の中で，メンバー小売業とは調達の買い手であり，国数とはメンバー小売業の店舗を展開している国数であり，取引先とは調達の売り手であるベンダー企業数を示している。

リテールリンクは調達する企業（メンバー）はウォルマート1社であるのに対し，GNXのメンバー企業が9社，WWREのメンバー企業は62社（出資しているコアメンバー17社を含む）である。GNXとWWREはウォルマートへの脅威と共通の動機があったにも関わらず，構成メンバー企業数が違うのであろうか。その答えは各社の方針から読み解くことができる。GNX創設の目的を見てみると，①グローバルな公開市場での調達，②調達費用の削減，③SCMへの対応，④革新的な最新技術のコラボレーションによる導入と掲げられてあった。それに対し，WWREの指針には，①オープンネス（開放型），②利用可能な最高の技術を利用すること，③小売業の効率を改善しコストを削減すること，④中立的な会社の運営，⑤すべての参加企業に対して同じ手数料であること，⑥取引情報の秘密厳守を掲げていた。これらを比べてみると，GNXとWWREの相違がよくわかるであろう。WWREは，①オープンネス（開放型），④中立的な会社の運営，⑤すべての参加企業に対して同じ手数料であることを指針としており，GNXより開かれた平等な

図表6-3　国際電子調達機関の3社比較

	リテールリンク	GNX	WWRE
メンバー（小売業）	1社	9社	62社
国数（小売業）	10カ国	30カ国	130カ国
取引先	n	7万社	10万社

出所：ウォルマートのHP，〈http://www.walmart.com/〉，GNXのHP，〈https://www.gnx.com/〉，WWREのHP，〈http://www.worldwideretailexchange.org〉，2004年8月1日アクセスより筆者作成。

組織運営を目指していることがわかる。

実際に，GNX は１カ国において，１つの業態につき１社しか参加することはできなかった。つまり，競合する企業が同じ電子調達機関を使用することがないように，GNX は小売業のメンバーを選択肢，上記のような一定の制限を設けていたのである。そのため，参加メンバー小売業の数が少ないのである。

GNX と WWRE の構成メンバーには，多くの国からの多様な小売企業が国際電子調達機関に参加している。この３つ国際電子調達機関を４章で検討した分析枠組みからみると，市場の参入条件のうち調達する企業が１社であるリテールリンクはクローズな市場特性をもつ。その対極にオープンな市場特性をもつのは，買い手の企業が62社であり売り手企業が10万社である WWRE である。GNX においては，買い手のメンバー企業が９社と限定されているものの，30カ国で小売店舗を運営しており，売り手企業も７万社である。そこで，GNX は WWRE までではないが２社ともにオープンな市場特性をもつ国際電子調達機関であるといえよう。

これら２社を比べてみると，GNX と WWRE の相違点は，GNX が株主会社組織で株式公開を狙っているのに対し，WWRE は非営利の共同組合組織であることである。しかしながら，それ以外において類似点が多く，その構成内容や機能について大きな差異がみられない。そこで，次に GNX と WWRE の電子調達機能についてみていこう。

GNX と WWRE は，グローバル小売業における初の BtoB 購買連合といわれ，小売企業とサプライヤー間での卸売取引をオンラインで結ぶ。これは，小売企業や卸売企業，サプライヤーのコミュニケーション，コラボレーション，および SCM を支援するための大規模な電子商取引市場である。この電子商取引市場は，中立性を保ち，安全で機密保護に優れた環境を提供する，世界基準を目指して設立されたインターネットを利用したオープンな取引市場である。また，標準に基づいたオープンな電子商取引市場であり，取引形式やデータ構成の業界標準化を推進している。グローバルな公開市場での調達を実施し，調達費用を削減し，在庫と物流の合理化によるSCMを行い，革新的な最新技術を導入する。

GNXとWWREは，通常のインターネットを使用して，仕入れ，販売，商取引，オークション，サービスのネットワークをつくり，商談，在庫管理，受発注，物流などを自動化することを目的としている。その結果，商品調達段階において経費削減し，本来の商品開発や市場開発に集中することにより競争を行う。取扱商品は，衣料品，寝具，生活用品，食品などのあらゆる消費財である。

これらの電子商取引の機能は主に以下の4つがあげられる（図表6-4)。

① 共同商品開発機能

これはPB商品の共同開発プロセスを支援するものである。具体的には，共同デザイン研究，オンラインサンプリング，情報サポート機能がある。また商品定義やパッケージデザインプロセスにメンバーがインタラクティブに参加し協働を可能とするため，仕様変更およびフィードバックのデザインへの変更を取引先とメーカーがオンラインで行う機能もある。その結果，新商品開発の時間を短縮し，開発を容易にする。

② CPFR機能

小売企業，卸売企業，メーカーの基幹データをオンラインで共有・管理する，協業型サプライチェーン・マネジメント・システムである。協働的な計画，予測，補充である。CPFRは，エンドツーエンド補充プロセスを最適化し，サプライチェーン全体の可視性と予測精度の向上，計画の最適化，ワークフローの標準化を可能とする。オンラインでデータを共有し，取引先間で予測を一致させる結果，効率的な補充ができ，在庫費，持ち越し費，運送費，ロジスティクス費の削減と時間削減が可能となる。

③ 電子商談機能

小売業における商品の調達業務を支援するオンライン見積もり依頼や，オークションシステムである。インターネットを通じ，商品調達を行う機能である。具体的には，標準オークション，逆オークション，消耗品やオ

図表 6-4　電子商取引の機能

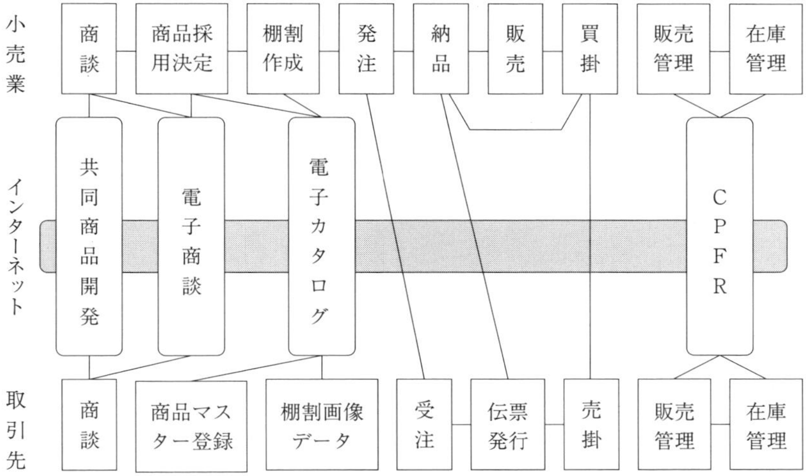

出所：リテールテック JALPAN2001「GlobalNetXchange（GNX）概要 －流通業界におけるグローバルなEマーケットプレイス－」GNXのCEOであるJoe Laughlin氏，「GNXの日本戦略 － GNX - Japanのビジネス展望とITストラテジー－」GNX-JAPAN準備室代表の飯塚博文氏，日本オラクル営業統括本部・eビジネス統括部・ビジネス開発部統括のマネージャー中島理人氏による2001年3月7日の講演をもとに筆者作成。

注：2001年当時の概念は，2010年11月現在も基本的には変わっていないことをアジェントリクス・エーピー社への2010年11月12日におけるインタビュー時に確認している。

フィス用品の商品共同購入，貨物運送や小口配送のサービス共同購入である。これにより，仕入原価の削減，過剰在庫の処分，調達費用の削減，調達先の拡大が予測できる。

④　電子カタログ機能（ペリシャブル・エクスチェンジ）

これは生鮮食品，肉類，日配品，花などのグロサリーに特化したシステムである。これにより，仕入原価の削減，過剰在庫の処分，調達費用の削減，調達先の拡大が予測できる。

以上のように，GNXとWWREは4つの機能をもち，小売業商談から在庫管理まで小売業と取引先間をインターネットでつないでいる電子調達機関である。

これまでリテールリンク，GNX，WWREの電子商品調達機関を比較し，GNXとWWREによる電子商品調達機能の内容を整理してきた。そこで，GNXとWWREの調達内容と効果についてそれぞれ詳しくみていく。

1.　GNXの国際商品調達

GNXは2000年に設立され，電子商談を始めた。2001年にサプライチェーン・コラボレーションを導入し，GNXジャパンとして東京事務所を開設し，さらに2,600回以上のオンライン・オークションを実施し，取引総額は21億ドルとなった。そして，2002年に共同商品開発とペリシャブルズ・エクスチェンジを導入し，6,600回以上のオンライン・オークションを実施した。その結果，取引総額は51億ドルとなった。また，小売業6社と製造業17社が23件のCPFRをGNXプラットフォームで稼働させた。

その後，2003年にサプライヤーのパフォーマンス・マネジメントを導入し，オンライン・オークションは1日に45回以上，1年間で1万2000回以上のオンライン・オークションを実施し，取引総額が78億ドルとなった。2003年時点において，GNXのメンバーの企業の中で50社ほどがサプライチェーン・コラボレーションを使用しており，GNXの顧客数は50社を超えるまでに成長した（図表6-5）。

これまでに導入された機能の稼働状況についてまとめたものが図表6-6である。これらの機能の活用については，僅かながら情報公開が行われているGNXから概観するほかない[4]。GNXにおける共同商品開発，電子商談，電子カタログ，CPFRといった4つの電子商取引の機能についてそれぞれみていこう。

4　リテールリンクやWWREの全体取引量などについて，詳しい情報公開が行われていない。

GNXの共同商品開発機能は，2002年から導入されはじめ，1年間で約200社のサプライヤーと共同で約500品の商品開発を実施されている。また，小売業1社においてはPB商品の加工食品の開発工程管理にも使用されており，共同商品開発機能は電子商談に次いで多く使用されている機能である。

GNXにおいて一番多く使用されている中心的な機能が電子商談機能である（図表6-6）。電子商談は，2000年から2002年の3年間で約9,000回行われ，総額は約7億ドルであった。2002年12月時点において，電子商談は8カ国語（英語，フランス語，ドイツ語，スペイン語，日本語，中国語，イタ

図表6-5　GNXの沿革

2000年 2月28日GNX発足 GNX電子商談の導入 年末時点の現有顧客数は7社
2001年 GNXサプライチェーン・コラボレーションの導入 GNXジャパン設立　東京事務所開設 2,600回を超えるオンライン・オークションを実施 取引総額は21億ドル 年末時点の顧客数は20社
2002年 GNX共同商品開発の導入 GNXペリシャブルズ・エクスチェンジの導入 デュッセルドルフ事務所の開設 6,600を超えるオンライン・オークションを実施 取引総額は51億ドル 23件のCPFRがGNXプラットフォームで稼働（小売業6社，製造業17社） 年末時点の顧客数は30社を超える
2003年 GNXサプライヤー・パフォーマンス・マネジメントの導入 1万2,000回以上のオンライン・オークションを実施（1日に45回以上） 取引総額は78億ドル 50企業ほどがサプライチェーン・コラボレーションを使用 年末時点の顧客数は50社を超える

出所：GNXのHP，〈https://www.gnx.com/〉，2004年8月1日アクセスより筆者作成。

図表 6-6　GNX の機能稼働

共同商品開発	・小売業1社がPB加工食品の開発工程管理に利用 ・2002年1月から段階的に導入開始中 ・約200社のサプライヤーと共同で，約500品の商品開発を実施
電子商談	・2002年単年で6,000回，総額5,000億円（4.2億ドル）の取引 ・2000年から2002年の3年間で約9,000回，約8,500億円（7億ドル）の取引 ・1日平均20～30回の電子商談を実施 ・2万社以上のサプライヤーが電子商談に参加 ・複数言語（英語，フランス語，ドイツ語，スペイン語，日本語，中国語，イタリア語，ポルトガル語）
電子カタログ	・小売業1社（100ユーザー）にて稼働中（2002年12月） ・取扱生鮮食品の75%以上を電子商取引化 ・サプライヤー登録は約500社 ・英語のみ稼働中
CPFR	・欧米16社にて稼働中（2002年12月） ・小売業5社，メーカー11社が利用 ・複数言語

出所：電子商取引推進協議会（2003），101ページ。およびGNXのHP〈https://www.gnx.com/x.com/〉，2004年6月23日アクセスより作成。

リア語，ポルトガル語）が使用されており，2万社以上のサプライヤーが参加し，1日平均20～30回の電子商談が行われていた。

その他，2002年12月時点において，GNXの電子カタログ機能は小売業1社（100ユーザー）が登録された約500社のサプライヤーとの間で使用され，CPFR機能は，小売業5社，メーカー11社の間で使用されていた。電子カタログ機能とCPFR機能の稼働状況は，本格稼働している電子商談機能と比較すると使用している企業も少なく，2002年12月時点においては試験的に運用されていたといえるだろう。ただし，これらの機能はアジェントリクスに合併後にも引き継がれており，使用している企業数や内容などの詳しい稼働状況は非公開であるものの，2011年5月時点では，機能の拡充と使用回数の増加を確認している。

上記の機能を使った，GNXの取引総額と取引回数を示したものが図表6-7である。GNXの発表によると，初年度の2000年には500回のオークシ

図表 6-7　GNX の取引総額と取引回数

（単位：万ドル）

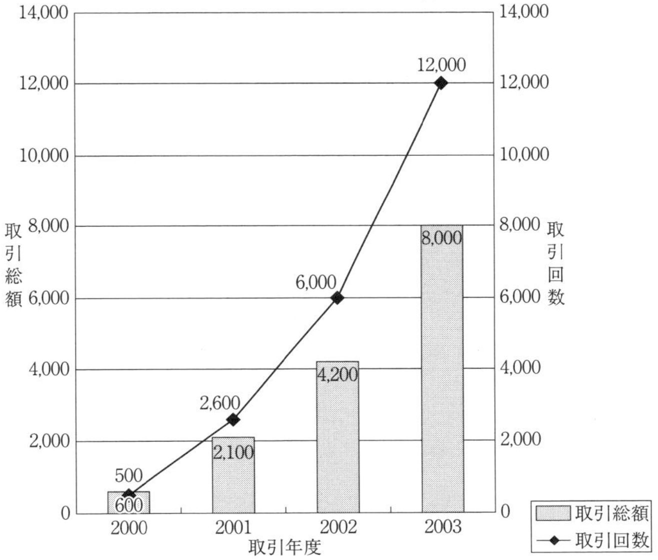

出所：GNX の HP，〈https://www.gnx.com/x.com/〉，2004 年 6 月 23 日アクセスより筆者作成。

ョンを行い，取引総額は 600 万ドル，その後，2001 年にはオークション回数 2,600 回で取引総額は 2,100 万ドル，2002 年にはオークション回数 6,000 回で取引総額は 4,200 万ドル，2003 年にはオークション回数 12,000 回で取引総額は 8,000 万ドルというように，オークション回数および取引総額は年々倍増していったのである[5]。

さらに詳しく GNX の取引内容について表しているのが図表 6-8 である。GNX による取扱商品は，食品，衣料品，消耗品，寝具，日配品，電化製品などのあらゆる消費財であるが，食品が全体の 3 分の 1 を占めており，次い

5　GNX の HP，〈https://www.gnx.com/x.com/〉，2004 年 6 月 23 日アクセス。

図表 6-8　GNX の取引構成比（2000-2001 年）

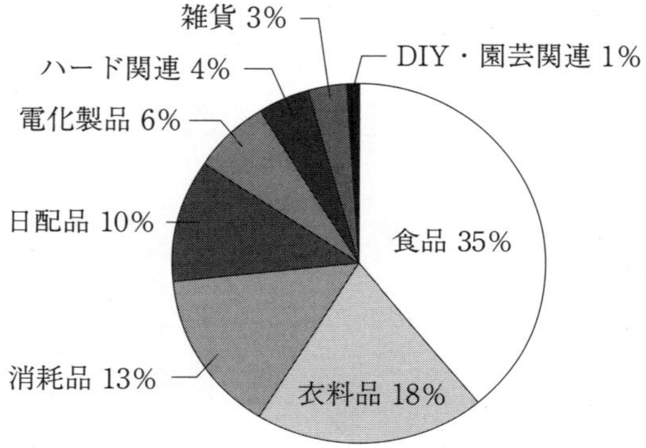

出所：第 27 回 ECOM セミナー，2003 年 1 月 22 日資料から筆者作成。

で衣料品，消耗品，日販品が多くなっている。

GNX を使用することによる最大の効果としては，調達価格の削減があげられる。実際に，GNX の 2000 年から 2003 年までの平均価格削減率は，食品 5 ～ 10%，衣料品 15 ～ 22%，消耗品 16 ～ 24%，日配品 6 ～ 10%，電化製品 9 ～ 14%，ハード関連 8 ～ 12%，雑貨 15 ～ 21%，DIY・園芸用品 10 ～ 14%であった（図表 6-9）。これらの平均価格削減率は，27%（2002 年 2 月期現在）であり，2 年間（2002 年）で調達価格削減累計額は 7 億円，3 年目（2003 年）で調達価格削減額は 150 億円，4 年目（2004 年）でコスト削減額は 200 億円であり，商品調達価格の削減に大きな効果があった[6]。

その他の効果としては，GNX の CPFR による効果が情報公開されている。それによると，プロクター＆ギャンブルとメトロにおいては予測精度が 46%改善され，倉庫の在庫レベルが約 2 週間分削減し，電話や FAX およびデータベース検索の軽減がなされた。メトロでは 2002 年 12 月までにメーカ

6 『日経流通新聞』2004 年 3 月 2 日付。

図表6-9　GNXの平均調達価格削減率（2000-2001年）

衣料品	15-22%	ハード関連	8-12%
電化製品	9-14%	DIY・園芸用品	10-14%
食品	5-10%	消耗品	16-24%
日配品	6-10%	雑貨	15-21%

出所：第27回ECOMセミナー，2003年1月22日資料から筆者作成。

ー8社との間でCPFRを実施し，2003年にはメーカー50～60社へのリアルタイムでの情報開示を計画していると発表している[7]。

以上で見てきたように，GNXは，通常のインターネットを使用して，仕入れ，販売，商取引，オークション，サービスのネットワークをつくり，商談，在庫管理，受発注，物流などを自動化している。その結果，商品調達段階において著しい調達価格削減の効果がみられ，在庫削減や情報コスト削減の効果があった。

2.　WWREの国際商品調達

WWREは，2000年に設立され，オークションを道入した。2001年にCPFRとRFxを導入し，アジア・パシフィック事務所を東京に設立し，2002年にはカタログ機能を導入した。WWREは，GNXよりも多くの国と地域の小売企業が参加したため，設立当初，電子商取引のプラットフォームを25カ国の言語に翻訳可能にする予定であった。しかしながら，参加者が多すぎるためか，結果的には翻訳された言語数もGNXの8カ国語よりも少なく，詳しい情報公開はほとんど行われてなかったものの，著者がインターネットサイトで確認していた限りにおいて，プラットフォームの追加機能やその改善についても，当初の予定よりも遅れがちな印象を受けた。ただし，

7　電子商取引推進協議会（2003），101ページ。

WWRE 設立の直後に始まったオークション機能については，アジア・パシフィック支社における中心的な小売企業であるイオンによって発表された情報が若干ある。そのため，イオンによる WWRE の使用状況とその効果から考察していくことにする。

WWRE を使用したイオンの調達額は 2004 年に 1,200 億円，コスト削減額は 200 億円と予測されていた。2000 年における WWRE の設立以後，イオンにおける調達額と調達価格削減額は急速に伸びている（図表 6-10）。

このうち，最も多い利用はオークション取引である。WWRE のメンバー会社によるオークション取引の実績累計は 2,500 億円に達している。従来の取引の場合より 300 億円以上の調達価格削減であり，平均 12% の削減効果があったとされている[8]。

その中には，小売業の 6 社が参加したヨーロッパでの事業用品のオークションや小売業の 11 社が参加したアメリカのコピー用紙のオークションなど複数の企業が参加した共同オークションもある。

図表 6-10　WWRE におけるイオン調達額の推移

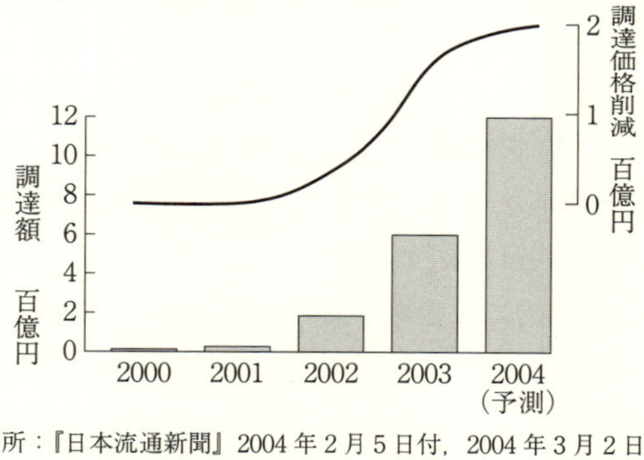

出所：『日本流通新聞』2004 年 2 月 5 日付，2004 年 3 月 2 日付より筆者作成。

8　鈴木（2002），176 ページ。

イオンにおいては，WWRE 稼働 2 年目である 2002 年 2 月期のオークションの実施回数は，累計 26 回，調達価格削減累計額は 7 億円，平均調達価格削減率は 27％である（図表 6-11）[9]。そして 3 年目の 2003 年 2 月期には調達価格削減額を 150 億円に拡大する計画を発表している[10]。

図表 6-11　WWRE におけるイオン調達価格削減額の推移

2 年目（2002 年）	調達価格削減累計額	7 億円
3 年目（2003 年）	調達価格削減額	150 億円
4 年目（2004 年）	調達価格削減額（予定）	200 億円
	平均調達価格削減率	27％

出所：『日本流通新聞』2004 年 3 月 2 日付より筆者作成。

以上のように，イオンにおいて，WWRE は商品と資材の調達価格を引き下げる点で重要な役割を果たしている。そこで，主に使用されているオークションについてさらに詳しくみていこう。

イオンにおいて 2002 年に WWRE を使用したオークション数は 2,300 件であり，仕入れ価格が 6 億 9,500 万ドル削減されたと発表している。そのうち 80％が販売用品であり，20％が店舗資材である[11]。実際にイオンがオークションを使って調達した商品事例が図表 6-12 である。それによると，店舗用管球レジ台セットの調達価格削減率は 40％以上である。その他には食品ポリ袋は 15.2％，衣料ポリ袋は 2.8％の調達価格削減率であり，こちらはそれほど高い数値であるとはいえないが，総じてみると資材の調達価格削減の効果は高かったといえるであろう。

それに対して，販売用品をみるとエビが一番多く，その平均調達価格削減率約 14.0％となっている。その他に，食品のグレープフルーツやホタテ貝柱

9 鈴木（2002），176 ページ。詳しくは鈴木（2002）を参照されたい。
10 イオンの HP，〈http://www.aeongroup.net〉，2002 年 12 月 11 日アクセス。
11『日本経済新聞』2003 年 1 月 27 日付朝刊。

図表 6-12　イオンのオークション実績

No.	商品名	オークション数量	オークション購入金額	通常購入金額から削減された金額	調達価格削減率
1	店舗用管球	175,000 本	77	52	40.5%
2	衣料用洗剤	120,000 個	39	5	11.1%
3	14 型テレビ※	100,000 台	0	0	0.0%
4	店舗用管球	102,000 本	43	36	45.5%
5	ギフトセット	29,000 セット	71	7	9.1%
6	エビ	100,000 パック	40	8	16.0%
7	グレープフルーツ	20,000 ケース	56	4	6.5%
8	エビ	150,000 パック	59	4	7.0%
9	ワックス	3,000 缶	20	13	38.8%
10	エビ	200,000 パック	88	22	20.2%
11	ホタテ貝柱	15 トン	25	3	9.5%
12	食品ポリ袋	74,000c/s	127	23	15.2%
13	衣料ポリ袋	62,300c/s	70	2	2.9%
14	エビ	100,000 パック	38	9	19.4%
15	エビ	100,000 パック	31	5	13.9%
16	MD74 分※	1,000,000 枚	0	0	0.0%
17	エビ	100,000 パック	31	7	17.4%
18	エビ	100,000 パック	56	7	11.1%
19	エビ	100,000 パック	67	11	14.2%
20	レジ台セット	4,000 セット	224	176	44.0%

※は試みたが取引成立せず
出所：鈴木（2002），177 ページ。

が調達されている。図表 6-12 においてオークションにより調達した販売用品の商品をみてみると，輸入食品が多く占められているという特徴が見られる。

図表 6-13 にあるチェーンストアにおける輸入食品の売上高をみてみると輸入食品売上高の上位は，牛肉，豚肉，鮭，エビである。イオンのオークション実績のうち，エビが 8 回あった（図表 6-12）。イオンがオークション初

図表 6-13　チェーンストアにおける輸入食品の売上高

商品	売上高	第1位	第2位	第3位
牛肉	667	425 アメリカ	188 オーストラリア	55 カナダ
ウナギ	188	173 台湾	10 中国	5 香港
豚肉	156	103 台湾	29 アメリカ	13 オーストラリア
鮭	154	109 アメリカ	39 カナダ	6 イギリス
エビ	124	58 タイ	37 インドネシア	14 中国

上位5品目と輸入国別順位（単位：億円）
出所：鈴木安昭・関根孝・矢作敏行編『マテリアル　流通と商業』(1997), 169ページ。

期に数多い商品の中から，輸入食品として代表的な商品であるエビやグレープフルーツやホタテ貝柱を選択したのは単なる偶然ではないであろう。これらは，WWRE において輸入品などを含む国際的な電子商品調達が有用であることを示唆しているといえよう。

イオンはオークションによる調達に際し，バイイングパワーを発揮し調達価格を削減するため，図表6-14のように資材，消耗品，商品のいずれについてもグループ子会社や提携企業の数量をまとめ，需要集約を行っている。その結果，商品調達においては，商品仕入れコストの低下および商品粗利益率の改善につながる。また，資材・消耗品の調達コストの削減により，売上販売率低下という効果を狙っている。

上記のような需要集約による発注数量の極大化と一本化は，複数の WWRE メンバー企業が商品の仕様や取引条件などを絞込むことにより，取引先に対するバイイングパワーを強める。これまでの例としては，2001年11月に香港においてイオン，アルバートソンズ，アホールド，マクロアジア，キングフィッシャーアジアの7社が集まり農水産物のアジアからの共同購買をしている。イオンはホームページにおいて，WWRE を積極的に活用

図表 6-14　イオンの WWRE を使用した商品調達網と情報集約概念図

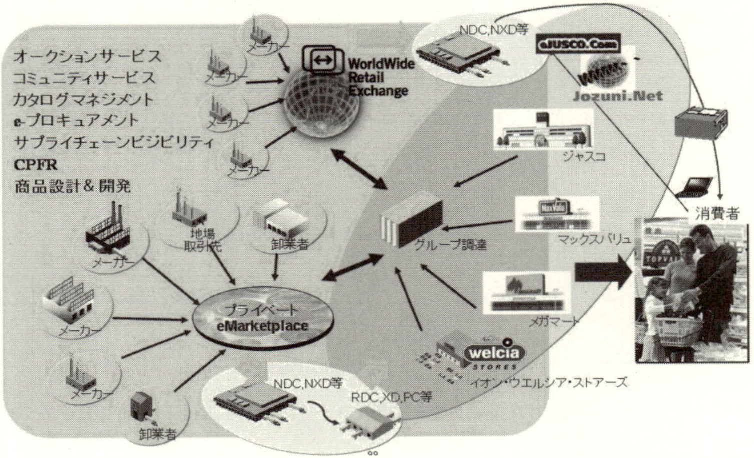

注：2010 年 11 月現在，GNX と WWRE の合併により，企業名が WWRE からアジェントリクスへ変更された。ただし，概念図は基本的に変わっていない。概念図については，2010 年 11 月 19 日イオンアイビス株式会社でのインタビュー時において，イオンアイビスビジネスソリューション本部本部長の石塚盛一氏とイオンアイビスビジネスソリューション本部 B2B・間接財調達部部長の澤田彰浩氏に確認した。

出所：イオングループ IT 本部の縣厚伸氏，2003 年 5 月 2 日インタビュー資料。

していく方針を明示している[12]。

これまでみてきた GNX や WWRE を使用した効果について整理してみよう。その効果は大きく 4 つ考えられる。

①　商品調達のコスト削減効果

市場機能である，標準オークション，逆オークション，共同購入により，商品調達コストの削減効果がある。在庫は 50％削減され，在庫回転率は 2

12 イオンの HP，〈http://www.aeongroup.net〉，2002 年 12 月 11 日アクセス。

倍になる。品切れ率は従来の9分の1まで低減し，納期遵守は40％向上し，サイクル・タイムは全体で27％圧縮される。売上に占めるサプライチェーン・コストは20％削減され，売上高は17％増加するという効果があったとされる。従来のGNXのオークションを利用した取引は，商品価格を平均10-12％削減する効果があった[13]。

② 情報コスト削減効果

情報技術投資の面でもコスト削減が予測される。従来のEDIは運営・保守費が高く，その技術を習得させる教育コストも膨大であった。加えて，EDIでは色々問題が起きたが，Webではほとんど支障が起きない。その結果，商品部員の人数を20％削減することができ，商品調達費用は90％削減が見込まれた。シアーズ・ローバックの場合，現行のEDIによる受発注システムでは取引先が1時間当たり100から150ドルのコストを負担する必要があるが，汎用ネットワークであるインターネットに変えれば1ドルか2ドルですむ[14]。電子市場における競争入札方式の取引は，商品単価引き下げで2億5,000万ドル，システム利用料で2,500万ドル，GNXにおいては電子決済で2,000万ドル，機動的な買付けによる在庫削減効果で4,000万ドルと，年間で合計3億3,500万ドルの経費削減を実現させている[15]。このように，商品調達コスト，ネットワーク保守・運営コストでコスト削減の効果がある。

③ 情報共有の効果

取引形態が複数対複数であることから，一対一の取引と比べ，情報量が増加する。よって，メーカーおよび卸売企業の出荷情報・在庫情報やPOS情報が増加され，需要予測，生産計画，在庫計画における精度が小売業者とメーカー双方において向上する。そのため，欠品・過剰在庫が減る。店頭在庫が日々刻々とわかるので，欠品や過剰在庫が激減するのである。その結果，

13『日経流通新聞』2000年12月14日付。
14『日経流通新聞』2000年6月1日付。
15 同上書。

機会ロスの減少，過剰在庫の減少，倉庫費の減少，在庫金利の縮減，品揃えの向上，売上高の向上が予測される。

④　価格競争の効果

小売企業の購買連合により，バイイングパワーが強化される。まず，規模の経済効果により価格が下がることが考えられる。次に，複数対複数の取引形態であるため，競争が激化する。また，オークション機能では，買い入れの駆け引きが強くなり，海外のサプライヤーを含む多数のサプライヤーと価格競争を行うため，仕入れ価格は低下すると考えられる。

電子調達における最大の効果は，コスト削減である。それは，商品調達コスト，備品調達コスト，情報技術投資コスト，保守・運営コスト，管理コスト，コミュニケーションコストなどにおける大幅な削減である。また，CPFRは予測精度の向上，計画の最適化，ワークフローの標準化を可能とする。オンラインでデータを共有し，取引先間で予測を一致させる結果，効率的な補充が実現し，在庫費，持ち越し費，運送費，ロジスティクス費などの削減と時間の削減をもたらす。情報共有により，新商品開発におけるプロセスと時間を削減する影響もある。

従来，小売業の国際商品調達のメリットは，仕入れコストの削減と，商品の差別化であった。そして，最大のデメリットは仕入先の探索コストであった。企業間電子商取引は国際商品調達を飛躍的に推進する。それは，国際商品調達のメリットを増進し，デメリットを緩和するからである。オークション機能や逆オークション機能は商品価格を低下させ，仕入れコストを削減する。そして，カタログ機能や新規取引機会拡大の効果は，商品の差別化に寄与する。また，探索費用削減の効果は仕入先の探索コスト問題を緩和するであろう。

これまで，GNXとWWREの概要や機能とその効果についてみてきた。GNXとWWREは設立したメンバー小売企業やその数等は異なるものの，設立目的や基本的な機能のような電子調達機関として求めている中核について大きな差異はなかった。そのため，GNXとWWREの2つの国際電子調達機関はのちに維持・運営コスト負担の削減を意図して合併されることになったのである。それが，アジェントリクスである。

第3節　アジェントリクスの概要

2005年11月14日，GNXとWWREが2006年5月11日より合併統合することを発表した。こうして設立された巨大電子調達機関がアジェントリクス（Agentrics）である。アジェントリクスは，LLC（Limited Liability Company）として組織され，アジェントリクスの社名は，AGENT for Retail Information & Collaborative Solutionから作られた言葉で，競争力，優位性，サービスポリシーを表している。アジェントリクスはアメリカのシカゴ（イリノイ），アレキサンドリア（ヴァージニア）を拠点とし，52社のアジア，ヨーロッパ，北アメリカ，および南米などグローバルな小売企業，何千人もの供給者，メーカー，ディストリビュータ，技術パートナーから構成されている。ただし，2008年9月ブラジルの投資会社であるMAP（M. Abuhab Participacões）が第一筆頭株主になり，中南米における大規模なサプライチェーン・マネジメント会社であるネオグリッドと合併した。そのため，LLCである組織体は変わらないものの，アジェントリクス設立当初の参加企業が株主であり顧客である運営体制から，株主と顧客は切り離されることになった。この運営体制の変更により，アジェントリクスを利用する企業がよりオープン化される契機となった。

2010年9月時点において，アジェントリクスは北米，ヨーロッパ，南米，アジア，オーストラリアなどで事業展開をし，34カ国，9カ国語（英語，中国語，ドイツ語，フランス語，イタリア語，日本語，韓国語，ポルトガル語，スペイン語），18言語で事業を行い，現地法人を北米，南米，ヨーロッパ，アジアにもち，従業員500名と顧客20万社をもつ。取扱高は1.5兆ドルを超える（図表6-15）。

図表 6-15　アジェントリクスの組織概要

アジェントリクス本体	
代表者	Wellington Machado（2010年1月就任）
U.S. Offices	625 North Washington Street, Suite 400 Alesandria, Virginia 22314（703-234-5100） 200 West Monroe Street, Suite 1200 Chicago, Illinois 60606（312-706-3600）
拠点	アメリカ本社：シカゴ，アレキサンドリア イギリス：セントアルバン（ロンドン） アジアパシフィック：東京（本社），大阪，ソウル，台湾，メルボルン
事業展開国	北アメリカ，ヨーロッパ，南アメリカ，アジア，オーストラリア
従業員数	約500名（34カ国；英語，中国語，ドイツ語，フランス語，イタリア語，日本語，韓国語，ポルトガル語，スペイン語の9カ国語にわたる人材体制）
取扱高	1.5兆ドル以上
ホームページ	http://www.agentrics.com/

出所：アジェントリクスのHP，〈http://www.agentrics.com/en/〉，2010年9月5日アクセスより筆者作成。

アジェントリクスは，北米，南米，ヨーロッパ，アジア・パシフィックの4地域に分類されて組織されており，北米はアメリカのアレキサンドリアとシカゴに，南米はブラジルのジョインヴィレ，リオデジャネイロ，ポルト・アレグレ，サンパウロに，ヨーロッパはオランダのアムステルダムとイギリスのセント・オールバンズに，アジア・パシフィックは日本の東京と大阪，ソウル，台湾，オーストラリアのメルボルンに事務所がある。

アジェントリクスの参加企業をまとめたものが，次ページの図表6-16である。小売業の世界売上上位25社ある内の15社であるカルフール，メトロ，クローガー，テスコ，ウォルグリーンなどを含んだ50社以上もの小売企業がアジェントリクスで取引している。クラフト，ペプシ，コカ・コーラ，グラクソ・スミスクライン，パナソニックなどを含めた250社の工場が，アジェントリクスのサプライチェーンを利用している。8万社を超える小売業者がデータ交換・統合業務利用し，10万社以上の国際的サプライヤーがアジェントリクスで商品調達をするまでの規模に成長している。

図表 6-16　アジェントリクスの参加企業

AEON	イオン	Makro Asia	マクロ・アジア
Ahold USA	アホールド	Manor	マノール
Albertson	アルバートソンズ	Markant	マーカント
Auchan	オーシャン	Marks & Spencer	マークス&スペンサー
BBB	ビー・ビー・ビー	Marko（SHV）	マクロ
Best Buy	ベストバイ	Metro	メトロ
Canadian Tire	カナディアンタイヤ	Migros	ミグロ
Carrefour	カルフール	Millennium Retailing	ミレニアムリテイリング
Casino	カジノ	PPR	ピー・ピー・アール
Coles Myer	コールス・マイヤー	Publix	パブリックス
Coop Italia	コープ・イタリア	Radio Shack	ラジオシャック
Coop	コープ	REWE	レーベ
Costco	コストコ	Royal Ahold	ロイヤル・アホールド
CVS/Pharmacy	CVS ファーマシー	Safeway	セーフウェイ
Dairy Farm	デイリーファーム	Sainsbury's	セインズベリー
Dansk Supermarked Gruppen	デンマーク・スーパーマーケット・グループ	SCA Hygiene Products	エスセーアー・ハイジーン・プロダクツ
Delhaize Group	デルハインツ・グループ	Sears, Roebuck And CO. Canada	シアーズ・ローバック・カナダ
El Corte Ingles	エル・コルテ・イングレス	Sears, Roebuck And CO.	シアーズ・ローバック
E-Plat	イー・プラット	SES	エス・イー・エス
Food Lion	フード・ライオン	Shopko	ショプコ
Hornbach	ホーンバッハ	Smart and Final	スマート・アンド・ファイナル
Izumiya	イズミヤ	Supervalu	スーパーバリュー
Karstad Quelle	カールシュタット・クヴェレ	Tesco	テスコ
Kesa Electricals	ケサ・エレクトリカルズ	Vinculum	ヴィンキュラム
Kesko Food Ltd.	ケスコ・フード	Walgressn's	ウォルグリーン
Krogaer	クローガー		
LOTTE	ロッテ		

出所：アジェントリクスの HP，〈http://www.agentrics.com/en/〉，2006 年 9 月 30 日アクセスより筆者作成。

注：アジェントリクスは 2008 年 9 月以降ユーザーがオープン化されたことに伴い，全ユーザー企業はその数が多いため発表していない。

日本はアジェントリクスにおいてアジア・パシフィック地域に属し，アジア・パシフィック本社アジェントリクス・エーピーの会社概要は，図表6-17である。従業員は約200名，参加企業数は約250社であり，2009年5月現在ユーザー企業には，イオン，コープこうべ，コープさっぽろ，イズミヤ，ライフ，サンエー，コープ事業連合，ロッテ（韓国），コールス（オーストラリア）などがある[16]。そして，2010年11月現在では，小売企業以外に金融・学校・出版業界からも参加がある[17]。アジェントリクス・エーピーの電子調達ソリューションを介した実績に基づく年間取引は，実数は公表されていないものの，2006年から2010年の5年間で約2倍に増加している（図表6-18）。

アジェントリクスは，大きく4つのソリューションを提供している（図表6-19）。戦略的ソーシング・ソリューション，データ交換・統合・ソリューション，商品ライフサイクル管理・ソリューション，サプライチェーン・インテリジェンスソリューションの4つである。

戦略的ソーシング・ソリューションは，商談業務の効率化と調達コスト削減の最大化」を目的とし，オークションやRFx（情報依頼，提案依頼，見積依頼など）を行うための機能をもつ。主に電子商品調達に使われるのはこのソリューションである。アジェントリクスに参加する企業はこのソリューションから使用し始めることが多く，アジェントリクスの中で一番使用されている中核的なソリューションである。そのため，この戦略的ソーシング・ソリューションの内容やその活用効果などは次節で詳しく述べていく。

そして，データ交換・統合・ソリューションは，EDI（受発注処理），GDS（マスターデータ同期化）など取引先とのデータ・コミュニケーションを行う。このソリューションは，使用する際に各国のマスター統一化の進行

16 Agengrics AP，2010年11月12日インタビュー資料による。

17 同上。

図表 6-17　アジェントリクス・エーピー（東京本社）の会社概要

会社名	株式会社アジェントリクス・エーピー Agentrics AP, Incorporation
所在地	東京都千代田区紀尾井町 4-1　ニューオータニガーデンコート 7 階
設立	2007 年 7 月 31 日　※日本支社として 2001 年～営業
資本金	10,000,000 円
代表者	代表取締役社長　飯塚博文
事業内容	Agentrics サービスであるインターネットを利用した小売業者間の電子商取引システムの運営，管理および将来的に収益基盤となる新規ビジネスの立ち上げを事業範囲とする。
オフィス	東京（本社），大阪，ソウル，台湾，メルボルン
従業員数	約 200 名
ホームページ	http://www.agentrics.jp/

出所：アジェントリクスの HP，〈http://www.agentrics.jp〉，2010 年 9 月 5 日アクセスより筆者作成。

状況に大きく影響を受ける。商品マスターの統一が進んでいる欧米においては，データ交換・統合・ソリューションを活用している小売企業もみられる。しかし，日本においては，マスターの統一にむけて話し合いが続けられているものの，統一化はあまり進んでいないため，データ交換・統合・ソリューションは活用が難しいのが現状である。

アジェントリクスのデータ交換・統合・ソリューションは，本来インターネットの通信環境を利用した Web 型 EDI のプラットフォームとなる機能をもつ。日本における Web 型 EDI は，パソコンとインターネットの普及を背景に 1995 年ごろより普及しはじめ，2002 年には従来主流であった VAN 型 EDI を抜いて EDI の主流になった[18]。VAN 型 EDI とは，VAN センターを介した EDI であり，EDI 普及の初期のころから一般的に利用され，標準化の進んだ EDI として広く利用されている。これは，セキュリティ面において

18 次世代 EDI 推進協議会の HP，〈http://www.jipdec.or.jp/dupc/jedic/edi/extend_edi.html〉，2010 年 11 月 18 日アクセス。また，コールス・マイヤーから 2006 年にマイヤー（百貨店部門）を分離し，売却したためコールスに名称変更された。

図表 6-18　アジェントリクス・エーピーの取引額の推移

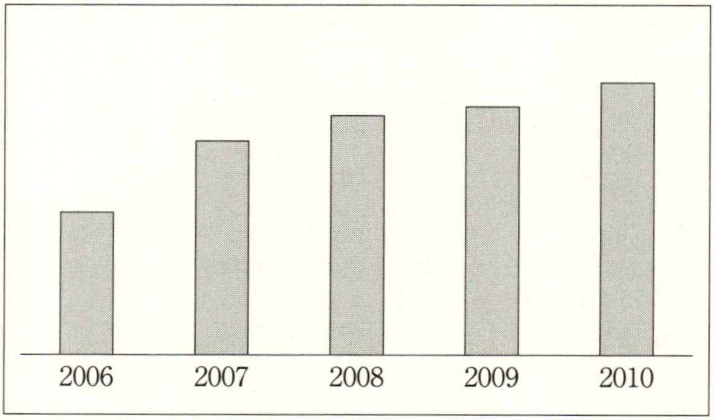

出所：アジェントリクス・エーピー，2010年11月12日インタビュー資料「アジェントリクス・エーピー会社案内」をもとに筆者作成。
注：数値は未発表。2010年はアジェントリクス・エーピーの予測である。

図表 6-19　アジェントリクスが提供する4つのソリューション

各種ソリューション	内　容
戦略的ソーシング（電子商談）・ソリューション	電子商談「商談業務の効率化と調達コスト削減の最大化」を目的とし，オークション，RFx（情報依頼，提案依頼，見積依頼）を行う。
データ交換・統合・ソリューション	EDI（受発注処理），GDS（マスターデータ同期化）など取引先とのデータ・コミュニケーションを行う。
商品ライフサイクル管理（PLM）・ソリューション	PB商品開発に伴う，業務の標準化と進捗状況管理，仕様書DB構築・管理，さらにリスク・危機管理を行う。
サプライチェーン・インテリジェンス・ソリューション	サプライチェーン全体に統合された枠組みを利用し，サプライチェーン全体を統合・管理を行う。

出所：アジェントリクスのHP，〈http://www.agentrics.jp〉，2010年9月5日アクセスより筆者作成。

は信頼性が高いが，VAN運営会社によってサービスは異なり相互に接続することが難しく，通信費用負担が比較的大きい点に問題がある。それに対し，Web型EDIはVAN回線などを用意する必要がないため，取引量の少ない多数の企業とのEDIを取引先に費用的な負担をかけさせずに導入でき，通信コストの削減効果がある利点がある。VAN型EDIとWeb型EDIは，いずれにおいてもEDIの規格を統一・標準化することが重要となる。しかしながら，2010年11月現在においては，EDIの標準規格は業種や業界ごとに複数存在し，金融業・流通業・製造業と大別することができる。

日本の流通業におけるEDI標準規格化にむけての大きな動きとしては，流通BMS（流通ビジネスメッセージ標準化）とGDS（Global Data Synchronization，商品マスターデータの国際的な同期化）の2つがある。流通BMSはデータ受発注に関わるマスターであり，GDSは商品自身に関わるマスターである。アジェントリクスのデータ交換・統合・ソリューションを活用するためには，流通BMSに加えて商品マスターが統一化されてないと実用化できない。2009年度の日本における流通BMS導入状況実態調査によると，小売業732社から138社の有効回答，卸・メーカー962社から226社の有効回答の結果，流通BMSの導入済みが約15%，導入予定が6%，導入を検討しているが38%と，約60%が導入を予定していると回答している[19]。

GDSについては，2005年から2006年度に経済産業省が実証実験を行っている。このように，日本においては2009年時点においても流通BMSの導入さえも進んでおらず，ましてや商品マスターの標準化についての活動はあるものの，実用化の段階には遠い状況にある。そのため，データ交換・統合・ソリューションの活用は，2010年11月現在，欧米小売企業が先行してみられ，日系小売企業にはみられない。

また，商品ライフサイクル管理・ソリューションは，PB商品開発を念頭に置いており，それに伴う業務の標準化と進捗状況管理や仕様書のデータベースの構築や管理，さらにリスク管理および危機管理を行うことができる。例えば，PB商品の衣料品・靴・ギフト商品・家庭用雑貨・食品などを販売

19 2009年度の日本における流通BMS導入状況実態調査。流通BMS.comのHP，〈http://www.mj-bms.com/report/200912-01-01.html〉，2010年11月15日アクセス。

するイギリスのマークス＆スペンサーでは，すべてのPB商品をアジェントリクスの商品ライフサイクル管理・ソリューションを使用して商品開発して調達している。

そして，サプライチェーン・インテリジェンス・ソリューションは，サプライチェーン全体に統合された枠組みを利用し，サプライチェーン全体を統合・管理を行う機能をもつ。そのため，食品などにおいてもトレーサビリティを可視化することができるようになる。しかしながら，このソリューションは，データ交換・統合・ソリューションの使用を前提としたソリューションであるため，欧米企業の数社において活用されているが，日系企業では活用されていない。サプライチェーン・インテリジェンス・ソリューションは，欧米企業では今後活用が期待されるソリューションであり，日系企業では商品マスターの標準化が行われた後で活用されることとなるだろう。

以上のように，アジェントリクスには4つのソリューションがあるものの，参加企業とアジェントリクスの契約内容によってどのソリューションを使うのか，どれくらい使うことができるのかは異なる。

2010年11月12日のアジェントリクス・エーピー社インタビューによると，アジェントリクスの設立以降2010年11月現在まで主に活用されているソリューションは，オークションなどにより調達ができる戦略的ソーシング・ソリューションである。そのため，大半の企業はこの戦略的ソーシング・ソリューションから使用を始めていくそうである。

ただし，2011年5月時点において，4つすべてのソリューションを使用している企業はマークス＆スペンサーの1社のみであり，それぞれのソリューションを使いこなすには参加企業の経験やスキルの向上が必要なのであろう。しかしながら，近年では，商品ライフサイクル管理・ソリューションを活用する企業が少しずつ増えてきているそうである。今後の活用状況や参加企業の動向について注視していく必要があるだろう。

第4節　アジェントリクスの国際商品調達

アジェントリクスにおける電子商取引は，北米，南米，ヨーロッパ，アジア・パシフィックの4地域に管轄されているとともに，仕様書等については基本的にその国の言語で行われている。取引内容について分析するには，取引仕様書の全言語を翻訳しなくてはならない。そのために統計が取れず，アジェントリクス全体での取引数や取引内容の詳細についてまとめられた資料は公表されていない。ただし，アジェントリクスでは年に1・2回参加企業を全世界から集めて国際会議を開催しており，アジェントリクスの活用方法や活用事例について発表を行い，参加企業間でベストプラクティスなどの情報を共有している。アジェントリクスの活用方法については，企業により戦略の違いはあるが，地域間において決定的な大きな違いはみられないとの見解をアジェントリクス・エーピーからいただいた。

そこで，以下では2010年11月12日インタビュー調査によるアジェントリクス・エーピーの電子調達結果に関する資料を中心にアジェントリクスの国際電子商品調達について検討していこう。アジェントリクスにおける電子商品調達は，主に戦略的ソーシング・ソリューションを使用して行われている。そこで，本節において戦略的ソーシング・ソリューションを中心にみていくことにしよう。

戦略的ソーシングの内容は図表6-20に整理している。この戦略的ソーシング・ソリューションには，情報依頼，提案依頼，見積依頼，需要集約，オークション，取引先決定，契約管理，プロジェクト管理の統合，レポーティングと管理を行う機能がある。このうち多く使われるものが，提案依頼と見積依頼およびオークションである。提案依頼と見積依頼の機能では，取引先企業の新商品やプレスリリースなどの情報を送受信するといった目的で使われることもある。これらのどの機能をどれくらい使うのかは，アジェントリクスとの契約内容や各企業の戦略によって異なる。また，オークションとい

図表 6-20　アジェントリクスの戦略的ソーシング・ソリューション

取引先調査を含む情報依頼（RFI） ➡	提案依頼と見積依頼（RFP & RFQ） ➡	需要集約 ➡	オークション ➡	取引先決定 ➡	契約管理
- 質問表の作成 - 取引先の企業情報の入手と見極め - 組織的な取引先調査の実施 - RFI 情報の共有と活用	- 商品スペック定義 - 発注ロット，グループ等の定義 - ボリューム・ディスカウント，商品組合せ（抱き合わせ）交渉	- 集約作業の実施 - 組織間をまたがった数量の集約作業 - グループ企業ごとの配送要求計画の作成	- RFx からオークションへのスムーズな連動 - 単独オークションの作成 - 入札情報の変換 - 入札状況のモニタ - 単品(個別)入札，及び一括（全体）入札への対応 - 高度なデータ分析	- 公平な基準による取引決定 - 重み付とスコアリング - 配送分量による最適化計算 - 1社または複数社との取引決定 - 顧客ごとのレポート作成	- 契約内容に基づき契約管理を行う
プロジェクト管理の統合 複数組織をまたがる別々のソーシング・イベント活動を推進					
レーポーティングと管理 企業別テンプレート，役割設定，使用権，エクスポート・インポート					

出所：アジェントリクス・エーピー，2010年11月12日インタビュー資料「アジェントリクス・エーピー会社案内」をもとに筆者作成。

っても入札できる企業に制限がないオープンなものもあれば，取引先企業を選定した上でオークションを行うものなど様々な形態があり，その結果の調達価格も大きく異なる。

アジェントリクスの戦略的（電子商談）ソーシング・ソリューションには，2つのシステムが併存し，調達する際に使用する電子商談も大きく6通りの方法がある。アジェントリクスの戦略的ソーシング・ソリューション内容および用語の詳細について整理したのが，図表6-21である。

アジェントリクスは，GNXとWWREが合併して設立されたため，システムも2つが併存する形で使用され続けている。戦略的ソーシング・ソリューションにおいても，旧GNXのシステムをもとにした「ソーシング」と旧WWREのシステムをもとにした「ezMarket」の2つのツールが併存している。

戦略的ソーシング・ソリューションと活用状況を詳細に示しているのが図表6-22である。アジェントリクスの戦略的ソーシング・ソリューションには，ソーシングとezMarketの2つのツールがあり，重複する部分も多くある。2008年と2009年におけるソーシングとezMarketにおける共通な傾向としては，共にリバース・オークションが約60%程度を占めている点と，RFx（情報依頼，提案依頼，見積依頼）が残り約30%以上を占めている点があげられる。

上記のデータの集計対象はソーシングとezMarket両方において実施した電子商談で，日本語の仕様書による調達である。集計期間について，2008年度は2007年10月から2008年9月までを集計したものであり，2009年度とは2008年10月から2009年9月までを集計したものである。自社が商品を製造するために必要な原料，材料，部品，商品などを直接財，原材料以外の外部から購入する物品，消耗品，レンタル，工事，サービスなどを間接財と分類する。

2008年と2009年におけるアジェントリクス・エーピーの電子商談件数とその内訳を示しているのが，図表6-23である。電子商談の実施総件数は，

図表 6-21　アジエントリクスにおける戦略的ソーシング・ソリューション用語一覧

<table>
<tr><td rowspan="2">ツール</td><td>ソーシング</td><td>アジエントリクスのもつ電子商談システムの1つである。アジエントリクスの設立経緯から，ソーシングとezMarketの2つのツールが存在する。アジエントリクス（旧WWRE）が自社開発した電子商談ツールである。電子商談としては，RFx，オークション（リバース・オークション，フォワード・オークション，ダッチ・オークション）落札通知，プロジェクト管理等の機能をもつ。</td></tr>
<tr><td>ezMarket</td><td>アジエントリクスのもつ，もう一方の電子商談システムである。旧GNXがアメリカのEmptoris社のSourcingをベースにカスタマイズした電子商談ツールである。電子商談としては，RFx，オークション（リバース・オークション，フォワード・オークション，ダッチ・オークション，ジャパニーズ・オークション），パラレルト・レード（並行交渉）等の機能をもつ。</td></tr>
<tr><td rowspan="6">電子商談
の
タイプ</td><td>RFx</td><td>情報依頼（RFI），提案依頼（RFP），見積依頼（RFQ）の3種類がある。これら3つの総称として『RFx（Request For x)』と呼ばれる。</td></tr>
<tr><td>リバース・
オークション</td><td>開催者が少なくともこの価格以下で調達したいと思う価格からはじまり，入札者は価格を下げて応札する。最終的に最安値を提示した入札者が落札となる。</td></tr>
<tr><td>リバース・
ダッチ</td><td>ダッチとはオランダの別称で，チューリップの球根を競り落とす際にこの方式のオークションが用いられることから，リバース・ダッチと呼ばれる。開催者が提示する低い開始価格からはじまり，オークションが進行するにつれ，システムが自動的に一定の間隔で価格をあげていく。その中で，最安値を提示した入札者が落札となる。</td></tr>
<tr><td>リバース・
ジャパニーズ</td><td>開催者が最初は高めの価格を提示し，そこから一定の時間感覚（インターバル）で自動的に価格が下がっていく中で入札者が応札する。最後まで残った入札者が落札となる。</td></tr>
<tr><td>フォワード・
オークション</td><td>開催者が提示する価格からはじまり，入札者が価格をあげて応札する。最高値を提示した入札者が落札となる。ヤフー・オークション形式と同様である。</td></tr>
<tr><td>パラレル・
トレード
（並行交渉）</td><td>パラレル・トレードは，属性に基づくオークション・タイプである。オークション開催者が価格だけでなく，その他の情報に対する属性を作成するマーケット・タイプ。開催者はそれぞれの入札者と個別にオファー（返答）を取り交わしながら商談を進める。この両者間で交わされるオファーをカウンター・オファーという。入札者は，開催者が提示したオファーを受諾したり，カウンター・オファーを提出したりして交渉を進めていくことができる。</td></tr>
</table>

出所：アジエントリクス・エーピー内部資料をもとに筆者作成。

図表 6-22　アジェントリクス・エーピーにおける戦略的ソーシング・ソリューションの活用方法内訳

〈ソーシングの内訳〉

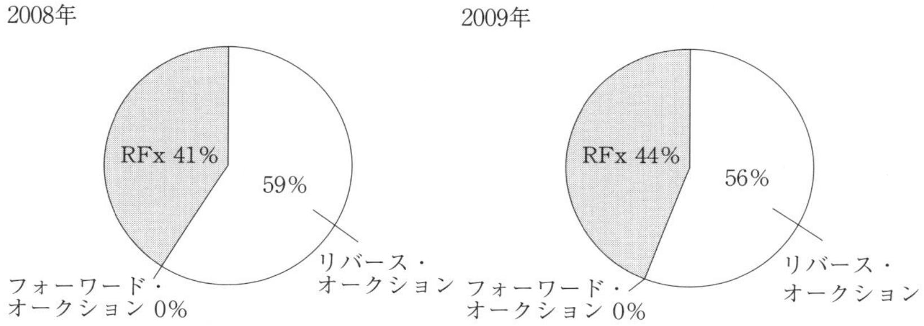

〈ezMarketの内訳〉

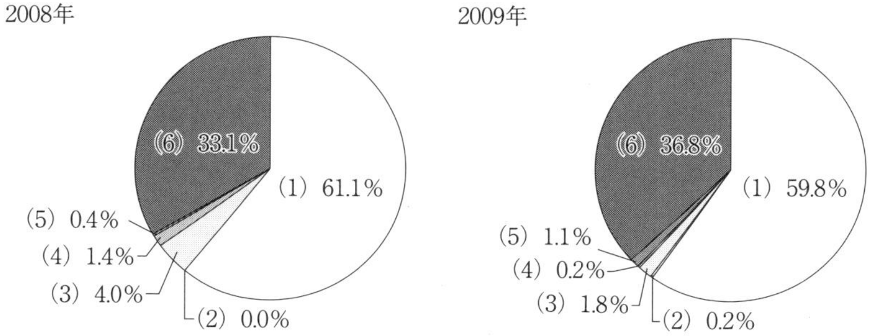

(1) リバース・オークション，(2) フォワード・オークション，(3) リバース・ダッチ，(4) リバース・ジャパニーズ，(5) パラレル・トレード，(6) RFx

出所：アジェントリクス・エーピー，2010年11月12日インタビュー資料をもとに筆者作成。

2008年が1,764件，2009年が1,843件であり，2008年の直接財が79%，間接財が21%，2009年の直接財が83%，間接財が17%であり，直接財の増加がみられる。図表6-12において示した，2002年のイオンのオークションにおける内訳をみると，販売商品（直接財）が80%，店舗資材（間接財）が20%であった。2002年と2009年の直接財と間接財の商談件数比率は，直接財約80%と間接財20%であり，基本的な活用方法においては大きな変化は

図表 6-23　アジェントリクス・エーピーの電子商談件数と内訳

実施総件数	1,764件	1,843件
直接財	79%	83%
間接財	21%	17%

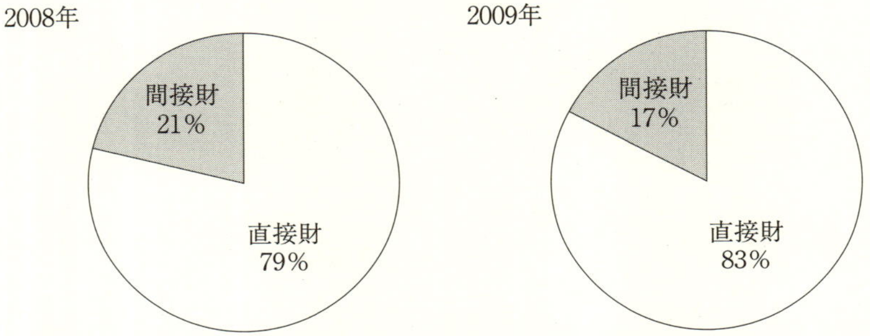

出所：アジェントリクス・エーピー，2010年11月12日インタビュー資料をもとに筆者作成。

ないようである。

次に，直接財と間接財の電子商談内容をカテゴリー別に分類したのが，図表6-24である。

2008年と2009年を比較してみた結果，直接財と間接財共に大きな変動はみられない。2008年と2009年に直接財において，農産，畜産，加工食品，水産，日配食品，惣菜の食品が約90%近く占めている。食品の内訳を2009年からみると，農産が30%で1番多く占めており，次いで畜産が21%，加工食品が18%，畜産が21%，日配食品が10%，水産が8%，惣菜が4%を占めている。

2008年と2009年の間接財において，消耗品，工事，レンタル，什器の合計が80%以上を占めている。間接財の内訳を2009年からみると，消耗品が34%で1番多く占めており，次いで，工事が26%，レンタルが14%，什器が12%を占めている。その他，販促が7%，サービスが6%，備品が1%を占めている。とりわけサービスには，倉庫や物流などのロジスティクス関連サービスや決済サービスなども取引されている。

図表 6-24　アジェントリクス・エーピーにおける直接財と間接財カテゴリー別調達実施件数の内訳

〈直接財〉

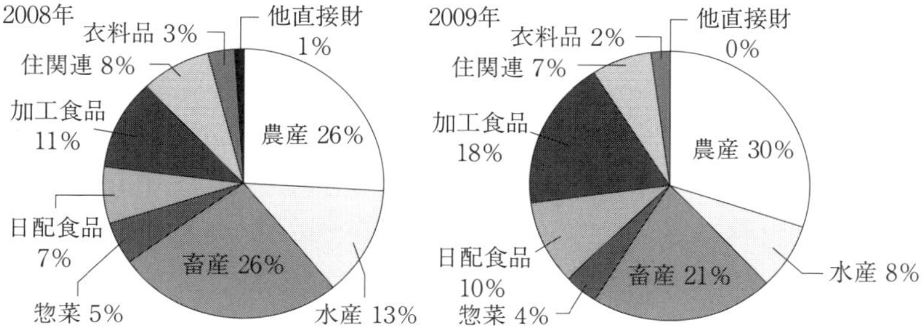

〈間接財〉

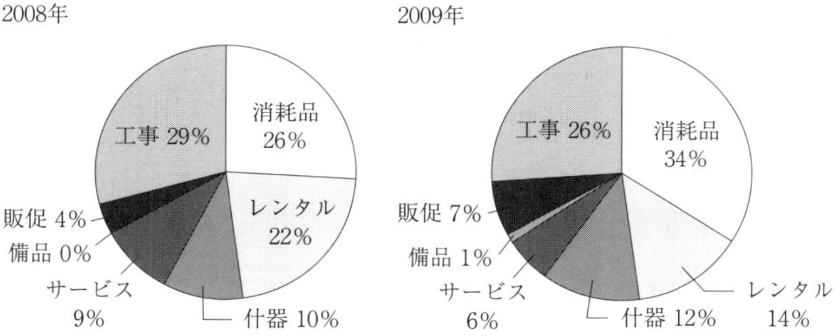

出所：アジェントリクス・エーピー，2010年11月12日インタビュー資料をもとに筆者作成。

アジェントリクスは電子商取引としてのソリューション提供を主体としており，商取引後のロジスティクスに関しては，直接関与していない。そのためロジスティクスに関して，各企業の状況に応じて取り決めて行われており，ロジスティクスをどのように請け負っているかは企業ごとに異なる。しかし，ロジスティクスは間接財として取引されており，アジェントリクスにおける機能は商取引を中心としているが，ロジスティクスを調達する機能をもつ。

また，国際調達の視点からアジェントリクス・エーピーの取引をみてみる。インタビュー調査によると，海外工場で生産された直接財と間接財の取引が行われており，国際調達の実態が確認された[20]。しかしながら，電子商取引の際に必要となる仕様書は詳細に書く必要があるため，そのほとんどが日本語で書かれており，取引相手は日本語でやり取りできる企業に限られる。海外の工場で生産された商品を調達しているものの，取引は直接海外工場と取引するのではなく，ほとんどの取引において日系企業がなんらかの形で間に入って取引している。ただし，日本に出店している外資系小売企業の中には，アジェントリクスを通じて国外調達して一括輸入をすることにより，国際調達を行っている企業もある。

そして，直接財と間接財のカテゴリー別平均調達価格削減率について表しているのが，図表6-25である。この表における平均削減率は，最初に提示した価格と最終取引価格を比較計算した削減率である。2009年の直接財において，医薬・化粧品が21.2%の削減率となり1番高く，次いで農産が17.7%，惣菜が17.0%，家具・インテリアが15.7%，建設資材が15.5%の削減率であった。直接財における平均削減率は，2008年が10.8%，2009年が13.2%であった。2009年の間接財において，レンタルが43.9%の削減率となり1番高く，次いで備品が20.4%，消耗品が19.6%，販促が15.2%，サービスが14.9%の削減率であった。間接財における平均削減率は，2008年が12.1%，2009年が19.0%であった。直接財と間接財における削減率を比較すると，2008年と2009年共に間接財の削減率が高い。

さらにアジェントリクス参加による調達価格削減以外の効果を検討する（図表6-26）。

アジェントリクスは，以下の4つの機能を果たしている。

第1に，業界プラットフォームの機能である。これは，業界のプラットフ

20 アジェントリクス・エーピー，2010年11月12日インタビュー調査による。

図表 6-25　アジェントリクス・エーピーにおける直接財と間接財カテゴリー別平均調達価格削減率

〈直接財〉

カテゴリ	サブカテゴリ	2008年	2009年
食品	農業	14.9%	17.7%
	水産	11.3%	12.1%
	畜産	10.2%	12.8%
	惣菜	13.4%	17.0%
	日配食品	8.6%	14.0%
	加工食品	9.0%	7.6%
住関連	日用雑貨	4.9%	8.6%
	医薬・化粧品	11.3%	21.2%
	家具・インテリア	16.3%	15.7%
	家電製品	9.5%	13.8%
	その他商品	22.6%	22.8%
衣料品	婦人衣料	15.4%	13.4%
	紳士衣料	8.9%	5.0%
	その他衣料	-1.2%	6.7%
他直接財	原材料	7.1%	6.5%
	建設資材	-	15.5%
平均削減率		10.8%	13.2%

〈間接財〉

カテゴリ	2008年	2009年
消耗品	12.7%	19.6%
備品	10.3%	20.4%
什器	13.7%	9.5%
サービス	6.7%	14.9%
レンタル	-	43.9%
販促	20.4%	15.2%
工事	8.6%	9.2%
平均削減率	12.1%	19.0%

出所：アジェントリクス・エーピー，2010年11月12日インタビュー資料より筆者作成。

ォームあるいはポータルサイトとしての機能であり，業界に関するニュース，セミナー案内など業界に関する情報が集積される機能である。つまり，業界における情報共有化を行う。

第2に，市場機能である。インターネットを通じ，商品調達を行う機能である。具体的には，標準オークション，逆オークション，消耗品やオフィス用品の商品共同購入，貨物運送や小口配送のサービス共同購入，カタログである。これにより，仕入原価の削減，過剰在庫の処分，調達費用の削減，調達先の拡大が予測できる。

第3に，効率的なサプライチェーン構築の機能である。具体的には，

図表 6-26　メーカーと小売企業が得られる効果

	メーカー	小売企業
企業経営	・企業報告の簡素化 ・小売企業ベースの地理的拡大 ・IT システム冗長度の排除 ・サービスの創造を共有する機会	・企業報告の簡素化 ・グローバル調達の可視化 ・企業の透明性 ・販売のシナジー ・サービスの創造を共有する機会
カテゴリー・プロモーション管理	・可視性の改善 ・在庫水準の計画化 ・商品のポスティグおよび小売エクスポージャーの最大化 ・不満や紛争に費やす時間の短縮 ・カテゴリー報告の簡素化と拡大 ・商品導入／プロモーションに要するリードタイムの短縮	・現地代理店や仲介業者の必要性 ・サプライヤー・ベースの拡大 ・企業の仕入価格の透明性 ・可視性改善および在庫水準の計画化 ・不満や紛争に費やす時間の短縮 ・商品導入／プロモーションに要するリードタイムの短縮
管理データの取り扱い	・クロス・リファレンス表によるチェックの排除 ・インボイスに関する紛争の現象 ・帳消しの減少 ・受取勘定の減少 ・販売注文の不成立の減少	・カタログ・メンテナンスの減少 ・クロス・リファレンス表によるチェックの排除 ・インボイスに関する紛争の現象 ・補充率の改善
ロジスティクス	・注文追跡の簡略化 ・返品の減少 ・緊急注文の減少 ・正確なピッキングの向上 ・短期計画の最適化	・荷受の誤りの減少 ・返品の減少 ・繰越注文の減少 ・過剰な安全ストックの減少 ・ロケーション配送の最適化

出所：Global commerce initiative の HP，〈http://www.globalcommerceinitiative.org〉，2006年9月30日アクセスをもとに筆者作成。

CPFR で協働的な計画，予測，補充を行うことである。CPFR は，エンドツーエンド補充プロセスの最適化，サプライチェーン全体の可視性と予測精度の向上，計画の最適化，ワークフローの標準化を可能とする。オンラインでデータを共有し，取引先間で予測を一致させる結果，効率的な補充を実現し，在庫費，持ち越し費，運送費，ロジスティクス費の削減と時間削減を可能とする。

第4に，新商品開発機能である。具体的には，共同デザイン研究，オンラインサンプリング，それにおける情報サポート機能がある。また商品定義やパッケージデザインプロセスにメンバーがインタラクティブに参加し協働を可能とするため，仕様変更およびフィードバックのデザインへの変更を取引先とメーカーがオンラインで行う機能である。その結果，新商品開発の時間を短縮し，開発を容易にする。

以上のように，アジェントリクスの活用は，メーカーおよび小売企業の両者にとって大きな効果を得ることができる。アジェントリクスを使用することにより，競争優位の源泉である商品調達価格の削減が実現できる。また，グローバルな業界標準プラットフォームが設立されたことによって，今後のIT化の統一やRFIDなどの推進に貢献するであろう。

アジェントリクスを使用した効果として以下の6つがある。

第1に，調達価格削減の効果である。アジェントリクスは，戦略的ソーシング・ソリューションを使用して様々なオークションやRFx（見積依頼，提案依頼，情報依頼）の機能を駆使して電子調達することにより，多数の売り手を競わせることにより調達価格を削減する。例えば，2009年度の調達価格削減率1位として，直接財のノルウェー産塩さばの66.7%や，間接財のプリンタートナー一式の70.1%があった。アジェントリクスは，電子商取引市場としての機能をもち，不特定多数の売り手と買い手が集めて取引を行うことが可能となる。また，取引価格を観察する回数が増え，利用可能な価格を知るようになり，価格の透明性が高くなり，それに伴い調達価格が削減する。

第2に，コミュニケーションコスト削減の効果である。取引成立のためには，多くの情報収集を行い，価格，商品，品質，納期，配送方法など取引条件に合致するとともに，信用できる取引相手を探索する必要がある。これらについて，アジェントリクスが事前審査を行うため，相手先の探索時間と費用を削減することができる。さらに，インターネットを使用して見積依頼，提案依頼，新商品などの情報提供を行うことが可能となり，コミュニケーションコストが削減した。

第3に，情報共有の効果である。アジェントリクスは業界のプラットフォーム機能を果たし，情報共有を行うことができる。また，売り手と買い手間においても，受発注情報などを含む管理データを共有することが可能となり，可視性の改善がおこる。また，継続的に取引が行われる場合は，情報共有により，協働的な計画，予測，補充を行うなど，効率的なサプライチェーン構築を可能とし，在庫費，持ち越し費，運送費やロジスティクス費の削減を可能にする。

第4に，新規取引機会が拡大する効果である。従来，新規の取引先を探索するためには多くの時間と費用を必要とした。しかしながら，アジェントリクスにより事前審査された多くの取引先と電子商取引市場で取引を行うことが可能となった。それにより，国内のみならず，アジェントリクスに登録された海外にある多くの企業と取引を容易に行うことができるようになるとともに，多数の取引先の中から取引相手を選択することが可能となった。

第5に，取引透明性の効果である。アジェントリクスのような不特定多数の売り手と買い手が取引に参加できる電子商取引市場は，分権的で開放的な特徴をもち，オープンな取引環境となる。そのため，多数の参加者によるオープンな競争価格形成が行われるようになり，競争と摩擦といった競争的側面をもつ取引マーケティングを増幅させる。ただし，アジェントリクス・エーピーでは，既存の取引先との関係を考慮して，取引先を限定した調達により，協調関係を保ちながらも，緊張感をもちながら取引を行っている。

第6に，経営スピードを向上させる効果である。アジェントリクスは情報共有の効果をもち，インターネットを通じて情報収集のための費用と時間が短縮されるようになった。それによって，多くの選択肢を用意し，経営に関する意思決定を早く行うことができるようになった。また，企業の環境が変化し，既存の取引先だけではすぐに対応できないことでも，世界中に存在する多数売り手から取引先を選択して，電子商品調達を行うことにより，素早くかつ柔軟に対応することが可能となる。

上記のように，電子商品調達の効果は大きく6つある。小売業は電子調達により時間的・空間的な制約を大幅に解消し，情報共有や新規取引機会拡大などのメリットを享受した。さらに，オークション機能や逆オークション機能は商品価格を低下させ，仕入れコストを削減させることができるようになった。このような電子調達によって，売り手企業と買い手企業は情報共有などによりクローズで協調的な関係を強めながらも，他方では逆オークション取引などによって対立や競争的な関係を増幅させる２つ側面を持ち併せているのである。

このように小売企業がアジェントリクス・エーピーのような国際電子調達機関を使用して電子調達を行えば，確かに調達価格の削減効果を享受できるであろう。しかしながら，すべての小売企業が調達価格を削減でき，各企業においてコスト削減という競争優位が喪失されるわけではない。なぜならば，同じように電子調達を行ったとしても，その取引条件などの細かい仕様を設定するのは各企業で行われるため，調達結果は異なるからである。アジェントリクス・エーピーにおける取引の実態と実績からみても，国際電子調達機関を利用する方法やその割合，およびソリューションの使用において，各企業の戦略や使用経験年数などによる違いがみられ，その調達結果と効果は各企業により異なることが示された。

これまでアジェントリクスとアジェントリクス・エーピーについて検討してきた。アジェントリクスによる国際商品調達は，活用する小売企業により取引相手や内容が異なる。そのため，第４章で明示した国際商品調達における６つの進展段階については，第２段階に貿易専業者などを介して国外商品調達を行う段階から，第６段階の世界的なネットワークを活用して最適な商品を最適な地域から調達する世界最適調達に近づいている段階までといったように，小売企業によってその進展段階には大きな幅がみられる。

事実，GNX や WWRE は商品調達事務所を設置し，海外出店した際の新規調達ルートを確保するという機能をもつと企図していたし，ウォルマートをはじめとした欧米系小売企業の中には，世界的な商品調達事務所のネットワークを活用し，最適な商品を最適な地域から調達する段階に近づきつつある小売企業もみられる。ただし，アジェントリクスは電子商品調達の市場を提供しているものの，国際ロジスティクスも完備しているわけではなく，小売企業がロジスティクスサービスを電子商品調達市場から調達しなくてはいけない。そのため，利用する各社の調達戦略や調達者の裁量および国際ロジスティクスの管理能力によって異なる進展段階になる。

アジェントリクスは，国外に商品調達事務所を常設し，世界的な仲介ネットワークの役割を果たす。そのため，国際商品調達の進展は，第6段階である世界の最適な国から最適な商品調達を行うことも可能である。しかしながら，どの程度アジェントリクスを活用するのか，どのような商品調達を行うのか，取引先およびロジスティクスはどうするのかなど，各社の戦略によって国際商品調達の進展段階が変わる。例えば，取引先が国外にある企業であっても，売り手が貿易専業の仲介者である場合には，国際商品調達の進展段階は第2段階となる。これは，アジェントリクス・エーピーの取引に多く見られた。また，アジェントリクスと併用して，第3段階である自社で出張等によって自ら海外の買付けを行う企業もあるだろう。このように，アジェントリクスの国際商品調達の進展段階は，第2段階から第6段階まで広範囲にわたる。ただし，アジェントリクス・エーピーを利用している日系小売企業による国際商品調達の進展は，第2段階から第4段階にとどまっている。

これらの企業による国際商品調達の進展を阻害する要因は2つあげられる。第1に，日系小売企業が詳細な仕様書を日本語で書くため，日本語がわからない相手とは取引ができないという言語の要因がある。第2に，日系小売企業は変化やリスクを望まない傾向が要因となる。既存の取引先との協調関係を大事にする風潮があり，また，ロジスティクスや在庫のリスクを取りたがらない小売企業の姿勢がある。阿部（2009）も，日本の場合，企業間の安定的・協調的関係に安住し，それを変革しようとする意欲があまりみられないと指摘している[21]。アジェントリクス・エーピーを活用する日系小売企業

21 阿部（2009），164ページ。

においては，従来の関係性マーケティングを基調としながらも，eマーケットプレイスを活用し取引マーケティングを取り入れ，両者を組み合わす戦略を取ることで，既存の取引企業とも緊張関係をもちつつ，取引の透明化の方向に少しずつ向かっているといえる。

アジェントリクスに参加することによって小売企業は，調達価格削減効果，コミュニケーションコスト削減効果，情報共有の効果，取引透明化の効果，意思決定スピードを向上させる効果を享受するようになった。

ただし，アジェントリクスにおいては，欧米系小売企業による国際商品調達が活発に行われている事例も多い。日本に出店している欧米系小売企業の中には，アジェントリクスから一括調達し，自社の全世界にある店舗へ配送を行っている企業もあり，最適な商品を最適な地域から調達するという国際商品調達の進展に貢献しているといえよう。

第5節　結　　語

本章では，ウォルマート以外の大規模小売企業における電子商品調達について検討した。すなわち，ウォルマートのリテールリンクに対抗して作られたGNXとWWRE，両者が合併したアジェントリクスの特徴とその効果について考察した。

eマーケットプレイスの最大の特徴は，電子商取引という本質的な性質により時間と距離を短縮することを可能にすることである。小売業が国際化する際，調達における時間的制約，予算的制約，立地的制約が大きい。そのため，小売業において国境の壁は非常に高いものである。しかし，eマーケットプレイスは小売業の制約を減らし，国境の壁を低くする。リテールリンクはウォルマート1社ながら多数の国に展開しているし，アジェントリクスの構成メンバーは小売企業もサプライヤーについても多くの国の企業から成り立っている。今後，小売業の国際商品調達においては国際化からグローバル化へ，そして世界最適調達を目指す方向に向かうであろう。

加えて，eマーケットプレイスは小売企業の共同購買により仮想巨大小売企業を作り出した。従来からサプライヤーであるメーカー等に対し，小売企業は規模が小さいことが多く，強い発言権をもっていなかった。しかし，この仮想巨大小売企業の出現とオークション機能などにより，小売企業は発言権とパワーを強めるようになった。

電子調達使用の最大の効果は，コスト削減である。コスト削減には，調達経費，調達商品価格，情報探索コスト，在庫コスト，物流コスト，情報技術投資コスト，保守・運営コスト，管理コストなどの削減がある。これらのコスト削減の効果を最大化するためには，需要集約化を進めることである。イオンの例でみたように1企業内においてもグループ各社の需要を集約することによって大幅なコスト削減が可能であるし，アジェントリクスのようにメンバー各社が需要集約することによっても大幅なコスト削減が可能である。

大規模小売業における競争優位戦略として，ITの活用は欠かすことのできない戦略である。ウォルマートの脅威に対抗するために，競合企業はGNXとWWREとに分かれていたeマーケットプレイスを合併し，アジェントリクスを発足させた。これにより，ウォルマート対その他追随企業という様相がますます鮮明に浮かび上がってくることになった。同じeマーケットプレイス上で商品調達をするといっても，どのようなものを，いつ，どれくらい仕入れたらよいのかということは，各企業の戦略によって異なる。各企業によって情報の分析能力や情報の活用能力に大きな違いがあるため，同じプラットフォームを活用してもその効果には自ら差が生じるであろう。

アジェントリクスのようなeマーケットプレイスによって，大規模小売企業の国際商品調達がますます進展している。そもそもアジェントリクスの参加企業の出自国が様々であるため，それを介した商品調達が国際的にならざるをえない。小売業の国際化が海外出店にとどまらず国際商品調達も含むものであるから，アジェントリクスは，ウォルマートのリテールリンク同様，大規模小売企業の国際化をさらに進めていることになる[22]。

【謝辞】

本章は，公刊されている文献・資料の他に，アジェントリクスの内部資料およびインタビュー調査に基づいている。インタビューは，当時，アジェントリクス・エーピーの代表取締役社長である飯塚博文氏（2010年11月12日），アジェントリクス・エーピーのプロフェッショナル サービス本部本部長である岡本和之氏（2010年11月12日），アジェントリクス・エーピーのマーケティング マネージャーである廣瀬友子氏（2010年11月12日）がご協力してくれた。インタビュー後もメール等でアジェントリクスの電子商取引内容や現場について色々と教えていただいた。さらに，アジェントリクスとネオグリッドが主催したグローバルイベントである「サプライチェーン・リンク2011（2011年5月24日～25日，於サンパウロ）」に参加する機会をいただいた。また，筆者の論文についても既読していただいており，これまで筆者が作成した論文がアジェントリクス社内にも残っていない貴重な資料・文献であると大変高い評価をいただいた。ここに感謝を申しあげる。

そして，アジェントリクスへの参加メンバーの代表として，イオンおよびイオンアイビスからもインタビュー調査にご協力いただいた。資料提供（2003年5月2日インタビュー資料）は，2003年当時イオングループIT本部の本部長であった縣厚伸氏からいただいた。その後，2009年8月からイオングループのIT業務を集約しイオンアイビスが設立されたとともに，アジェントリクス担当もイオンアイビスに移行された。2010年のインタビュー調査には，当時，イオンアイビスのビジネスソリューション本部の本部長である石塚盛一氏，ビジネスソリューション本部のB2B・間接財調達部部長である澤田彰浩氏からご協力をいただいた。2010年のインタビュー内容においては，数値等の掲載は差し控えていただきたいとの申し出があったため，残念ながら本書では取りあげることができなかったが，筆者の研究にご協力いただき，アジェントリクスをはじめとした電子商品調

---

22 2009年には，ウォルマート社と500社以上のサプライヤーはアジェントリクスのライフサイクル管理（PLM）を採用し，自社プライベートブランド「グレートバリュー」ブランド再生をすすめている。2010年9月現在，アジェントリクスの主な取引先としてウォルマート社もあげられており，同社に対抗するためだけの組織ではなくなってきた面も現れた。しかし，コストを削減するという方向性に変更はなく，アジェントリクスの重要性は高まり続けるだろう（スーパーマーケットニュースのHP，〈http://supermarketnews.com/news/wal_mart_0113/index.html〉，2010年9月7日アクセス）。

達の内容や現状について色々と教えていただいた。ここに感謝を申しあげる。もちろん，文責は筆者のみにある。

第7章

シジシーの国際商品調達

第1節　問題の所在

第5章ではウォルマートのリテールリンクについて，第6章ではGNXやWWREおよび両者が合併してできたアジェントリクスについて検討してきた。リテールリンクを利用するウォルマートは2002年に日本市場に参入し，市場参入を受ける日系大規模小売企業のイオンはアジェントリクスに参加して国際商品調達を行っている。これまでみてきたように，欧米系大規模小売企業に対抗するために，日系国内小売企業においても様々な方法により国際商品調達が進んできた。確かに，リテールリンクやアジェントリクスを利用しているのは大規模な小売企業が大半を占めている。

しかしながら，たとえ日本国内だけにしか店舗をもっていなくても，現代において国内生産されたものを調達するだけでは小売店を運営してはいけず，小売店同士の競争においても商品の差別化を図るという点からも国際商品調達を避けることはできないであろう。そのため，出店においては国際化していないような規模の小売企業においても，商品調達の点においては国際化が進展せざるを得ない。

そのため，本章では日本国内における中小小売企業に焦点を当てて，国際商品調達について考察する。日本国内において国際商品調達を独自に行っている代表例としては，日系中小小売企業により設立されたシジシージャパン（CGC Japan）を取り上げる。このCGCとはCo-operative Grocer Chainの略であり，会社名は「株式会社シジシージャパン」と表記されるのだが，簡潔化のため以下シジーシーと呼称する。

シジシーの組織は，1973年に設立された日本最大のコーペラティブ・チェーンであり，スーパーマーケット主体の三徳が主宰している。シジシーは，2005年に全国の中堅・中小スーパー217社が加盟，3,126店舗，加盟各社の年商合計3兆4,663億円と全国ネットの組織力をもち，シジシーブランドの商品を加盟企業に供給している。これらの加盟企業における標準的な仕入れ割合は，シジシーからの仕入れ8割，企業の独自仕入れ2割であり，シジシーからの仕入れは高い比率を占めている。

シジシー以外の日本におけるコーペラティブ・チェーンとして，私鉄系スーパーマーケットが結集した八社会や，中堅スーパーが結集した日本流通産業（ニチリウ），オール日本スーパーマーケット協会，セルコ，北海道内の中小小売業が結集したエイチジーシ，ホームセンターの共同仕入グループのDMCやCMA，全日食チェーンなどがある[1]。

シジシーをはじめとした日本におけるコーペラティブ・チェーンとは，小売業が主宰するチェーン本部に加盟して，商品の仕入や物流，在庫，広告宣伝などを協業することで規模のメリットを享受し，各小売店が効率的かつ共存ができるような体制を作って，大規模小売企業に対抗しようとするものである。ちなみに，卸売業などが主宰するチェーン本部に小売店が加盟して協業することをボランタリー・チェーンといい，日本では小売業が主宰するものも同様の呼び方をしているのであるが，アメリカでは小売業が主宰するものはコーペラティブ・チェーンと区別して呼ばれている。いずれにせよ，日本のコーペラティブ・チェーンは，中小小売企業が欧米系および日系の大規模小売企業に対抗するために，共同で国内外における商品調達や商品開発等

1　例えば，八社会（はっしゃかい）は1987年に私鉄系スーパーマーケット8社（小田急商事，京王ストア，京成ストア，京急ストア，相鉄ローゼン，東急ストア，東武ストア，アップルランド）により，PB商品の商品開発を強化するため，そして，国内商品および海外商品の共同開発と共同仕入などを推進するために設立されている。

を行う協働組織をさす。

これまで，小売業国際化というと，大規模小売企業を研究対象としてきた。もちろん，海外出店するという視点からは，中小小売企業における国際化の進展は難しい。しかしながら，商品調達においては，中小小売企業においても国際化は避けては通ることができない問題でもあり，国際化が進展しつつある。そのため，中小小売企業における国際化の代表事例としてシジシーを取り上げ，中小小売企業による商品調達における国際化の歴史および現状とその調達システムに焦点を当てて，国内中小小売企業の国際化について考察する。

シジシーを研究対象とする理由は，第1に，シジシーが日系国内小売業中心に参加しているコーペラティブ・チェーンのなかで最大手であるからである。第2に，シジシーが共同商品調達を企業戦略の中核に据え，効果的な国際商品調達を実現するために組織構造を変革しつつあるからである。

シジシーの本部取扱高は，図表7-1が示しているように，2010年には約7,375億円であり，1973年の設立当時における取扱高の約100億円から右肩

図表7-1　シジシー本部における取扱高の推移

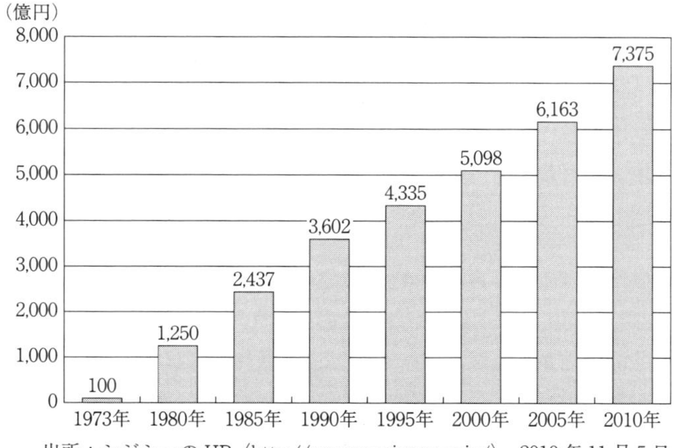

出所：シジシーのHP〈http://www.cgcjapan.co.jp/〉，2010年11月5日アクセスより筆者作成。

上がりに増大し続けてきた。とりわけ，小売業商品販売総額が減少した時も，シジシー本部取扱高は増加し続けている。このことからも，日系中小小売業におけるシジシーの役割と重要性が年々高まってきたということが分かる。

このシジシーを研究対象とする理由は，第1に，シジシーが日系国内小売業中心に参加しているコーペラティブ・チェーンの中で最大手であるからである。第2に，シジシーが共同商品調達を企業戦略の中核に据え，効果的な国際商品調達を実現するために組織構造を変革しつつあるからである。

以下では，日系中小小売企業の現状およびシジシーの取り巻く環境を明らかにするとともに，シジシーが成立および発展してきた背景を検討する。そして，シジシーの商品調達と情報戦略を明らかにしていく。

第2節　シジシーの歴史

この節では，シジシーを含む日系中小小売企業を取り巻く市場環境とその歴史について考察する。まず，総務省「事業所・企業統計調査」より，近年の日本における中小小売企業数の推移をみてみる。とりわけ，日本国内の企業数は，2000年ごろより競争が激化し，日系中小小売企業[2]を取り巻く環境が急激に悪化していることが分かる。中小企業庁による『中小企業白書2007年度版』の付属統計資料1表「産業別規模別事業所・企業数（民営）」内「(3) 会社ベース」によると，小売業における中小企業数は，2001年度

2　総務省によると中小企業は以下のように分類されている。「中小企業とは常用雇用者300人以下（卸売業，サービス業は100人以下，小売業，飲食店は50人以下），又は資本金3億円以下（卸売業は1億円以下，小売業，飲食店，サービス業は5,000万円以下）の会社とする。小規模企業は常用雇用者20人以下（卸売業，小売業，飲食店，サービス業は5人以下）の会社とする」。

に30万1,339社であったのに対し2004年度は26万7,470社に減少している。そのうち小規模企業は，2001年度に20万894社から2004年度に17万5,711社に減少しており，中小企業の中でも小規模企業の衰退が著しい。それに対し，大規模小売企業は2001年度2701社，2004年度2,659社であり，ほぼ横ばいの状態にある（図表7-2)。

図表7-2　日本における中小小売企業数の推移

		中小企業				大企業		合計	
				うち小規模企業					
産業	年	企業数	構成比（%）	企業数	構成比（%）	企業数	構成比（%）	企業数	構成比（%）
小売業	1999	304,017	99.0	200,420	65.3	2,949	1.0	306,966	100.0
	2001	301,339	99.1	200,894	66.1	2,701	0.9	304,040	100.0
	2004	267,470	99.0	175,711	65.0	2,659	1.0	270,129	100.0

出所：総務省「事業所・企業統計調査」2007年度版を再編加工して筆者作成。

小売企業取り巻く環境を検討すると，グローバル化が進展する中で大規模小売企業においても競争激化により買収や合併による大規模化および企業淘汰が起こり，売上高上位の企業による寡占化が進んでいる傾向にあり，その企業数は減少しつつある。もちろん，その傾向は日系小売企業においても同様である。

加えて，近年では，原油高等に起因する原材料費の高騰によって，大手メーカーは納入価格の上昇を小売企業へ要請することが増えており，もちろん，中小小売企業においては，仕入価格の値上がり分を価格転嫁できず利益が圧迫される。たとえ，もし中小小売企業がコストを商品価格へ転嫁できたとしても，それは売上高の減少につながり，いずれにしても経営は悪化してしまう。また，中小小売企業は経営悪化を打開するために，メーカーによる新商品や売れ筋商品を投入しようとしたとしても，大手コンビニエンスストアチェーンが最優先され，その新商品すら回ってこないことも多くある。このように，大規模小売企業は，ショッピングセンター，総合スーパー，食品スーパーの異なる多業態での出店やM&Aなどによりその力を拡大化しつつあり，中小小売企業はその脅威にさらされている。

そのような環境下において考えられたのが，共同仕入れや商品開発を協働で行うコーペラティブ・チェーンのような組織である。シジシーが1973年に設立された理由の1つとして，ある大手小売企業の圧力によりある日突然に取引先卸が納入をストップしたことがあげられる。それでは，より競争環境が激化している中で，日系中小小売企業はどのように生き残る手立てを模索しているのか以下で検討する。

第3節　シジシーの概要

シジシーは1973年に創業されたコーペラティブ・チェーンである。コーペラティブ・チェーンとは，基本理念として同じ理念・目的をもつ独立した意欲的な小売業者が協業した同志結合体の組織を掲げている。このコーペラティブ・チェーンに加盟する企業は，相互扶助の精神にのっとり，共存共栄を図るとともに，各々の有する経営資源を持ち寄り，商品，物流，システム，情報などを共有することで，個々の企業の利益とチェーン全体の利益の創出を図っていくことを目的としている。とりわけ，シジシーが志向するコーペラティブ・チェーンは，加盟企業の独自性を前提とし，各社の協業活動への積極的な参画により，総意をもって決定した共通の戦略課題に挑戦することで，個の利益と全体の繁栄を調和・発展させていくものである。

具体的にシジシーの会社概要をみていくと，2010年11月時点において，海外事務所としてシアトル・上海・バンコク・パリの4つをもち，物流拠点として日本各地に23カ所もつ，本部の取扱高は7,375億7,500万円の組織である（図表7-3）。さらに，シジシーは本社の他に，千葉・神奈川・北関東・新潟に支社をもち，加盟小売店を9地区に分けており，そこには224社の中小小売企業が加盟している。

図表 7-3　シジシー会社概要

社名	株式会社　シジシージャパン Co-operative Grocer Chain ＝共同で食料品を扱うチェーンの略
資本金	5億2,375万円
設立	1973年10月27日
本社所在地	東京都新宿区大久保2丁目1番14号
従業員数	344人
本部取扱高	7,375億7,500万円
業務内容	商品開発および商品供給 物流・情報支援 教育支援（各種研修会の実施，現場指導）
海外事務所	シアトル・上海・バンコク・パリ
支社	千葉支社（千葉県千葉市） 神奈川県支社（神奈川県平塚市） 北関東支社（栃木県下野市） 新潟支社（新潟県新潟市）
物流拠点	JDC: Joint Delivery Center（計14カ所）
	CGC北海道本部センター CGC東北本部センター CGC新潟JDセンター CGC北関東JDセンター CGC千葉JDセンター CGC神奈川JDセンター CGC北陸JDセンター CGC東海JDセンター CGC関西JDセンター CGC中国JDセンター CGC四国本部センター CGC九州JDセンター CGC南九州JDセンター CGC沖縄支社センター
	TC: Transfer Center（計4カ所）
	CGC山形TC CGC茨城TC CGC群馬TC CGC米子TC
	広域センター（計5カ所）
	CGC生鮮広域センター（川崎） CGC青果広域センター（お台場青海） CGCグロサリー広域センター（所沢） CGC東京チルド広域センター（東京） CGC神戸チルド広域センター（神戸）

出所：シジシーのHP〈http://www.cgcjapan.co.jp/〉，2010年9月6日アクセスを参考に，2010年11月22日のシジシーへのインタビューをもとに作成。

シジシーの物流拠点について詳しくみると，JDC，TC，広域センターの3種類に分類される。そのうち，JDCとはジョイントデリバリーセンターの略称で，在庫型のセンターであり，加盟企業のセンターまで一括配送もしくは店舗まで配送する。そのうち，本部センターとは，在庫型のセンターである。本部センターは原則的に，加盟企業のセンターへの一括納品で，各店配送をしていないので，JDCと分けている。そして，TCとはトランスファーセンターの略称であり，いわゆる通過型センターをさす。JDC，TCおよび本部センターはチルド，冷凍，常温の3温度帯に対応しており，チルド広域センターは，キムチ，チーズなどの日配商品を取り扱い，グロサリー広域センターは加工食品，菓子，日用雑貨の常温商品を取り扱う。その他，生鮮広域センターは冷凍の水産物を中心に取り扱い，青果広域センターは青果物を取り扱う。上記以外の海外商品については，広域センターに一括納品した後に，各JDセンターから各店に配送，もしくはTC経由で各店に配送される物流方式を採用している。

次に，シジシーの加盟企業についてみてみる。シジシーは加盟小売企業を地区ごとに分けており，北海道地区，東北地区，東海地区，北陸地区，関東地区，関西地区，中国地区，四国地区，九州地区のように区分し，2000年まで新規加盟には慎重な姿勢を取ってきた。その理由は，エリアが重なる加盟社間の軋轢を恐れたからである。つまり，同じシジシー商品が流れると差別化が失われてしまうためであった。しかしながら，中小小売企業は日系大規模小売企業や欧米系大規模小売企業の脅威に直面し，加盟店募集に対する取り組みが変わった。実際に，2006年度における大規模日系小売企業のイオンのグループ売上高は6兆円以上であり，セブン＆アイ・ホールディングスの売上高は5兆8,000億円である。それに対しシジシーは，加盟している小売業の売上高を合わせても3兆6,000億円にしかならない。そのような中で，シジシーにおいても規模の拡大を志向せざるを得なくなり，新規加盟を増やしていくことになっていった。その後シジシーは，2006年度に12社加盟し，2007年3月から9月までに11社が加盟し，2007年度10月時点で

239社となった（図表7-4）。ただし，2010年10月時点では，224社と若干減少している。

さらに，シジシーの本部売上高をみてみると，2006年度に6,274億円，2007年度には6,627億円，2008年度には7,095億円，2009年度（2010年2月期）には7,375億円となり，このことから，加盟店が増すとともに売上高

図表7-4①　シジシー加盟小売企業（その1）

北海道地区（11）	東北地区（12）	東海地区（24）	北陸地区（15）
ホームストア	青森県	愛知県	石川県
ラルズ	ユニバース	ハローフーヅ	ニュー三久
道東ラルズ	マエダ	カネスエ	マルエー
道北ラルズ	秋田県	ニューライフフジ	ナルックス
道南ラルズ	タカヤナギ	シバタ	佑企
福原	伊徳	ヤマトストアー	マルゲンセンター
ホクノー	岩手県	えぷろんフーズ	大丸
ピュア食品	ベルプラス	スーパーヤオスズ	安達
ふじ	マイヤ	三河屋	福井県
中央スーパー	ジョイス	シジシー・ショップ東海	ハニー
北雄ラッキー	宮城県	静岡県	ながすぎ
	宮城スーパーマーケットグループ	主婦の店（浜松店）	かじ惣
	モリヤ	スーパーいしはら	きくかわ
	和興	丸加総産業	若狭産業協同組合
	佐市	遠鉄ストア	富山県
	ウジエスーパー	岐阜県	アルビス
		サンマート	丸圓商店
		主婦の店高山店	大阪屋ショップ
		スーパーチェン主婦の店中津川店	
		玉野屋	
		三重県	
		マルヤス	
		主婦の店（尾鷲）	
		主婦の店アルファ	
		ニューライフ	
		ぎゅーとら	
		喜久屋	
		一号館	

図表 7-4②　シジシー加盟小売企業（その2）

関東地区（105）			
東京都	千葉県	群馬県	長野県
三徳	主婦の店いしわたり	フレッセイ	ツルヤ
オリンピック	カワグチ	スーパー丸幸	ニシザワ
スーパーヤマザキ	おどや	鳥忠	キラヤ
桝屋（マルフジ）	NSC ストア	前橋スーパーマーケット	タケダストアー
福助	尾張屋		第一スーパー
カドヤ食品	ランドロームジャパン	山梨県	山形県
さえき	主婦の店（袖ヶ浦）	オギノ	ト一屋
ヤマイチ	ハヤシ	日向	主婦の店鶴岡店
セレクション	千葉スーパーマーケットグループ	静岡県	郷野目ストア
トップ		サンフレンド	うめや
保土田	根岸商店	スーパー安藤	おーばん
信濃屋食品	ハローマート	スーパーラック	福島県
成城石井	ナリタヤ	フジマキ	リオン・ドールコーポレーション
三和	ミヤスズ	カネハチ	
ナショナル物産	埼玉県	ベストメイト	マルト
原商店	マミーマート	タカヤナギ	わしお
龍生堂本店	タジマ	静鉄ストア	ブイシージー
神奈川県	丸武	カドイケ	スーパー鎌倉屋
ヤオマサ	サンマルシェ	三善	主婦の店サンユー（須賀川）
ゆりストア（百合丘産業）	マルチョウストアー	ひのや	
	ショッピングひまわり	栃木県	新潟県
スズキヤ	スーパーマルヒロ	ヤオハン	原信
たまや	中村ストア	福田屋百貨店	玉木フードセンター
ウィズ	おがわや	八百半フードセンター	マルイ
小田原百貨店	マルヤ	フレール	ウオロク
やまか	茨城県	さかいりショッパーズ	イチコ（一小）
横浜市スーパーマーケット共同組合	結城ショッピングセンター	サンユー	ナルス
		新優本店	
八広商事	セイミヤ	ダイユー	
エイヴイ	タイヨー		
スーパーやまだ	サンユーストア		
協同組合横浜市中小食品スーパー連合	スーパーマルモ		
	かわねや		

図表 7-4 ③　シジシー加盟小売企業（その3）

関西地区（20）	中国地区（16）	四国地区（8）	九州地区（23）
大阪府	広島県	高知県	福岡県
スーパーサンエー	ユアーズ	サンプラザ	丸和
ラリーズ	フレスタ	くりはら	西鉄ストア
セルフ大和	スーパーふじおか	土佐山田ショッピングセンター	九州スーパーマーケットグループ
マルヤス	三和ストアー		
トーエイ	藤三	全高知スーパーチェーン本部	ダイキョープラザ
マイヨール	スパーク		辻本商店
ショッピングセンター池忠	岡山県	須崎スーパーストア	サイキ
	中国経営合理化チェーン	徳島県	永野
ベルファ		阿波食	佐藤
京都府	マツサカ	愛媛県	佐賀県
なかむら	マルイ	エフコ	まいづるスリーナイン（まいづるナイン）
丸善商店	島根県	協同組合四国スーパーマーケットグループ	
神崎屋	キヌヤ		
奈良県	ウシオ		長崎県
吉野ストア	みしまや		東美
いそかわ	ヤマダヤ		熊本県
滋賀県	山口県		熊本スーパーマーケットグループ
マルゼン	中央フード		
フタバヤ	大和		西紅
和歌山県	ユアーズ・バリュー		大分県
たかす			サンライフ
兵庫県			宮崎県
主婦の店赤穂店			大浦
トヨダ			鹿児島県
銀ビルストアー			山形屋ストア（やまかたや）
リベラルスーパーチェーン			
			大和
			なりざわ
			シージーシー南九州センター
			ダイマル
			ニシムタ
			沖縄県
			金秀商事
			リウボウストア
			丸大

出所：シジシーのHP〈http://www.cgcjapan.co.jp/〉，2007年11月5日アクセスを参考に筆者作成。

図表 7-5 ボランタリー・チェーン加盟店売上高

(単位：億円)

	本部	2000年 加盟企業数	2000年 加盟店舗数	2000年 本部売上	2000年 加盟店売上	2000年 総売り場面積(千 m^2)	2006年 加盟企業数	2006年 加盟店舗数	2006年 本部売上	2006年 加盟店売上	2006年 総売り場面積(千 m^2)	2007年 加盟企業数	2007年 加盟店舗数	2007年 本部売上	2007年 加盟店売上	2007年 総売り場面積(千 m^2)	2008年 加盟企業数	2008年 加盟店舗数	2008年 本部売上	2008年 加盟店売上	2008年 総売り場面積(千 m^2)
日本スーパーマーケット協会（JSA）	東京	111	4,835	—	42,673	—	524	5,609	—	56,493	—	518	5,781	—	60,124	—	504	7,128	—	60,290	—
日本生協連	東京	669	2,541	2,784	33,321	1,638	499	1,077	3,739	33,909	1,160	499	1,059	3	34,146	1,136	491	1,046	—	34,232	1,186
CGC	東京	221	2,953		30,926		219	3,103		34,537		220	3,322		38,412		225	3,460		39,985	
	関東	113	1,250		14,911		103	1,338		16,617		106	1,428		18,592		107	1,462		19,321	
	北海道	10	216		2,555		10	226		2,812		8	213		2,746		8	218		2,822	
	東北	8	351		2,669		9	255		3,168		10	302		3,704		10	260		3,173	
	新潟	5	90		1,082		—	—		—		—	—		—		—	—		—	
	東海	18	181	5,098	2,004	—	23	233	6,274	2,390	—	21	254	6,627	2,710	—	24	279	7,095	2,835	—
	北陸	9	90		809		14	216		2,189		14	211		2,219		14	211		2,236	
	関西	25	206		1,847		21	180		1,504		17	157		1,416		16	153		1,495	
	中国	17	186		2,406		17	270		2,453		17	280		2,497		17	286		2,542	
	四国	—	—		—		8	65		496		9	58		489		9	65		532	
	九州	16	283		2,643		14	320		2,908		18	418		4,147		20	524		5,259	
ニチリウグループ	大阪	19	1,389	2,556	24,309	3,290	19	1,575	2,268	27,251	3,677	19	1,571	2,406	27,453	3,621	21	1,713	2,492	29,715	4,112
オール日本スーパーマーケット協会	大阪	74	1,214	1	15,731	1,640	64	1,165	—	16,353	1,893	61	1,132	—	16,043	1,831	60	1,133	—	16,124	1,857
Aコープチェーン	東京	467	1,182	—	7,129	610	16	461	—	2,830	333	16	464	—	3,259	334	17	519	—	3,312	342
全日本スパー本部	愛知	12	1,620	10	2,978	271	8	683	—	—	141	7	570	—	—	68	—	—	—	—	—
全国セルコ・グループ	東京	61	449	170	4,500	—	58	649	13	6,109	—	57	562	6	6,000	—	52	442	—	5,000	—
全日食チェーン	東京	—	1,637	961	2,796	—	—	1,749	845	3,000	—	—	1,703	803	3,000	—	—	1,789	869	3,300	—
ナフコチェーン	愛知	8	105	98	1,633	69	7	49	28	464	75	6	46	29	500	75	6	45	28	510	75
丸正食品チェーン	東京	—	—	—	—	—	20	41	240	446	21	20	38	203	423	21	16	30	150	395	21
HGCグループ	北海道	61	106	122	487	65	38	59	117	179	—	33	53	118	181	—	32	52	114	175	—

出所：商業界『日本スーパー名鑑』2000年度版，2006年度版，2007年度版，2008年度版および，シジシーのHP，〈http://www.cgcjapan.co.jp/〉，2010年9月6日アクセスを参考に筆者作成。

＊シジシー本部東京とは関東中央グループをさし，関東は関東内の支社を集計した関東地区の支社を集計している。シジシーでは，地区支社と中央グループは異なった位置づけのため，以上のように集計している。

も増加していることが分かる。シジシーとその他の日系ボランタリー・チェーン本部売上高を2008年で比較すると，シジシーに次いで2位のニチリウグループは2,492億円であり，3位の全日食チェーンは869億円である。このように，シジシーは本部売上高からみても2位以下を大きく引き離しており，現代において日系中小小売業による組織化された代表的なコーペラティブ・チェーンといえるであろう（図表7-5）。

そして，2010年10月時点において，シジシーの加盟企業は224社で3,702店舗，売上高合計が4兆2,741億円，総従業員数が16万人となり日本を代表とするコーペラティブ・チェーンとなった[3]。シジシーを構成している加盟企業の内訳を詳しくみてみると，年商500億円超企業が8%を占め，年商100億円超から500億円未満企業が34%を占め，年商100億円未満企業が58%を占めていることが分かる。このようにシジシーを構成している企業の規模は，年商100億円未満という中小スーパーマーケットが半分以上を占めており，シジシーは中小小売企業における重要な共同調達機関の役割を果たしている。ただし，シジシーは中小小売企業の集まりではあるものの，加盟企業規模は3,000億円から10億円と企業間の規模には大きな幅がある（図表7-6）。

図表7-6　シジシーにおける加盟企業規模と比率（2010年10月）

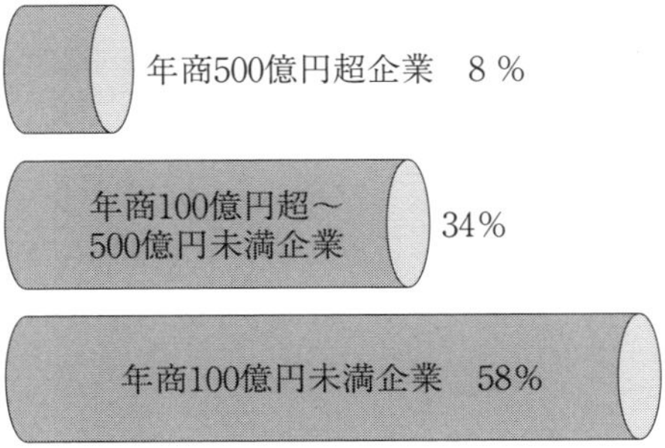

出所：シジシー内部資料。

3　シジシー，2010年11月22日インタビューより。

図表 7-7　シジシーの売上高構成比

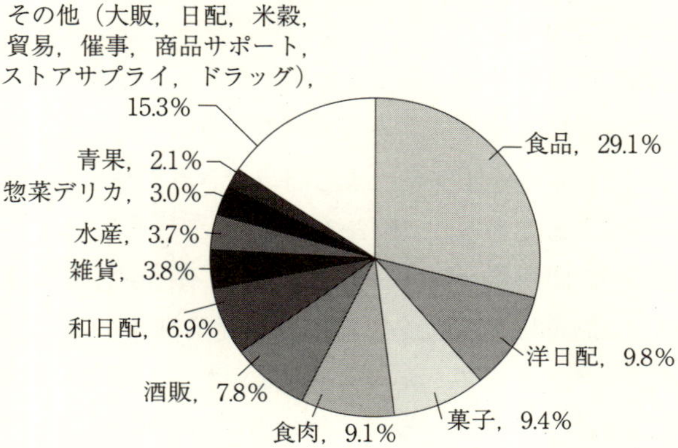

出所：シジシーの HP〈http://www.cgcjapan.co.jp/〉，2010 年 9 月 6 日アクセスを参考に筆者作成。

また，シジシーのコーペラティブ・チェーンは緩やかな連結であるため，加盟各社の独自性が保たれるという点においては良い反面，加盟社の数だけやり方が異なっており，標準化および統一化するのが困難であるという問題点をもつ。しかしながら，加盟企業の規模の違いこそあれども，シジシーが日系中小小売企業において重要な共同仕入れと共同開発を担う組織であることは間違いない。

それでは，シジシーの共同仕入れと共同開発についてシジシーにおける売上高構成比から詳しくみていくことにする（図表 7-7）。図表 7-7 においては，取扱商品ごとに売上高を示している。この売上高構成比のうち，食品が 33.6％と 1 番多くを占め，次に洋日配 11.4％，食肉 10.7％，菓子 10.7％，和日配 8.7％，酒販売 7.6％水産 4.2％その他 3.4％，惣菜デリカ 2.7％となっている。

シジシーにおいて，このような取扱商品はどのようなシステムで仕入れ，調達され，加盟店に配達されているのだろうか。そこで，シジシーの協働システムの詳細をシジシーの経営戦略内容からみていく。シジシーの経営戦略は大きく4つに分かれている。それは，商品調達戦略，物流戦略，情報戦略，教育支援戦略である。第1に，商品調達戦略については，シジシー独自のPB商品の開発と一流NB商品の集中仕入れを行っている。第2に，物流戦略は商品を店頭までいかに効率的に届けるかを追求し，物流の拠点作りを行っている。第3に，情報戦略は企業間での情報インフラの整備，情報の共有化を進める事業である。第4に，教育支援戦略として加盟企業の従業員向けの教育，店舗運営に必要な情報の提供，共同販促などを行っている。教育支援戦略として，教育支援チームを発足，階層別教育制度の再構築として「スーパー大学」を設立している。また，店舗の什器，備品，作業衣，エコバック，各種消耗品の集中化によるコスト削減，食品衛生管理強化のバックアップシステム，PL改善のための経営・財務相談室を新設してサービス向上を図っている。

しかしながら，日系中小小売企業において，上記にある4つの経営戦略のうちどれか1つの戦略があれば上手く運営できるというのではない。シジシーは，商品調達戦略，物流戦略，情報戦略，教育支援戦略という4つの戦略を組み合わせることにより，大規模小売企業との競争に立ち向かおうとしているのである。

従来，大規模小売企業と中小小売企業との間にNB商品の仕入価格差がほとんどなかったこともあり，大規模小売企業と中小小売企業との間で価格競争についてはあまり注目されることはなかった。しかしながら，自社センターをもち，メーカー直接仕入れを強力に推進する国内企業も現れるようになったため，シジシーはPB商品のみならずNB商品の調達も強化することを考えざるを得なくなっている。また，情報通信技術の進展により，効率的な経営という点から，大規模小売企業と中小小売企業との間に差が生じている。とりわけ，商品調達戦略が情報通信技術と密接な関係をもつことから，情報化投資が可能な大規模小売企業と，その資金も少ない中小小売企業との間に大きな格差が生まれている。

そのような中で，シジシーは差別化のために共同でPB商品開発を行い，大手メーカーに対し交渉力を強化させてNB商品を確保するために共同で商品仕入れを行う，いわば日系中小小売業の商品調達機関としての役割を果たしているのである。そのため，以下ではシジシーの商品調達に焦点を当てて考察していく。

第4節　シジシーの国際商品調達

シジシーに加盟する日系中小小売企業は，大規模小売企業に対抗するために，商品の差別化と商品の仕入れ確保のため，シジシーという商品調達機関を利用している。現代においては，たとえ海外出店をしていないとしても，国内商品のみを調達すればよいわけではない。そこで，日系小売企業における調達の国際化について考察していく。

これまでみてきたように，シジシーは設立以来，日系中小小売企業の商品調達戦略の一部を担ってきた。とりわけPB商品開発・製造・供給ということに重点をおいてきた。例えば，PB商品の販売額についてみてみると，2006年度の販売額において，イオンのトップバリューが2,200億円であるのに対し，シジシーは約2,000億円であった。大規模小売企業であるイオンのPB商品販売額と中小小売企業の集まりであるシジシーのPB商品との売上規模は拮抗している。

加えて，シジシーにおける商品開発を行う人員はトップバリューの約2倍の200人おり，アメリカ，中国，フランスに駐在事務所をもち，17カ国で生産している。その開発範囲は，食品全般から日用品にまで及んでいる。商品開発を行う際には，毎月開催される国内8地域における商品部会で加盟社からの要望を集め，それを上位会議である全国開発会議において検討した上で開発商品を決定している。PB商品開発のための全国開発会議は，2010年11月時点において，青果，食肉，水産，和日配，洋日配，惣菜，食品，菓子，雑貨，酒類，米穀鶏卵，大販，共配の13部門に分かれて行われている。

この全国開発会議において決定された開発予定の商品については，商品設計からメーカーの選定・交渉・工場のチェックまで，シジシーの担当者と加盟社代表バイヤーと2人で行っている。とりわけ，メーカーの選定に関しては，取引企業先などから情報収集した後に海外の現地を直接訪れて選定と交渉を行うとともに，さらに必要であれば日本向けの商品に合うように指導・教育まで行うことにより品質を保つ努力を行っている。

実際に，牛肉においては，アメリカ工場に対し，日本市場向けに合うように部位・大きさ・カッティング形状まで細かく指定しするのみならず，1年間かけて直接指導と教育を行うといったように，単に調達しているのではなく，製造部門にも大きく関与しながら商品を調達している。こうした結果，PB商品は以前と比べて品質も改良されて上質な商品が作られるようになってきている[4]。

上記のように，シジシーはPB商品の商品開発および調達について注力して取り組み続けてきた。しかしながら，現代の商品調達戦略においては，売り切るために何をすべきか，もしくは協業活動の深さと広がりを追求するにはどうすれば良いのかなど戦略の対象範囲が拡大しつつある。加えて，PB商品の開発だけでなくNB商品の安定供給ないし，納入価格引き下げも追求するようになった。

例えば，2010年2月期におけるシジシーの本部取扱高7,375億円のうち，PB商品の仕入高は2,550億円であり，NB商品の仕入高は1,077億円を占める[5]。このPB商品開発は1975年からはじめられ，1986年の加盟企業が売上高2兆円を超えた。この1986年以降，シジシーの商品調達戦略においてPB商品開発の活動が重視されるようになり，その傾向は2010年2月時点まで続いている。そのため，シジシーにおけるPB商品の開発と調達はその歴史も長く，ノウハウや知識の蓄積も多い。

それに対し，NB商品の共同調達についての取組みは，1992年以降に行わ

4 シジシー，2010年11月22日インタビューより。
5 同上。

れるようになっており，まだ発展途上段階である。シジシーのNB商品調達については，加盟企業から組織した全国協力会を中心として行われている[6]。この全国協力会とは，シジシーにおいてNB商品の集中購買化を検討および推進するために作られた組織であり，2010年11月現在，食品メーカー15社，菓子メーカー12社，日用雑貨メーカー6社の合計33社，加盟小売企業112社（売上高合計2兆6,300億円）と，指定卸売企業である菱食，明治屋商事，日本アクセスと地域卸売企業数社から構成されている。

このような流れの中で，シジシーにおいても加盟店企業間における需要集約を行う方法を模索しはじめることになる。例えば，NB商品の売れ筋主要商品を年間52週通して週替わりで売り込む販促企画を行ったりしている。また，グループ内グループの結成を目標としており，最終的に300店または3,000億円の売上規模単位にて全国10カ所ほどにグループを作りあげて，その中で需要集約を行うとともに共同商品調達をしようと試みている。

つまり，中小小売企業が集まることにより3兆円のバイイングパワーを最大限に引き出すことと，3,000億円の単位により物流ユニットとしても効率化を図ろうとする取り組みである。さらに，新たな試みとして店舗の什器，備品，作業衣，エコバック，各種消耗品の集中化によるコスト削減を行っている。また，食品衛生管理強化のバックアップシステムを行い，PL改善のための経営・財務相談室を新設するなど，加盟社に対するサポートを強化している。

これまでシジシーにおける商品調達についてみてきた中で，共通点として，PB商品とNB商品の両方ともスケールメリットの追求を重視するようになってきたことがあげられる。とりわけ，大店法が廃止された2000年以降に大手の出店攻勢が急激に増加したためである。

また，大規模小売企業であるイオンが規模を拡大し自社センターをもつとともに，メーカーからの直接仕入れを強力に推進するようになり，仕入原価

6　シジシー，2010年11月22日インタビューより。

に大きな変化が起きている。例えば，定番の売れ筋商品は，一般にどのスーパーにおいても同様であり，その品数は500品目といわれている。そうすると，売れ筋商品をいかに安価に調達するかが鍵となる。

その際，大手並みの原価で仕入れるようにしなければ，中小小売企業1社では大手小売企業に対抗することが困難である。そのため，近年，シジシーにおいても定番商品の集中仕入れも推進するように変化してきた。

そこで，シジシーはスケールメリットを追求するため，例えば売れ筋を1週間大量販売するエンドプロモーションや季節ごとの新商品の需要集約化を行っている。また，参画メーカー36社が発売する新商品1,000品目の中から，代表バイヤーが70品目に選定して集中仕入れを行っている。これによりシジシーは，早期導入と有利な納入価格を実現させている。さらに，2010年において年間企画商品が100回以上となり，商談も1回につき5万～30万ケースと増量している。

このように，シジシーおいては，NB商品はもちろんPB商品のどちらの商品調達力も強化していくために様々な対策を行ってきた。今後のNB商品

図表7-8　シジシーにおけるPB商品ブランド（2010年10月）

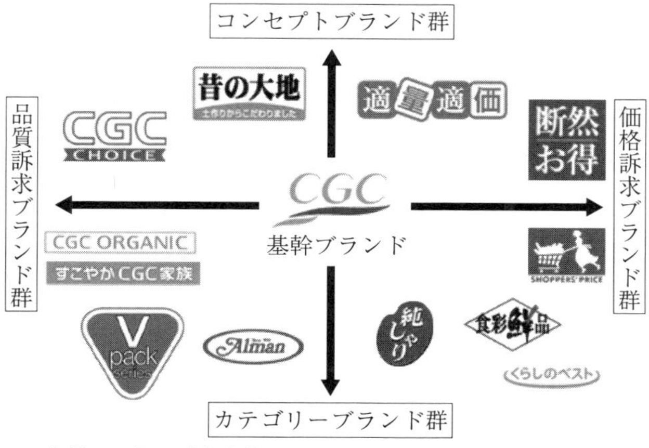

出所：シジシー内部資料。

調達対策としては，需要集約の推進と共同調達の強化があげられる。そして，今後のPB商品における課題の１つとしては，PB商品のブランド管理とブランド強化があげられる。2010年11月時点において，シジシーのPB商品ブランドは，「シジシー」，「断然お得」，「食彩鮮品」，「適量適価」などブランド名が13個もある（図表7-8）[7]。

シジシーのPB商品ブランドは，加盟店からの要望に応えるためにブランドが次々に作られてしまい，ブランド数が増えてしまうと共に違うブランド名との住み分けが分かりにくくなってしまっている。そのため，ブランド内容を明確にして再分類する，もしくはブランド数を絞り込むなどして分かりやすくするなど，ブランド管理をしていく必要があるだろう。

近年，PB商品調達の戦略に加えて，シジシーは新たに資材調達にも取り組みはじめた。シジシーによると，2010年にはレジ周り消耗品の調達を行い，それによるレジ袋は20-24%のコスト削減率となった。その他，ロールポリ袋が30-36%，そして割り箸は22-46%のコスト削減を実現した。シジシーにおけるレジ周りの消耗品資材の年間購入推定額は，レジ袋22億円，割り箸３億円，ロールポリ袋９億円であり，多くのコスト削減が期待できる。さらに，一層のコスト削減を目指し，例えばレジ袋については，スペックの統一とデザインの集約を行うとともに国外の２カ国で生産し，月間20コンテナを目標に調達している。さらに，割り箸については，サイズを短くしてスペックの統一を行い，月間1.5コンテナを目標に調達し，ロールポリ袋は月間４コンテナを目標に調達している。このような資材調達は，2010年10月時点において関東のみで行われたが，全国へ対象商品も拡大していく予定であるという[8]。このように，シジシーはPB商品や資材において，国内調達ではなく，積極的に国際商品調達を行っている。

7　ブランド名をCGCに統一し，ロゴマークを一新する方針である（シジシーのHP，〈http://www.cgcjapan.co.jp/〉，2007年11月5日アクセス）。

8　シジシー，2010年11月22日インタビューより。

図表 7-9　シジシーにおける国内調達・国外調達比率

代表的なカテゴリー	国内調達	国外調達
食肉	65%	35%
加工食品	86%	14%
酒類	84%	16%
調達全体	75%	25%

代表的な商品	国内調達	国外調達
鮭	3%	97%
えび	0%	100%
まぐろ	0%	100%

出所：シジシー内部集計数値をもとに筆者作成。

シジシーにおける国際商品調達において特徴的な点は，取引に関しても日系企業を間に挟まずに，自社で海外生産および国外商品調達を行っていることである。シジシーは，海外事務所 4 カ所（シアトル・上海・バンコク・パリ PB）をもち，とりわけ PB 商品は海外の 17 カ国から調達を行っており，シジシーの国外調達比率は全体の 4 分の 1 を占める（図表 7-9)。具体的に，国外調達比率の高いものをみてみると，その多くは水産品であり，鮭は 97 %，えびとまぐろは 100% を国外から調達している。さらに，2010 年 10 月現在，世界規模で需要が増加している水産品については，安定供給基地作りが求められており，海外大手企業と直接取り組むことにより安定供給，高品質，価格メリットを実現できるように力をいれている。

このような，国際商品調達において避けて通れない課題として，海外で生産された商品をどのように日本の店舗まで運ぶのかというロジスティクスがある。シジシーのロジスティクスは，シジシーの物流戦略委員会により決定されており，日本国内の物流戦略として，シジシーグループ内において全国最適物流拠点の整備に取り組んでいる。その取り組みの 1 つとして，共同利用型の集配センターの設置を掲げ，日販品集配センターの整備から始めた。当初は，専門業者へ委託してセンター長などスタッフとしてシジシー社員を派遣してノウハウを取得した後に，自社で生鮮，冷凍，グロサリーのセンターを作っていった。その後，2007 年 10 月以降には，グロサリー，チルド，冷凍の 3 温度帯の在庫と共同配送の 2 つの機能をもつ統合センター化構想を進めてきた。これらの戦略により，例えば，関東には 8 カ所にあったセンタ

図表 7-10　シジシーグループの国内物流ネットワーク（2010年10月）

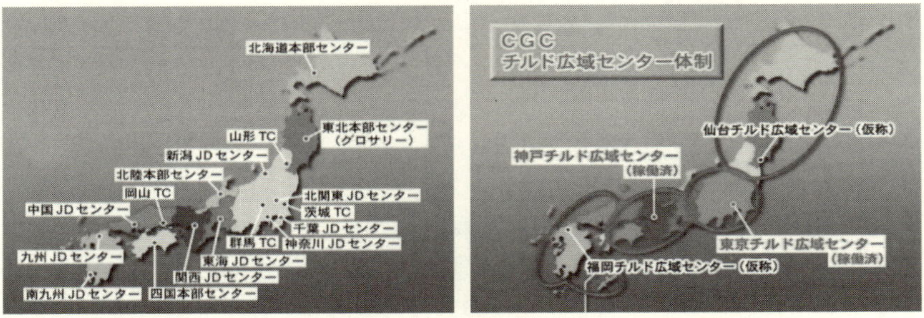

注：上段の地図に加えて沖縄支社センターがある。
出所：シジシー内部資料。

ーを，神奈川，千葉，などの3カ所に集約することにより，1,000億円のコスト削減が可能となり，以前より効率的な物流に整備されてきた。2010年10月時点は，在庫型センター14カ所，通過型センター4カ所の合計18カ所，チルドセンター全国2カ所の物流ネットワークである（図表7-10）。

そして，シジシーは国際物流戦略として，海外から調達された商品を韓国の釜山港に一旦集め，釜山港をハブ港として使用する方法を採用している。釜山港に集められた調達品は，一括して日本の横浜港に運び，その横浜港から全国指定問屋3社によって全国の加盟企業・加盟店へ配送している。今後，物流のスピード化・効率化を図るため，2010年11月時点においては，釜山港から全ての商品を一括して横浜港に運び込むのではなく，釜山港において商品を地域ごとに分類し，近隣地域の各港に直接運ぶ方式に順次変更している最中である。

シジシー加盟企業の大半は，中小企業であり自社でロジスティクスを行うことができない。そこで，ロジスティクスの課題を解決するために，釜山港をハブ港としながら，国内のロジスティクスに関しては，全国指定問屋などの専業業者に委託しながらも，シジシーが管理権限をもつ形式で店頭まで商品を運ぶ形式を採用している。

シジシーは，上記のような国際商品調達のみならず，情報化（および電子化）の先導的な役割も担っている。シジシーにおいて，2002年にIT戦略委員会が発足し，2007年現在，次世代標準EDI「流通ビジネスメッセージ標準」に取り組んでいる。次世代標準EDIは，経済産業省の主導で進められている流通システム標準化事業であり，日本チェーンストア協会と日本スーパーマーケット協会が中心となって行われている流通業界標準のデータ交換方式である。2007年11月には次世代EDIと連動できる商品マスターセンターが稼働し，2010年に標準EDIに完全移行する予定であると発表されている[9]。このシステムの特徴は，受発注データだけではなく，出荷，支払い請求など商取引にかかわる一連の各種データのやり取りを業界全体で標準化していることである。従来は，シジシー標準方式のEOS（電子発注システム）化を進めてきていた。しかし，この方式では画像データのやり取りができず，伝送速度が遅かった。シジシーが採用した標準EDIにより，取引先にデータ発注するのに1時間かかっていた通信時間が1分程度に短縮できるようになる。また，発注から出荷，受領，支払までの業務がシジシーEDIセンターで行うことができるようになった。

シジシーの情報戦略は，大きく標準化機能，データベース化機能，情報分析機能，情報共有機能，各加盟企業情報支援機能の5つに分類される。

①　標準化機能：これは流通業界全体で進められている「EDIの標準化」である。これによって，商取引の各種データ交換が格段に効率する。

②　データベース化機能：スーパーマーケット商品マスターセンターである。これは商品一品一品の基本情報のデータベース化をさし，シジシーの独自商品だけでなく，NBの新商品の登録，終売情報の検索などを瞬時に行うことを可能にするものである。

③　情報分析機能：この機能は「みんなのシジシーシステム」に内包されている。これはシジシーグループ独自のスーパーマーケット基幹業務を

9　シジシーのHP，〈http://www.cgcjapan.co.jp/〉，2007年11月5日アクセス。

支援するシステムで情報分析システムである。

④　情報共有機能：これは「シジシーシステム」に含まれる。シジシーグループ加盟店舗のPOSデータを毎日収集し，需要集約の役割を果たすものである。全国，地区それぞれの段階で情報共有が可能となる。販売状況を分析，お店の営業を支援するためのシステムである。

⑤　各加盟企業情報支援機能：これは「シジシー店舗営業情報システム」である。加盟企業ごとに販売状況を分析，コミュニケーションツール，POPツールがあり，各加盟企業の営業を支援するためのシステムである。

とりわけ，シジシーの販促ツールには「みんなのシジシーシステム」と「シジシー店舗営業情報システム」が使用される。例えば，「みんなのシジシーシステム」は，スーパーマーケットの業務支援用の総合パッケージであり，基幹システム，情報分析システム，コミュニケーションシステムツール，POPツールの4つを含み，2007年3月現在の導入企業は26社となっている。そして，「シジシー店舗営業情報システム」は加盟企業の店舗で蓄積される日々のデータを集め，データベース化している。これにより，各社が必要なときに必要な情報をタイムリーに分析・加工でき，WEBにて検索できるようになっており，2007年7月現在，159社1095店舗が登録し，加盟企業間での成功事例などの情報交換が行われている。

このようなシジシーシステムにより，加盟店企業は将来的にEDIを導入する場合に，大きなコストをかけることなく，大手企業と同じ水準のシステムを使用することが可能となる。その効果は3つあげられる。第1に標準仕様によるシステム導入と運用のコスト削減である。第2に高速常時接続による通信コストの削減である。第3に業務改善によるコスト削減である。

このようにシジシーは，中小小売企業における商品調達と情報化および電子化の役割を担っている。これまで，物流戦略と情報戦略を踏まえながら，シジシーの国際商品調達について考察してきた。現段階において，電子化の使用は全ての企業で積極的に導入されているとはいえないものの国際商品調達の進展段階の指標に照らし合わせてみると，シジシーは国外に自ら商品調達事務所を設置し，国外商品調達を本格化させている段階にあるといえる。

第5節　結　　語

本章は，日本における中小小売企業による商品調達機関の代表であるシジシーについて考察した。

シジシーは日系中小小売企業の商品調達において重要な役割を担っており，シジシーに加盟することにより日本国内販売を行っている中小小売企業においても，商品調達においては国際化が進展していることが確認された。シジシーにおける国際商品調達の段階は，第4章で示した6つの進展段階のうち，第4段階である国外の商品調達事務所を常設して自ら国外調達を行うことを中心としながら，第3段階の出張等によって国外の買付けなども含む。シジシーは釜山港を物流拠点にしているが，店舗運営は国内のみなので，第5段階である国外で調達したものを複数国間で横断して分配するような調達とは異なる。しかしながら，シジシーは4つの国外商品調達事務所をもち，現時点において世界的なネットワークを活用した世界最適調達の第6段階まで到達していないものの，世界最適調達へ向かっている。

この国際商品調達において課題となる物流に関しては，国外調達した商品を韓国の釜山港に集めて，釜山から横浜港へ横浜港から陸路で全国配送を行っていたが，2010年11月現在，国外調達した商品を釜山港に集めた後，釜山港から日本全国の地方港へ地方港から各地区の中核センターへ，地区の中核センターから地区内の店舗へ配送するというように，釜山港をハブとする物流網に変更している。さらに国内においても温度帯別の物流システムを整えてきている。さらに，シジシーはPB商品開発の際には，生産過程への積極的関与を行い，サードパーティー活用を含めたロジスティクスを強化しながら国際商品調達を行っている。

以上を踏まえて，木立（2003）において指摘された，国際商品調達の制約条件について考察を加えてみよう。木立（2003）による制約条件とは，商品の品質・鮮度管理，物流・在庫管理，アベイラビリティ，トレーサビリティと安全性の確保などに関わるロジスティクスを国際的なレベルで構築することであった。シジシーはこれまで，商品の品質・鮮度管理，物流・安全性の確保といった制約条件を克服する取り組みがみられた。ただし，在庫管理，アベイラビリティ，トレーサビリティといった制約条件の克服への取り組みもみられるが，十分であるとはいえない。今後は，より一層の改善を推し進める必要があるだろう。

シジシーによる国際調達の特徴は，その組織の成り立ちから，商品調達の国際化が先行しており，資材調達の国際化が後発となり2010年からであるという点にある。シジシーへ参加することにより日本国内販売を行う中小小売企業においても調達価格削減の効果を享受できるであろう。

しかしながら，シジシーの課題としては，コーペラティブ・チェーンの本質的な弱点があげられる。加盟社224社（2010年11月現在[10]）は緩やかな連結のもとにシジシーに加盟しているため，各企業の独自性が強く，加盟店全体における意見統一が難しいことがある。基本的に，加盟社の数だけ主張があり，足並みをそろえることが困難である。そのため，意思決定のスピードをあげ，需要集約を進めるなど効率をより高めるための仕組み作りが重要となるであろう。

今後は，「チャレンジ21構想」を進めると共にインフラを整備し，それをもとにグループの結束力をどのように上げていくのかが課題となるであろう。具体的にはまず，グループ内で需要集約し，NB商品の調達をすることが必要である。情報通信技術の利用により，システムや決済などが統合されて本社が身軽になり，本業により集中できるようになることが望ましい。東

[10] シジシー，2010年11月22日インタビューより。

海では，本部が商談を行い，3社分の商談を1本化したり，千葉でも5社の合同商談がはじまったりなど，各地域での需要集約化の動きがはじまっている。今後はさらに，本部と地域支部との有機的な融合が求められるだろう。

例えば，3兆円，4兆円規模など高額単位でしか仕入れができないものについては本部で集中仕入れを行い，地域ごとで行った方が良いものは地域で統合していくことが必要である。さらに地域ごとにも需要集約するために，地域ごとに3,000億円規模のグループ化を促すことにより，仕入原価と販売管理費を削減することが可能となるだろう。

シジシーは，すでにシアトル，上海，バンコク，パリに海外事務所を設立しており，国際商品調達の機能も果たしている。中小小売企業が海外出店することは困難であるが，競争力強化や差別化された商品を品揃えするためにも魅力的な商品を国内外から調達することは重要である。規模が小さく，バイイングパワーに欠ける中小小売企業が，大規模小売企業に対抗して商品調達をするためには，シジシーのようなコーペラティブ・チェーンを形成して，少しでも有利な条件を獲得するしかない。国内出店のみの中小小売企業においても調達国際化は，シジシーのようなコーペラティブ・チェーンを通じた国際商品調達によって進展している。

このように，シジシー自身には商品調達機能だけでなく，物流や情報，教育支援などの機能もある。しかしながら，コーペラティブ・チェーンとしての内在的弱みも抱えており，今後も大きな効果をあげられるかどうかについては注視していかねばならない。日本における他のコーペラティブ・チェーンや欧米におけるコーペラティブ・チェーンなどとの比較分析は今後の課題である。

【謝辞】

本章は，公刊されている文献・資料の他に，シジシーの内部資料およびインタビュー調査に基づいている。インタビューは，当時，グループナレッジ統括室室長の取締役である芹澤政満氏（2010年11月22日）がご協力してくれた。また，広報チームである菅原泰氏，グループナレッジ統括室の広報チームである水村真太郎氏も筆者の研究にご協力いただき，インタビュー後もメール等でシジシーの商品調達について色々と教えていただいた。ここに感謝を申し上げる。もちろん，文責は筆者のみにある。

終章

結論と残された課題

本書では，小売業の国際化を海外出店，国際知識移転，国際商品調達の3側面から捉え，とりわけ研究が遅れている国際商品調達について，ウォルマートによるリテールリンクや競合大規模小売企業によるGNXとWWREおよび両者が合併したアジェントリクスなどの電子商品調達システムを取り上げて，詳しく分析した。最後に，日本における中小小売企業のコーペラティブ・チェーンであるシジシーについても補足的に言及している。

終章では，本書の要約と意義，そして今後の課題を示したい。

第1節　本書の要約と意義

本書は2つのパートから構成されている。第Ⅰ部は小売業国際化研究の検討であり，第1章～第4章が含まれる。第1章では先行研究のサーベイを通じて，小売業国際化研究においてどのような課題が設定されてきたかということを明らかにした。そして第2章～第4章で，主要な問題点である海外出店，国際知識移転，国際商品調達それぞれについて論じた。第Ⅱ部は国際電子商品調達の実証研究であり，第5章～第7章で国際商品調達における電子商品調達（ウォルマートのリテールリンク，競合企業のアジェントリクス，中小企業のシジシー）について論じた。

第1章では，小売業国際化の先行研究を考察し，小売業国際化の研究史，その背景，定義，研究類型などを明らかにした。ドメスティック産業にとどまっていた小売企業が海外出店を開始した当初，海外進出要因研究と海外参入要因研究の2つが中心的な研究課題であった。小売業の海外進出要因は，プッシュ要因，プル要因，企業要因の大きく3つに分かれる。小売業の海外参入要因は，どの国・地域に進出するのかということのほか，どのような参入モード（グリーンフィールド，買収，合弁，フランチャイズなど）で進出するのかを決定する要因である。さらに製造企業において古くから議論されてきた「標準化―適応化」問題が，小売業においても重要な問題として論じられるようになったことを指摘した。

第2章では，小売業の海外出店の歴史を検討し，欧米系小売企業と日系小売企業の特徴を時系列で整理し，比較検討した。欧米系小売企業における海外出店と日系小売企業における海外出店の共通点は，海外出店の初期において地理的，社会的，文化的に近いところに出店先を選んでいるということである。一方，両者の相違点は，欧米系小売企業の海外出店は専門店業態の積極的な出店からはじまったのに対し，日系小売企業の海外出店は自国民の海外旅行者を相手とした百貨店からはじまる受身的な海外出店であったことにある。さらに，欧米系小売企業は20世紀初頭から国際化の継続的な深化を図っているのに対し，日系小売企業の国際化は1950年代末と遅くはじまった上に進展程度も見劣りする現状を示した。また，大規模小売企業3社（ウォルマート，カルフール，テスコ）の海外出店状況を明示した。

第3章では，小売業における国際知識移転の特徴と今後の展望を明らかにした。製造企業においては知識移転に関する研究蓄積があるものの，小売企業における同様の研究蓄積は必ずしも多くはない。小売業知識とは何をさすのか，どのような小売業知識を移転するか，小売業知識の移転方法としてどのようなものがあるのかを明らかにしながら，同時にその時代背景と関連性に言及している。小売業における知識移転は一方向であったものが双方向になっており，今後の展望として，小売業国際化の進展とともに本国と進出先国双方で知識獲得と知識移転を繰り返していくことを示唆した。

第4章では，小売業における国際商品調達について検討した。商品調達は消費者の代理購買という小売業の存立基盤であること，店舗やサービスなど模倣しやすいものが多い中で商品調達が重要な差別化要因であると主張し，国内販売のみを行う企業においても国際商品調達は避けて通れない課題となっており，小売業の競争優位と国際商品調達は深く関連していることを指摘した。その中でも国際電子調達は，コスト的・時間的・空間的な制約を大幅に解消し，情報共有や新規取引機会拡大などのメリットも有する。国際商品調達においては，ロジスティクスやSCMなどが重要な課題であることを指摘した。

第5章では，ウォルマートのリテールリンクについて検討した。ITの導入に積極的であったウォルマートは1991年，独自の商品調達システムであるリテールリンクを構築した。リテールリンクは，買い手がウォルマート1社に対し売り手が多数というシステムであり，閉鎖的なネット取引である。ウォルマートにおけるリテールリンクの効果には，調達価格削減の効果，欠品率削減の効果，在庫削減の効果などがあることを指摘した。ウォルマートは，リテールリンクというクローズなシステムを使用して取引先との関係性を維持しつつも，2008年9月以降，eマーケットプレイスというオープンなシステムを活用している。

第6章では，ウォルマートに対抗して複数の大規模小売企業が構築した電子商品調達システム，GNXとWWRE，および両者が合併したアジェントリクスについて詳述した。GNXは2000年2月，カルフールやシアーズ・ローバック，メトロなど巨大小売企業9社の商品購買連合として設立され，WWREは2000年3月，アホールドやアルバートソンズ，テスコ，イオンなど56社の商品購買連合として設立された。両者は2006年5月，電子商品調達の効果をより上げるために合併してアジェントリクスになったが，2008年にはブラジルの投資会社が最大株主となり，株主と参加企業が切り離されたためよりいっそうオープン化された。アジェントリクスは，調達価格削減，コミュニケーションコスト削減，取引透明性の向上などの効果があることを指摘した。

第7章では，日系中小小売企業のコーペラティブ・チェーンとして1973

年に設立されたシジシーと，その国際商品調達を検討した。2005年現在，加盟各社におけるシジシーからの標準的仕入れ割合は8割に達しており，2010年11月現在，加盟企業数は224社，本部取扱高は7,375億円，売上高4兆2,658億円である。シジシーは独自のPB開発も行い，海外17カ国から調達し，海外4カ所にも事務所を設け，商品全体の4分の1を国際商品調達している。シジシーは生産過程への積極的関与を行い，サードパーティー活用を含めたロジスティクスの強化を進めながら国際商品調達を行っていることを明らかにした。

本書における分析視角は，第1に商品調達の国際化がどのように進展しているのか，第2に電子商品調達の市場がどのような特性をもつのか，第3に電子商品調達がどのような影響をあたえるのかであった。第Ⅱ部における実証研究から，小売企業における国際商品調達の進展について整理したものが図表終-1である。

ウォルマートの国際商品調達は，リテールリンクやアジェントリクスの活用，および中国への海外出店を契機に行われてきた。そのため，ウォルマートの国際商品調達の進展段階は，第5段階である複数の国を横断して行う国際的な商品調達の段階に位置し，今後は，第6段階である世界最適調達に向けて進んでいる段階にある。

アジェントリクスは，活用の方法により国際化の進展段階が異なり，第2段階から第6段階まで広範囲にわたる。取引相手により第2段階から，第4段階である国外の商品調達事務所を常設して行う国外調達と同様な効果を得られることが可能になった。また，電子調達市場を通じて自ら物流網を手配することにより，自社で全ての資本を投下することなく，第6段階である世界最適調達を達成できる可能性をも含む。ただし，利用する各社の調達戦略や調達担当者の裁量，および国際ロジスティクスの管理能力によって進展段階が大きく異なる。

とりわけ，アジェントリクス・エーピーを利用している日系小売業の取引実態をみると，日本語の仕様書をもとに調達を行うため，日本語が理解でき

図表 終-1　小売企業における国際商品調達の進展段階

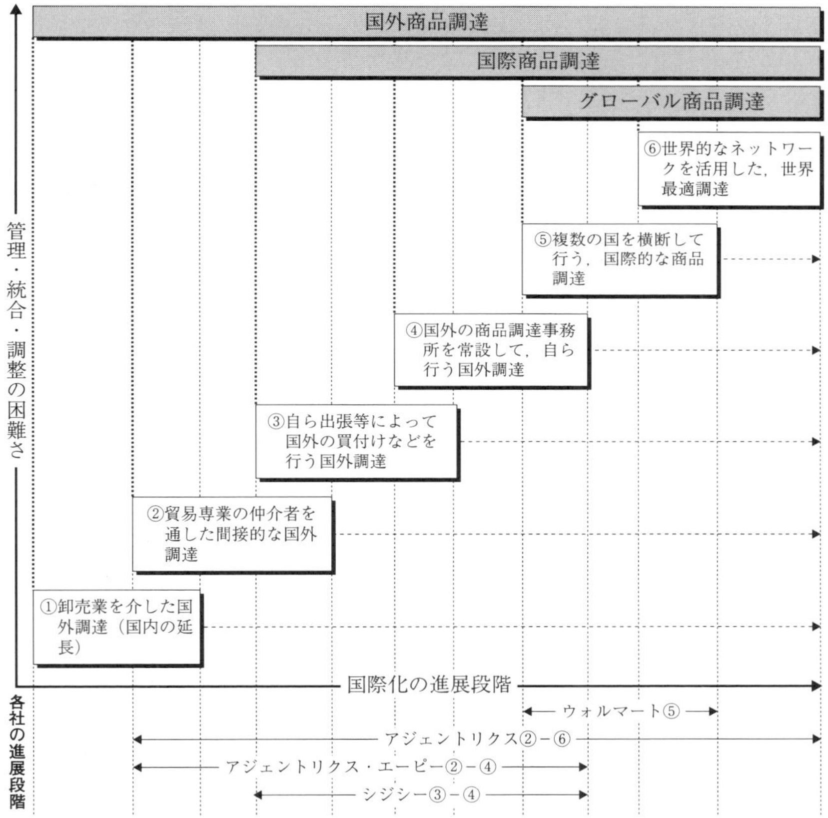

る国外取引先や仲介業者を介することも多かった。また，国際ロジスティクスにはほとんど関わっていないため，複数の国を横断して行う取引はみられなかった。そのため，アジェントリクス・エーピーの国際商品調達の進展段階は，第2段階から第4段階にとどまっている。

そして，シジシーは国内店舗運営しかしていないにも関わらず，自ら出張等によって国外商品の買付けをし，国外の商品調達事務所を設立し，国外生産先へ生産技術提供を行うなど生産関与も行いながら，国外調達に積極的かつ本格的に取り組んでいる段階にある。そのため，シジシーの国際商品調達は第３段階も含みながらも，第４段階を中心とした進展段階あり，世界最適調達の段階に向けて進んでいる。

電子商品調達の市場は，ウォルマート，GNX・WWRE とアジェントリクスの動向から，市場のクローズ化が優位であった時代からよりオープン化志向へと変化している。また，電子商品調達を利用することにより小売企業は，調達価格削減の効果，コミュニケーションコスト削減，情報共有の効果，新規取引機会拡大の効果，取引透明性の効果，経営スピードの向上させる効果を享受することができる。

このような電子商品調達により，企業間関係は情報共有によって協調関係が深まりつつも，オークションなどにより企業間の摩擦や対立が強くなるという相反する２つの側面がみられた。それにより，取引の透明性が向上し，既存の取引相手でありながらも，多少の緊張関係をもちながらも協調する企業間関係に変化した。また，国際電子商品調達機関は，小売業において商品調達の国際化を進展させていることが明らかになった。

このように，本書では，小売業国際化研究において国際商品調達を中心に据えて，これまでほとんど研究されることがなかった小売業の国際電子商品調達について，国内外の文献やインタビューなどを通して詳細に明らかにした。

本書の意義は，以下のような点にあると考えている。

第１に，研究の新規性である。それは，国際商品調達の現代的特徴である国際電子調達に焦点を当てて，その形態や特徴，および実態解明に挑戦している点である。国際商品調達の研究蓄積は，それほど多くない。いわんや，新しい商品調達形態である国際電子調達については，電子商取引というシステムの性格ゆえに，表からはみえづらかった。そのため，これまで電子商品調達機関の名称が書かれたことはあるが，詳細に説明している文書は筆者の知る限りほとんどない。事例に取り上げたアジェントリクス企業内においても合併後の組織であるため，電子調達機関の成り立ちから設立後の歴史や内容について書かれた文書はない。本書は，電子商品調達機関について解明を試みた，初めての研究である。

第2に，電子商品調達による小売業の国際化への影響を検討している点である。電子商品調達は，情報流の機能を飛躍的に高め，取引流通面では時間的・空間的な制約を大幅に解消した。国際化というと，海外出店に主として焦点があてられてきた。国際商品調達の重要性は先行研究でも触れられていたものの，国際商品調達と小売業国際化との関係を意識して書かれた文献は少ない。小売業国際化には，海外出店，国際知識移転，国際商品調達の3側面があるが，前2者に配慮しつつ，国際商品調達を中心に据えて小売業の国際化を論じたことは，学界や実務界に対しても一定のインプリケーションを有するものと思われる。

第3に，小売業の国際化といえば，資金力のある大規模小売企業に焦点があてられてきた。そのため，中小小売企業における国際化についてほとんど検討されてこなかった。近年，国内だけで販売を行う中小小売企業においても，情報化の進展と競争激化のため電子商品調達を行い，国際商品調達に取り組んでいる。「小売業の国際化イコール海外出店」ではないのと同様に，「小売業の国際化イコール大規模小売企業」でもないのである。日本における代表的コーペラティブ・チェーンであるシジシーを分析することによって，中小小売企業国際化研究の第一歩を印しえたことは，一定の意味があると思われる。

第2節　今後の課題

以上のように本書には一定の意義があると思われるが，筆者の能力や紙幅の都合などで十分に検討できなかった課題がいくつかある。ここでは，その中でも特に重要な課題を指摘し，本書を締めくくりたい。

第1に，SPAなどの製造小売業と百貨店・GMSなどの通常の小売業における国際商品調達の共通点と相違点の解明である。電子商品調達では，PB商品の開発を依頼できるが，製造小売業のように実際の商品の製造過程に直接関与しない。もし，向山（1996）が示したもの作りへの関与と進化がグローバル小売業への鍵だとするならば，小売業はどの程度もの作りに関与したらよいのだろうか。また，もの作りに関与することが，小売業の国際化にどのような影響を及ぼすのであろうか。興味深い課題であるが，ここでは取りあげることができなかった。

第2に，無店舗小売業と店舗小売業との比較研究である。無店舗小売業の代表であるアマゾンは，本からはじめた取扱商品の幅を広げており，2010年11月現在では，本・漫画・雑誌，DVD・ミュージック・ゲーム，家電・カメラ，パソコン・オフィス用品，ホーム・キッチン・ペット，ヘルス・ビューティ，ベビー・おもちゃ・ホビー，ファッション・時計，スポーツ・アウトドア，DIY・ガーデン・車バイク，食品・飲料のカテゴリーに分類され，1,000万点以上の商品を取り扱っている。取扱商品のカテゴリーは，総合小売業と重なる部分が多い。ウォルマートのような従来からの店舗小売業においても，インターネット販売をはじめた。無店舗小売業と店舗小売業との比較研究については，今後より重要な分野になってくると考えているが，ここでは取り上げることができなかった。

第3に，中小小売企業における国際化の実証研究，国内外の比較研究，理論の精緻化を行わなければならない。従来の国際化研究は，主に大規模小売業における国際化行動を対象としてきた。そのような中で，本書は中小小売企業の国際化について扱った数少ない研究の1つである。しかし，中小小売業における国際化の事例研究を行い，中小小売企業と大規模小売企業における国際化を比較検討する視点は，本格的に取り込まれていないままである。そのため，国内外との比較により，中小小売業における国際化の理論を検討することが必要である。

以上のような課題を明らかにするためには，より多くの実証研究が不可欠である。本書を執筆するに当たり，電子商品調達機関本部，代表的な総合型小売企業，コーペラティブ・チェーン本部にはインタビューをしたが，よりいっそう実証研究を深化させなければならない。と同時に，実証研究をするための理論研究も深めなければならない。幸い，ここ数年，小売業国際化についての研究が世界的に高揚している。国内外の研究成果を取り入れながら，よりいっそう精進する覚悟である。

参考文献

（欧語文献・資料）

Akehursut, G. and Alexander, N. (1995), "Developing a Framework for the Study of the Internationalisation of Retailing," *The Service Industries Journal*, Vol. 15, No. 4, pp. 97-117.

Akehursut, G. and Alexander, N. (1996), *Retail Marketing*, ROUTLEDGE CHAPMAN HALL, London.

Alexander, N. (1990a), "Retailers and International Markets: Motives for Expantion," *International Marketing Review*, Vol. 7, No. 4, pp. 75-85.

Alexander, N. (1990b), "Retailing Post-1992,"*Service Industries Jounal*, Vol. 10, No. 2, pp. 172-187.

Alexander, N. (1995), "Internationalisation: interpreting the motives," in McGoldrick, J. P. and Davies, G. (eds.), *International Retailing: Trends and Strategies*, Pitman, London, pp. 77-98.

Alexander, N. (1997), *International Retailing*, Blackwell, London.

Alexander, N. and Doherty, A.M. (2004), "International market entry management competencies and environmental influences," *European Retail Digest*, Vol. 42, pp. 14-19.

Alexander, N., Rhodes, M. and Myers, H. (2007), "International market selection: measuring actions instead of intentions," *Journal of Services Marketing*, Vol. 21, No. 6, pp. 424-434.

Alexander, W. (1995),"Cross-border Retailing: Leaders, losers and prospects," *Financial Times Management Reports*, London.

Ansoff, I. H. (1965), *Corporate Strategy: an analytic approach to business policy for growth and expansion*, McGraw-Hill, New York. 広田寿亮訳（1981）『企業戦略論』産業能率大学出版部。

Badaracco, J. L., Jr. (1991), *The Knowledge Link: How Firm Compete through Strategic Alliances*, Harvard Business School Press, New York.

Barney, J. B. (1986), "Strategic Factor Markets: Expectations, Luck, and Business Strategy," *Management Science*, Vol.32, No.10, pp.1231-1241.

Bartlett, C. A. and Ghoshal, S. (1989), *Managing across Borders: The Transnational Solution*, Harvard Business School Press. 吉原英樹訳（1990）『地球市場時代の企業戦略―トランスナショナル・マネジメントの構築』, 日本経済新聞社。

Bichler, M. (2001), *The Future of e-Markets: Multidimensional Market Mechanisms*, Cambridge University Press.

Buckley, P. L. and Casson, M. (1976), *The Future of the Multinational Enterprise*, The Macmillan Press.

Burt, S. L. (1991), "Trends in the Internationalization of Grocery Retailing: the European Experience," *The International Review of Retail Distribution and Consumer Research*, Vol. 1, No. 4, pp. 487-515.

Burt, S. L. (1993), "Temporal Trends in Internationalization of British Retailing," *The International Review of Retail Distribution and Consumer Research*, Vol. 3, No. 4, pp. 391-410.

Caves, R. E. (1971), "International corporations: The industrial economics of foreign investment," *Economica*, Vol. 38, pp. 1-27.

Cohen, W. M. and Levinthal, D. A. (1990), "Absorptive Capacity: A New Perspective on Learning and Innovation," *Administrative Science Quarterly*, Vol. 35, No. 1, pp. 128-152.

Colla, R. and Dupuis, M. (2002), "Research and Managerial Issues on Global Retail Competition: Carrefour and Wal-mart," *International Journal of Retail & Distribution Management*, Vol. 30, No. 2, pp. 103-111.

Davies, K. (1995), "The Regulation of Retail Internationalisation: Examples from the Pacific Asia Region," in McGoldrick, P. J. and Davies, G. (eds.), *International Retailing: Trends and Startegies*, Pitman, England, pp. 219-238.

Davies, K. and Fergusson, F. (1995), "The International Activities of Japanese Retailers," *The Service Industries Journal*, Vol. 15, No. 4, pp. 97-117. (Akehurst, G. and Alexander, N. (eds.), *Internationalisation of Retailing*, Frank Cass, London.)

Davies, R. (1992), "The Interantionalisation of Retailing," in David, R. (ed.), *Risks and Opportunities in Retailing in the 1990*'s, Newman Books, England, pp. 65-84.

Dawson, J. A. (1993), "The Internationalisation of Retailing," in Bromely, R, D, F. and Thomas, C, J. (eds.), *Retail Change: Contemporary Issues*, UCL

Press, pp. 15-40.

Dawson, J. A. (1994), "Internationalization of Retailing Operations," *Journal of Marketing Management*, Vol. 10, pp. 267-282.

Dawson, J. A. (2001), "Strategy and opportunism in European retail internationalization," *Journal of Management*, Vol. 12, pp. 253-266.

Douglas, S. P. and Wind, Y. (1987), "The Myth of Globalization," *Columbia Journal of World Business*, Winter.

Dupis, M. and Prime, N. (1996), "Business Distance and Global Retailing: a model for analysis of key success/failure factors," *International Journal of Retail & Distribution Management*, Vol. 24, No. 11, pp. 30-38.

Findlay, A. M., Paddison, R. and Dawson, J. A. (1990), *Retailing Environments in Developing Countries*, Routledge, England.

Ghoshal, S. and Bartlett, C. A. (1988), "Creation, adoption, and diffusion of innovation by subsidiaries of multinational corporation," *Journal of International Business Studies*, Vol. 19, No. 3, pp. 365-388.

Ghoshal, S., Korine, H. and Szulanski, G. (1994), "Interunit communications in multinational corporations," *Management Science*, Vol. 40, No. 1, pp. 96-110.

Ghoshal, S., and Nohria, N. (1989), "Internal Differentiation within multinational corporations," *Strategic Management Journal*, Vol. 10, pp. 323-337.

Goldman, A. (1981), "Transfer of Retailing Technology into the less Development Countries: the Supermarket Case," *Journal of Retailing*, Vol. 57, No. 2, pp. 5-29.

Goldman, A. (2001), "The Transfer of Retail Formats into Developing Economies: The Example of China," *Journal of Retailing*, Vol. 77, No. 2, pp. 221-242.

Goldman, A. and Qin, Z. (1998), "Intermediate Supermarkets in China: Origins, Evolution and Prospects," *Journal of Marketing Channels*, Vol. 6, No. 3/4, pp. 87-108.

Hackett, D. W. (1976), "The International Expansion of U.S. Franchise Systems: Status And Strategies," *Journal of International Business Studies*, Vol. 7, No. 1, pp. 65-76.

Hawkesworth, R. I. (1998), "Budgens plc: Coping with Competition in UK Grocery Retailing," *International Journal of Retail & Distribution Management*, Vol. 26, No. 1, pp. 38-47.

Hedlund, G. (1986), "The Hypermodern MNC-a heterarchy?," *Human Resource*

Management, Vol. 25, No. 1, pp. 9-35.

Ho, S. and Lau, H. (1988), "Development of Supermarket Technology: The Incomplete Transfer Phenomenon," *International Marketing Review*, Spring, pp. 20-30.

Ho, S and Sin, Y. (1987), "International Transfer of Retail Technology: the Successf Case of Convenience Stores in Hong Kong," *International Journal of Retailing*, Vol. 2, No. 3, pp. 36-48.

Hollander, S. C. (1968), "The internationalisation of retailing: a foreword," *Journal of Retailing*, Vol. 44, No. 1, pp. 3-12.

Hollander, S. C. (1970), *Multinational Retailing*, Michigan State University press, London.

Hymer, S, H. (1960), *The International Operations of National Firms: A Study or Direct Foreign Investment*, MIT Press.

Ivang, R. and Sorensen, O. J. (2005), "E-Market in the Battle Zone Between Relationship and Transaction Marketing," *Electronic Markets*, Vol.15, No. 4, pp. 393-404.

Jap, S.D (2003), "An Exploratory Study of the Introduction of Online Reverse Auctions," *Journal of Marketing*, Vol. 67, No. 3, pp. 96-107.

Kacker, M. P. (1985), *Transatlantic Trends in Retailing: Takeover and Flow of Know-how*, Quorum Books, London.

Kacker, M. P. (1988), "International Flow of Retailing Know-how: Bridging the Technology Gap in Distribution," *Journal of Retailing*, Vol. 64, No. 1, pp. 41-67.

Kacker, M. P. (1990), "The Lure of US Retailing to the Foreign Acquirer," *Mergers and Acquisition*, Vol. 25, No. 1, pp. 63-68.

Kaynak, E. (1986), *Marketing and Economic Development*, Praeger Publishers. 阿部真也・白石善章訳（1993）『マーケティングと経済発展―先進国と発展途上国』ミネルヴァ書房。

Kawabata, Y. and NATARAJAN, R. (2010), "A Comparative Study on Japanese Management and Tradition Indian Principles," *THE HANNAN RONSYU*, Social Science, Vol. 45, No. 3, pp. 247-257.

Kawahara, Y. and Speece, M. (1994), "Strategies of Japanese Supermarkets in Hong Kong," *International Journal of Retail & Distribution Management*, Vol. 22, No. 8, pp. 3-12.

Knee, D. and Walters, D. (1985), *Strategy in Retailing: Theory and Application*,

Phillip Allan, London. 小西滋人・竹内成・上埜進訳（1989）『戦略小売り経営：理論と応用』同文舘出版。

Kociecki, R. E.（1998）, "Barriers to Entry in Central European Markets, Case Study: Office Depot," *The European Retail Digest*, Vol. 19, September, pp. 54-56.

Kognut, B. and Zander, U.（1993）, "Knowledge of the firm and the evolutionary theory of the multinational corporation," *Journal of International Business Studies*, Vol. 24, pp. 625-645.

Laulajainen, R.（1991）, "Two Retailers Go Global-The Geographical Dimension," *The International Review of Retail, Distribution and Consumer Research*, Vol. 1, No. 5, pp. 607-626.

Laulajainen, R.（1992）, "Louis Vuitton Malletier-A Truly Global Retailer,"『経済地理学年報』38 巻 2 号， pp.55-70.

Levitt, T.（1983）, "The Globalization of Markets," *Harvard Business Review*, Vol. 61, No. 3（May-June）, pp. 92-102.

Liu, H. and McGoldrick, P. J.（1995）, "International Sourcing: Patterns and Trends," in McGoldrick, P. J. and G. Davies, *International Retailing: Trends and Strategies*, pp. 99-116.

Lord, D., Morgan, W., Parker, A. and Sparks, L.（1988）, "Retailing on Three Continents-the Discount Food Store Operations of Albert Gubay," *International Journal of Retailing*, Vol. 3, No. 3, pp. 1-54.

Lord, M. D. and Ranft, A. L.（2000）, "Organizational Learning about new international markets: Exploring the internal transfer of local market knowledge," *Journal of International Management*, Vol. 8, pp. 1-9.

Malone, T.W.（2004）, *The Future of Work: How the New Order of Business Will Shape Your Organization, Your Management Style, and Your Life*, Harvard Business School Press. 高橋則明訳（2004）『フューチャー・オブ・ワーク』，ランダムハウス講談社。

Mason, R. M., Miller, R. R. and Wegel, D. R.（1975）, *The Economics of Internatinal Business*, Santa Barbara: Johan Willey & Sons Inc., pp.219-220.

Malayang, R. V.（1988）, "The Distribution Industry in Asian NIES and ASEAN Countries and the Effects of Entry of Japanese Retailers," *Management Japan*, Vol. 21, No. 2, pp. 15-28.

Myers, H. and Alexander, N.（1996）, "European Food Retailers' evolution of Global Markets," *International Journal of Retail & Distribution Management*,

Vol. 24, No. 6, pp. 34–43.

McGoldrick, P. J. (1995), "Introduction to International retailing," in McGoldrick, P. J. and Davies, G. (eds.), *International Retailing*, Pitman Publishing, pp. 1–13.

McGoldrick, P. J. and Davies, G. (eds.) (1995), *Interanational Retailing: Trends and Strategies*, Pitman Publishing, London.

McGoldrick, P. J. and Ho, S. S. L. (1992), "International Positioning: Japanese Department Stores in Hong Kong," *European Journal of Marketing*, Vol. 26, No. 8/9, pp. 61–73.

Mitton, A. E. (1987), "Foreign Retail Companies Operating in the UK," *Retail and Distribution Management*, Vol. 15, No. 1, pp. 29–31.

Mueller, R. D. and Broderick, A. F. (1995), "East European Retailing: A Consumer Perspective," *International Journal of Retail & Distribution Management*, Vol. 23, No. 1, pp. 32–40.

Muniz-Martinez, N. (1998), "The Internationalisation of European Retailers in America: the US Experience," *International Journal of Retail & Distribution Management*, Vol. 26, No. 1, pp. 29–37.

Nonaka, I. and Takeuchi, H. (1995), *The Knowledge Company*, Oxford University Press.

Pelligrini, L. A. (1994), "Alternatives for growth and internationalization in retailing," *The International Review of Retail, Distribution and Consumer Research*, Vol. 4, No. 2, pp. 121–148.

Phillips, L. A., Sternquist, B. J. and Mui, S. (1992), "Hong Kong Department Stores: Retailing in the 1990's," *International Journal of Retail & Distribution Management*, Vol. 20, No. 1, pp. 16–24.

Porter, M. E. (1986), "Changing Patterns of International Competition," *California Management Review*, Vol. 28, No. 2, pp. 9–32.

Porter, M. E. (1989), *Competition in Global Industries*, The Free Press. 土岐坤，中辻萬治，小野寺武夫訳（1989）『グローバル企業の競争戦略』ダイヤモンド社。

Quinn, B. (1998), "The Internationalization Process of Franchise System: An Ethnographic Study," *Asia Pacific Journal of Marketing & Logistics*, Vol. 10, No. 2, pp. 68–84.

Reid, M. D. (1995), *Consumer Marketing in Thailand: Turning Demand in to Profit*, The Economist Intelligence Unit, London.

Robinson, T. M. and Clarke-Hill, C. M. (1995), "Interanational Alliances in European Retailing," in McGoldrick, P. J. and Davies, G. (eds.), *Interanational Retailing: Trends and Strategies*, Pitman Publishing, pp. 133-150.

Salmon, W. J. and Tordjman, A. (1989), "The Interanationalization of Retailing," *International Journal of Retailing*, Vol. 4, No. 2, pp. 3-16.

Shackleton, R. (1996), "Retailer Internationalization: a Culturally Constructed Phenomenon," in Wrigley, N. and Lowe, M. (eds.), *Retailing, Consumption and Capital*, Longman, London.

Sparks, L. (1995), "Reciprocal Retailer Internationalization: The Southland Corporation, Ito-Yokado and Seven-Eleven Convenience Stores," *The Service Industries Journal*, Vol. 15, No. 4, pp. 57-96, London.

Steenkamp, J. E. M., Hofstede, F. T. and Wedel, M. (1999), "A Cross-National Investigation into the Individual and National Cultural Antecedents of Consumer Innovativeness," *Journal of Marketing*, Vol. 63, April, pp. 55-69.

Sternquist, B. (1997), "International Expansion of US Retailers," *International Journal of Retail & Distribution Management*, Vol. 25, No. 8, pp. 262-268.

Sternquist, B. (1998), *International Retailing*, Fairchild, London. 若林靖永・崔容熏訳（2009）『変わる世界の小売業』，新評論。

Szulanski, G. (1996), "Exploring internal stickiness: Impediments to the transfer of best practice within the firm," *Strategic Management Journal*, Winter Special Issue, Vol. 17, pp. 27-44.

Teece, D. J. (1977), "Technology transfer by multinational firms: the resource cost of transferring technological know-how," *Economic Journal*, Vol. 87, pp. 241-261.

Teece, D. J., Pisano, G. and Shuen, A. (1997), "Dynamic capabilities and strategic management,"*Strategic Management Journal*, Vol. 18, pp. 509-534.

Tordjman, A. (1995), "European Retailing: Convergences, Differences and Perspectives," in McGoldrick, P, J. and Davies, G. (eds.), *International Retailing: Trends and Strategies*, Pitman Publishing, London, pp. 17-50.

Treadgold, A. (1988), "Retailing without Frontiers," *Retail and Distribution Management*, Vol. 16, No. 6, pp. 8-12.

Treadgold, A. and Davies, R. (1988), "The Internationalisation of Retailing," *Oxford Institute of Retail Management*, Longman, London.

Treadgold, A. (1991), "Dixons and Laura Ashley: different routes to International Growth," *International Journal of Retail and Distribution Management*, Vol.

19, No. 4, pp. 13-19.

Treadgold, A. (1996), "Food Retailing in Australia-three Retailers, Three Strategies," *International Journal of Retail & Distribution Management*, Vol. 24, No. 8, pp. 6-16.

Waldman, C. (1977), *Strategies of International Mass Retailers*, Praeger Publishers, London.

Walters, D. and White, D. (1987), *Retailing Marketing Management*, Macmillan, England. 市川貢・来住元朗・増田大三監訳（1992）『小売マーケティング：管理と戦略』中央経済社。

Walton, S. and Huey, J. (1993), *Sam Walton: Made in America My Story*, Bantam Books. サム・ウォルトン著，渥美俊一・桜井多恵子監訳（2002）『私のウォルマート商法』，講談社。

White, R. E. and Poynter, T. A. (1984), "Strategies for Foreign-Owned Subsidiaries in Canada,"*Business Quarterly*, Summer, pp. 59-69.

Whitehed, M. (1991), "International Franchising-Marks & Spencer: A Case Study," *International Journal of Retail & Distribution Management*, Vol. 19, No. 2, pp. 10-12.

Wilkens, W. H. (ed.) (1967), *Modern Retailing: Evolution and Revolution in the European Distributive Trades*, English translation, London, Business Publications.

Williams, D. E. (1992a), "Retailer Internationalization: An Empirical Inquiry," *European Journal of Marketing*, Vol. 26, No. 8/9, pp. 8-24.

Williams, D. E. (1992b), "Motives for Retailer Internationalisation: Their Impact, Structure and Implications," *Journal of Marketing Management*, Vol. 8, pp. 269-285.

Wong, M. M. L. (1998), "Motives Hong Kong-Japanese International Joint Ventures in Retailing," *International Journal of Retail & Distribution Management*, Vol. 26, No. 1, pp. 4-12.

Wrigley, N. (1993), "Retail Concentration and the Internationalization of British Grocery Retailing," in Bromely, R.D.F. and Thomas, C. J. (eds.), *Retail Change: Contemporary Issues*, UCL Press, pp. 41-68.

Wrigley, N. (1997a), "British Food Retail Capital in the USA-Part 1: Sainsbury and the Show's Experience," *International Journal of Retail & Distribution Management*, Vol. 25, No. 1, pp. 7-21.

Wrigley, N. (1997b), "British Food Retail Capital in the USA-Part 2: Giant

Prospect?," *International Journal of Retail & Distribution Management*, Vol. 25, No. 2, pp. 48-58.

Wrigley, N. and Lowe, M. (2002), *Reading Retail: A Geographical Perspective on Retailing and Consumption Spaces*, Arnold Publishers, London.

Yoshino, M. Y. (1966), "International Opportunities for American Retailers," *Journal of Retailing*, Vol. 42, Fall, pp. 1-10.

Zander, U. and Kogut, B. (1995), "Knowledge and the Speed of the Transfer and Imitation of Organizational Capabilities: An Empirical Test," *Organization Science*, Vol. 6, No. 1, pp. 76-92.

（日本語文献）

相原修（1994）「ヨーロッパの小売業—フランスを中心に—」『成蹊大学経済学部論集』25 巻 1 号，57-74 ページ。

相原修（1996）「小売業の国際比較」『成蹊大学経済学部論集』26 巻 1・2 号，247-254 ページ。

相原修（2001）「フランスにおける大型店規制政策の変遷」『成蹊大学経済学部論集』32 巻 1 号，121-140 ページ。

青木均（1996）「小売技術の国際移転に関する研究の方向性」『産業経営』22 巻，197-214 ページ。

青木均（1999）「小売業態論と小売技術の国際移転」『産研シリーズ』32 号，67-99 ページ。

青木均（2000）「小売業国際化の研究領域」『愛知学院大学論叢 商学研究』43 巻 1 号，59-81 ページ。

青木均（2002）「小売業態の国際移転と概念変容—日本のスーパーマーケット—」『流通研究』8 巻，1-13 ページ。

浅川和宏（1999）「知的資源流動化の障害要因と結合メカニズム」『慶應経営論集』17 号 1 巻，203-219 ページ。

阿部真也（2003）「流通のグローバル化のゆくえ」『グローバル流通の国際比較—共通性と多様性の解明—』有斐閣，3-18 ページ。

阿部真也（2009）『流通情報革命—リアルとバーチャルの多元市場—』ミネルヴァ書房。

池本正義（1999）「外資系小売業の進出とその影響」『流通情報』362 号，4-11 ページ。

石崎悦史・岩沢孝雄（1991）「小売業における製品輸入促進への提言—アンケート調査の結果から—」『関東学院大学経済研究所年報』13 集，76-84 ページ。

今井利絵（2003）「グローバルリテーラーの競争優位と海外市場への移転―ウォルマートの日本進出のケース―」早稲田大学『産業経営』34巻，53-72ページ。

今井利絵（2004）「グローバルリテーラーの日本進出戦略―ウォルマートとカルフールの比較―」『国際ビジネス研究学会年報』10巻，35-53ページ。

今井利絵（2005）「小売技術の国際移転プロセス」『国際ビジネス研究学会年報』11巻，57-76ページ。

岩下弘（1992）「小売商業調整政策論―流通ビジョンの国際化論」『駒沢大学経済学論集』23巻4号，21-41ページ。

岩下弘（1993）「国際化時代の流通政策」『関西大学商学論集』38巻5号，733-748ページ。

岩下弘（1997）『流通国際化と海外の小売業』白桃書房。

岩永忠康（2009）「小売企業の国際化」『流通国際化研究の現段階』同友館，1-28ページ。

上原征彦（1999）「流通外資の参入についての私見」『流通情報』362号，12-17ページ。

渦原実男（1996）「商業集積と街づくりの一考察―流通政策と都市政策の融合化の検討―」『西南学院大学商学論集』43巻3号，149-170ページ。

渦原実男（1999a）「小売業の国際化研究序説―N. アレキサンダーの所説―」『西南学院大学商学論集』46巻2号，175-195ページ。

渦原実男（1999b）「米国でのマーケティング環境の変化と小売業の対応―小売環境の現状分析とトイザラスを中心に―」『西南学院大学商学論集』46巻2号，67-127ページ。

渦原実男（2001a）「米国におけるGMS小売業態の衰退化と新たな取り組み―シアーズ（Sears）社での小売技術開発の試みを中心に―」『西南学院大学商学論集』47巻3号，21-47ページ。

渦原実男（2001b）「米国小売業のイノベーション」『流通』14号，138-147ページ。

渦原実男（2002）「米国ウォルマート社の小売業態開発の展開」『西南学院大学商学論集』48巻3・4号，141-187ページ。

渦原実男（2008）「ウォルマートの経営戦略転換とマーケティング」『西南学院大学商学論集』55巻2・3号，89-114ページ。

渦原実男（2009）「小売業のマーケティング革新と立地戦略」『流通国際化研究の現段階』同友館，101-124ページ。

江原淳（1994）「流通の国際比較と流通業海外出店の分析―生産性規定モデルを

中心として―」『商学研究年報』19 巻号，5-31 ページ。
大石芳裕（1993）「標準化論争の教訓」『佐賀大学経済論集』26 巻 1 号，1-34 ページ。
大石芳裕（2003）「グローバル SCM の現状と課題」『マーケティング・ジャーナル』22 巻 4 号，14-27 ページ。
大石芳裕・星田剛（2005）「米国ウォルマート社の日本市場参入に関する一考察」明治大学経営学研究所『経営論集』52 巻，3・4 号，153-182 ページ。
大石芳裕（2009）「問題意識と分析視覚」『日本企業の国際化―グローバル・マーケティングへの道』，1-13 ページ。
岡本喜裕（1976）「商品流通における情報機能」『和光経済』10 巻 1 号，71-85 ページ。
岡本喜裕（1984）「流通情報に関する一考察」『和光経済』17 巻 1 号，45-54 ページ。
岡本喜裕（1995）「流通業の国際化」『和光経済』27 巻 2 号，25-44 ページ。
岡本喜裕（1999）「わが国流通業のアジア進出」『明大商学論叢』81 巻 3・4 号，27-47 ページ。
加藤司（1998）「流通外資の競争力―その「移転」可能性の問題を考える―」『マーケティングジャーナル』68 号，4-15 ページ。
角松正雄（1992）「国際マーケティングにおける標準化論の意義」『熊本学園創立 50 周年記念論集』，1-27 ページ。
金崎賢希（2003）「小売業における IT 技術と人的資源の役割―ウォルマートと K マートの事例研究―」『九州産業大学経営学論集』14 巻 1 号，105-122 ページ。
兼村栄哲・青木均・林一雄・鈴木孝・小宮路雅博（1999）『現代流通論』八千代出版。
川辺信雄（1997）「アジア諸国におけるコンビニエンス・ストアの生成と発展―セブン-イレブンの事例を中心として―」『早稲田商学』373 巻，1-37 ページ。
川端基夫（1999）「日系小売企業はなぜ国境を超えたのか―進出要因研究の再検討―」『龍谷大学経営論集』39 巻 2 号，1-17 ページ。
川端基夫（2000）『小売業の海外進出と戦略―国際立地の理論と実態―』新評論。
川端基夫（2001）「日系小売業のアジア進出と誤算」『アジア発グローバル小売競争』日本経済新聞社，117-137 ページ。
川端基夫（2005）「日本小売業の多国籍化プロセス―戦後における百貨店・スーパーの海外進出史―」『龍谷大学経営学論集』45 巻 3 号，76-91 ページ。
川端庸子（2002）「小売業の国際化における GNX と WWRE」明治大学経営学研

究科『経営学研究論集』16 号，413-434 ページ。
川端庸子（2003）「小売業における国際化行動研究」明治大学経営学研究科『2002 年度修士論文』。
川端庸子（2004）「小売業国際化と企業間電子商取引」『世界経済評論』，2004 年 11 月号 591 号，56-65 ページ。
川端庸子（2005）「IT 化による商業のグローバル化」『インターネット時代の経済・ビジネス』税務経理協会，53-70 ページ。
川端庸子（2006）「小売業における国際知識移転プロセス」『阪南論集 社会科学編』41 巻 2 号，29-39 ページ。
川端庸子（2007）「グローバル小売業における IT 活用の現状と課題―リテールリンクとアジェントリクスを中心に―」『阪南論集 社会科学編』42 巻 2 号，39-54 ページ。
川端庸子（2008）「日本の中小小売業における経営戦略」『阪南論集 社会科学編』43 巻 2 号，133-152 ページ。
川端庸子（2009）「東南アジアにおけるグローバル・マーケティングの進展プロセス―デンカ社の有機系素材事業と電子材料事業を事例として―」『阪南論集 社会科学編』44 巻 2 号，85-101 ページ。
木立真直（1999）「国際小売企業における標準化・適合化の調和プロセス―イギリスにおける日系小売企業の経験から学ぶ―」『マーケティングジャーナル』18 巻 4 号，32-42 ページ。
木立真直（2002）「小売業のグローバル化と日本的流通システム―外資参入による食品流通へのインパクトを中心に―」『同志社商学』53 巻 5・6 号，314-330 ページ。
木立真直（2003）「小売業におけるグローバル調達の意義とその実像―スーパーの生鮮食品調達にみるグローバル化とローカル化―」『グローバリゼーションと多国籍企業』中央大学出版部，215-235 ページ。
金亨洙（1998a）「日・米・韓の小売業態の発展過程とその業態別定義の国際比較」『中央大学大学院研究年報』28 巻，53-66 ページ。
金亨洙（1998b）「小売業の国際化の概念と小売ノウハウの国際的移動の一考察」『中央大学企業研究所年報』19 巻，171-202 ページ。
金亨洙（1999）「流通の概念と流通機能論に関する諸説の考察」『商学論纂』40 巻 5・6 号，273-310 ページ。
金亨洙（2001）「韓国の流通産業の国際化と国際マーケティング戦略―小売企業のグローバル・マーケティング戦略を念頭において―」『久留米大学商学研究』7 巻 2 号，153-184 ページ。

木綿良行（1979）「小売業態論序説」『成城大学経済研究』66 巻号，55–77 ページ。
木綿良行（1989）「流通の国際化と並行輸入」『一橋論叢』102 巻 5 号，664–680 ページ。
木綿良行（1998）「わが国大手小売業による食料品の直接輸入・開発輸入の現状と課題（これからの流通への着眼・三題）」『IDR 研究資料』135 号，13–41 ページ。
久保建夫（2007）「ウォルマートの EDLP 戦略の光と影―経済のグローバル化と小売多国籍企業の矛盾―」『関東学院大学経済学会研究論集』233 号，37–58 ページ。
桑原秀史（1992）「欧米流通業の国際化―動向と戦略―」上村淳三『流通業の国際化』日本経済研究センター報告書 No.79，1–12 ページ。
呉小丁（2000）「中国の百貨店と小売業態の特徴」『関西大学商学論集』44 巻 6 号，909–922 ページ。
國領二郎（1995）『オープン・ネットワーク経営』日本経済新聞社。
黄磷（2000）「マーケティング資源の国際移転について」『国民経済雑誌』182 巻 1 号，69–83 ページ。
坂本秀夫（2001）『現代流通の解読』同友館。
佐々木保幸（2003）「カルフールとウォルマートの小売マーケティング」『流通』16 巻，130–137 ページ。
佐々木保幸（2006）「総合スーパーとスーパーマーケット」『現代流通事典』白桃書房，78–79 ページ。
鈴木孝之（2002）『イオングループの大変革』日本実業出版社。
鈴木安昭（1968）「小売業の『国際化』」『青山経営論集』3 巻 2 号，115–132 ページ。
鈴木安昭（1980）「小売業の経営技術の移転」『消費と流通』4 巻 1 号，11–16 ページ。
鈴木安昭（1991）「わが国におけるスーパーの初期的展開」『青山経営論集』26 巻 2 号，313–323 ページ。
鈴木安昭（1993）「小売技術の国際的移転」『流通政策』No.54，2–4 ページ。
鈴木安昭・関根孝・矢作敏行（1997）『マテリアル　流通と商業（第 2 版）』有斐閣。
スパークス，L.（2008）「テスコ」『ヨーロッパのトップ小売業』，51–81 ページ。
白石善章・鳥羽 達郎（2002a）「小売技術の海外移転に関する一考察（1）―文献レビューを中心として―」『流通科学大学論集―流通・経営編―』14 巻 3

号，41-51 ページ。
白石善章・鳥羽 達郎（2002b）「小売技術の海外移転に関する一考察（2）―比較流通論の分析視角より」『流通科学大学論集―流通・経営編―』14 巻 3 号，53-65 ページ。
白石善章・鳥羽達郎（2003a）「業態の伝播と土着化のメカニズム―高島屋のケースを通じて」『流通科学大学論集―流通・経営編―』15 号 3 巻，77-109 ページ
白石善章・鳥羽 達郎（2003b）「小売企業の総合型業態による海外戦略―ウォルマートの海外展開を通じて―」『流通科学大学論集―流通・経営編―』16 巻 1 号，83-107 ページ。
白石善章・鳥羽 達郎（2004）「日本市場におけるウォルマートの初期展開―参入後の経緯と今後の展望小売企業の総合型業態による海外戦略―」『流通科学大学論集―流通・経営編―』16 巻 3 号，79-99 ページ。
清尾豊次郎（2000）『小売業 BtoB 巨大連合が世界市場を支配する』ダイヤモンド社
関根孝（1995）「小売市場の競争構造」『専修商学論集』59 巻，71-90 ページ。
関根孝（1999）「プライベート・ブランドと小売市場」『専修商学論集』69 巻，159-177 ページ。
関根孝（2000）『小売り競争の視点』同文舘出版。
関根孝（2001）「電子小売取引の展開と小売競争」『専修商学論集』72 巻，343-376 ページ。
高井透（2000）「日本企業のグローバル・ラーニング―本社・子会社間の知識フローの分析―」『桜美林大学産業研究所』第 18 号，57-83 ページ。
高井透（2001）「組織間学習と合弁企業の組織能力」『組織科学』第 35 号，1 巻，44-62 ページ。
高宮城朝則（1991）「小売企業の国際化行動分析―フランス・ハイパーマーケットの事例研究―」『商学討究』41 巻号，77-111 ページ。
高宮城朝則（1993）「フランス小売業の国際化」『日仏経営学会誌』10 巻号，30-40 ページ。
田口冬樹（1989）「日本の小売企業の国際化について」『専修経営学論集』47 巻，45-80 ページ。
田口冬樹（1993）「日米フランチャイズ・ビジネスの発展と米国フランチャイザーの国際化戦略」『専修経営学論集』57 巻，1-58 ページ。
田口冬樹（1994）「日本における米国型フランチャイズについて」『商学研究年報』19 号，105-138 ページ。

田口冬樹（2005）「ウォルマートの経営戦略―成長のプロセスと競争優位の源泉について―」『専修経営学論集』81巻，1-51ページ。
田島義博・原田英生（1997）『ゼミナール 流通入門』日本経済新聞社。
田村正紀（2004）『先端流通産業―日本と世界―』千倉書房。
土屋仁志（2001）「戦後におけるわが国百貨店の欧米展開」『関西大学商学論集』46巻1・2号，183-200ページ。
外川洋子（1997）「流通外資はなぜ日本市場に進出するのか」『RIRI流通産業』29巻12号，9-13ページ。
外川洋子（2001）「メガ小売業の発展とグローバル商品調達機構」『生活起点』37巻，20-25ページ。
鳥羽達郎（2008）「日本市場におけるウォルマートの行動過程」『大阪商業大学商業史博物館紀要』9巻，167-210ページ。
鳥羽達郎（2009a）「小売業の国際化と撤退の構造」『流通』24巻，103-111ページ。
鳥羽達郎（2009b）「国境を超える小売行動の本質的側面」『流通国際化研究の現段階』同友館，29-54ページ。
西島博樹（2009）「小売国際化における標準化―適応化問題」『流通国際化研究の現段階』同友館，55-78ページ。
西山和宏（2002）『ウォルマートの真実』ダイヤモンド社。
林優子（2003）「小売業と都市開発の国際比較」『グローバル流通の国際比較―共通性と多様性の解明―』有斐閣，202-220ページ。
白貞壬（2003）「グローバル・リテーラーの現地適応化過程とその段階的解明―トイザらスとカルフールの日本進出を事例として―」『流通研究』，6巻2号，35-51ページ。
根本孝（2001）「日本企業のグローバル学習―本社－海外子会社間のナレッジ共有を中心として―」『2001年国際ビジネス学会年報』7巻，19-30ページ。
根本重之・為広吉宏（2001）『グローバル・リテイラー』東洋経済新報社。
根本重之（2002）「ウォルマートの日本侵攻作戦と卸・メーカーの対抗策（特集グローバルビジョンが生み出す新たな市場と事業機会）―（2002流通国際化シンポジウム「ウォルマート進出にかく備えよ」)」『季刊イズミヤ総研』52巻，38-45ページ。
野口智雄（2004）「ウォルマート・カルフールの思想と日本流通へのインパクト」『流通問題』40巻1号，12-18ページ。
野崎俊一（2011）「テスコ，カルフール，ウォルマートの国際化戦略の歴史的考察：ハイパーマーケット，スーパーセンター，ディスカウンターの役割」

『日本流通学会第 25 回全国大会発表資料』。
野中郁次郎・竹内弘高（1996）『知識創造企業』東洋経済新報社。
原田英生（2004a）「アメリカにおける大規模小売をめぐる諸問題（1）カリフォルニアでのウォルマート・スーパーセンター出店計画による紛争」『流通情報』418 巻，28-36 ページ。
原田英生（2004b）「アメリカにおける大規模小売をめぐる諸問題（2）ウォルマートの従業員待遇問題（1）Everyday Low Wages」『流通情報』419 巻，24-34 ページ。
原田英生（2004c）「アメリカにおける大規模小売をめぐる諸問題（3）ウォルマートの従業員待遇問題（2）Theft of Our Time is not an Issue」『流通情報』420 巻，26-36 ページ。
原田英生（2004d）「アメリカにおける大規模小売をめぐる諸問題（4）ウォルマートの従業員待遇問題（3）Far Behind the Rest of the World」『流通情報』421 巻，21-31 ページ。
原田英生（2004e）「アメリカにおける大規模小売をめぐる諸問題（5）ウォルマート：法の軽視と反労働組合―Merchant of Shame―」『流通情報』422 巻，31-42 ページ。
原田英生（2004f）「アメリカにおける大規模小売をめぐる諸問題（6）大規模小売に対する公的な補助―Retail Corporate Welfare」『流通情報』423 巻，20-31 ページ。
原田英生（2004g）「アメリカにおける大規模小売をめぐる諸問題（7）ビッグボックスの出店が地元に及ぼす影響（1）セントオールバンズにおけるウォルマート出店拒否」『流通情報』424 巻，18-29 ページ。
ハワード，E.（2001）「ヨーロッパ小売業のアジア進出」『アジア発グローバル小売競争』，39-78 ページ。
馮睿（2007）「小売業国際化プロセスに関する一考察―中国市場におけるカルフールとウォルマートの事例比較を中心に―」，『流通』，44-61 ページ。
二神康郎（1999）「海外情報 急ピッチで世界戦略を進めるウォルマート」『流通問題』35 巻 2 号，19-25 ページ。
二神康郎（2000a）『欧州小売業の世界戦略』商業界。
二神康郎（2000b）「欧州小売業の国際化」『欧州の小売りイノベーション』白桃書房，97-124 ページ。
二神康郎（2001）「ヨーロッパ流通業の近況」『流通とシステム』109 号，21-28 ページ。
二神康郎（2002）「海外情報 ウォルマートの国際戦略―問題点の多い同社の海外

事業展開と日本での今後―」『流通問題』38巻2号，20-26ページ。
二神康郎（2006）「ウォルマート海外戦略に「黄信号」―好調アズダも売上高伸長1けた台へ，世界戦略に忍び寄る影と世論包囲網（仙台泉店「ウォルマート流」の一進一退 スーパーセンターにならなかった西友）―」『食品商業』35巻9号，50-53ページ。
松行康夫・松行彬子（2002）『組織間学習論―知識創発のマネジメント―』白桃書房。
丸谷雄一郎（2003a）「メキシコにおける小売産業の現状―ウォルマート進出の衝撃―」46・47巻，27-33号。
丸谷雄一郎（2003b）『変貌するメキシコ小売産業―経済開放政策とウォルマートの進出―」白桃書房。
溝上幸伸（2002）『ウォルマート方式』ぱる出版。
宮内拓智（2006）「米国巨大小売業におけるブランド・アイデンティティ Ragnarok of The Retail Giant; Narrative of Wal-Mart Brand in the Dark Side」『京都創成大学紀要』6巻，141-162ページ。
宮崎卓朗（2009）「小売業態の国際移転」『流通国際化研究の現段階』同友館，79-100ページ。業態移転92ページ。
向山雅夫（1990）「流通企業のグローバル行動」『流通科学大学論集―流通・経営編―』2巻2号，103-121ページ。
向山雅夫（1996）『ピュア・グローバルへの着地』千倉書房。
村松潤一（1994）「小売企業の成長戦略と国際化」『国際経済論集』創刊号，47-56ページ。
村松潤一（1995）「小売企業の国際市場開拓」『国際経済論集』2巻1号，35-44ページ。
保田芳昭（1997）「近年における大手小売業の国際化」『関西大学商学論集』42巻2号，401-427ページ。
矢作敏行（1995）「情報化と流通変化の方向」『グノーシス』4号，3-14ページ。
矢作敏行（2000）「アジアにおける小売業の国際化」『経営志林』37巻3号，89-101ページ。
矢作敏行（2001）『アジア発グローバル小売競争』日本経済新聞社。
矢作敏行（2002a）「小売国際化のプロセスについて」『経営志林』38巻4号，27-44ページ。
矢作敏行（2002b）「小売外資の適応化について―比較事例研究から」『グノーシス』11号，37-52ページ。
矢作敏行（2006）「ウォルマート―西友の知識移転プロセス」『経営志林』43巻

2号，49-72ページ。
矢作敏行（2007）『小売国際化プロセス』有斐閣。
山岡隆夫（1989）「大規模小売企業の「国際化」戦略について―東南アジア地域への国際展開を中心にして」『西大学商学論集』34巻5号，803-829ページ。
山口夕妃子（1999）「小売業のグローバル化―グローバル・ソーシングと中心として―」『流通』12巻，121-131ページ。
山口夕妃子（2003）「グローバルSCM構築」『グローバル流通の国際比較―共通性と多様性の解明―』有斐閣，169-182ページ。
山口夕妃子（2009）「小売業の電子商取引市場を活用したグローバル・ソーシング」『流通国際化研究の現段階』同友館，125-140ページ。
葉翀（2003）「中国市場の政治要因と外資小売企業の出店行動―カルフールとウォルマートのケース―」『流通科学大学論集―流通・経営編―』16巻1号，109-123ページ。
横森豊雄（1994）「小売業の日独比較」『商学研究年報』19号，139-157ページ。
和田充夫（1987）「小売業の国際戦略」『RIRI流通産業』19巻4号，11-17ページ。

（新聞・雑誌）
Fortune, July 23, 2001.
Fortune, July 26, 2010.
『日経流通新聞』2000年6月1日付，2000年7月18日付，2000年12月14日付，2002年9月19日付，2003年1月28日付，2004年2月5日付，2004年3月2日付。
『日経流通新聞　トレンド情報源』2007年度版，2008年度版，2009年度版，2010年度版，2011年度版，2012年度版。
『日本経済新聞』2003年1月27日付朝刊，2011年9月1日付朝刊。
『販売革新』2002年6月号。
『流通経済の手引き』1995年度版，1996年度版，1997年度版，1998年度版，1999年度版，2000年度版，2001年，2002年，2003年，2004年，2005年，2006年度版。

（報告書）
M+M Planet Retail（2004）, *Retailer Profile: Wal-mart.*
Retail Intelligence（1999）, *Retail sans frontiers: the internationalisation of European retailing*, Retail Intelligence, London.

経済産業省『平成21年度我が国情報経済社会における基盤整備（電子商取引に関する市場調査）報告書』2010年7月版。
商業界『日本スーパー名鑑』2000年度版，2006年度版，2007年度版，2008年度版
総務省『事業所・企業統計調査』2007年度版。
電子商取引推進協議会『e-マーケットプレイス委員会報告書―わが国のe-マーケットプレイスの動向と展望―』2003年度版。
日本チェーンストア協会『チェーンストアにおける製品輸入の実態』1990年，1991年，1992年，1993年版。
日本チェーンストア協会『チェーンストアにおける製品輸入の実態』1996年4月。
日本貿易振興会『日本の製品輸入』1991年，1994年。

（ホームページ）
C&AのHP，〈http://www.c-and-a.com/aboutUs/company/history/〉，2010年9月10日アクセス。
ECOM（次世代電子商取引推進協議会）のHP，〈http://www.ecom.jp/ecit/ecomjournal/no9/activity01_j09.htm〉，2008年2月16日アクセス。
Global commerce initiativeのHP，〈http://www.globalcommerceinitiative.org〉，2006年9月30日アクセス。
GNXのHP，〈https://www.gnx.com〉，2000年10月4日，2004年6月23日，2004年8月1日，2006年9月30日アクセス。
Global Power of Retailing 2012のHP，〈http://www.deloitte.com/view/en_GX/global/f9f6b21f1d464310VgnVCM1000001a56f00aRCRD.htm〉，2012年6月15日アクセス。
WWREのHP，〈http://www.worldwideretailexchange.org〉，2000年10月4日，2004年8月1日アクセス。
UNCTADのHP，〈http://stats.unctad.org/FDI/TableViewer/tableView.aspx〉，2010年9月10日アクセス。
アジェントリクスのHP，〈http://www.agentrics.com/en/〉，2006年9月30日，2010年9月5日アクセス。
イオンのHP，〈http://www.aeongroup.net〉，2002年12月11日アクセス。
イケアのHP，〈http://www.ikea.com/ms/ja_JP/about_ikea/read_our_material/index.html〉，2010年9月5日アクセス。
ウォルマートのHP，〈http://www.walmart.com/〉，2004年8月1日，2006年8

月1日，2011年10月1日，2012年6月20日アクセス。
〈http://walmartstores.com/sites/AnnualReport/2009/〉，2010年6月10日アクセス。
〈http://walmartstores.com/AboutUs/7603.aspx〉，2010年7月31日アクセス。
〈http://investors.walmartstores.com/phoenix.zhtml?c=112761&p=irol-reportsannual〉，2010年8月20日アクセス。
〈http://www.carrefour.com〉，2012年6月20日アクセス。

カルフールのHP，〈http://www.carrefour.com/cdc/finance/publications-and-presentations/annual-reports/〉，2010年9月5日アクセス。
〈http://www.carrefour.com〉，2012年6月20日アクセス。

経済産業省のHP，〈http://www.meti.go.jp/press/20050628001/20050628001.html〉，2005年9月10日アクセス。〈http://www.meti.go.jp/press/20100720001/20100720001.html〉，2010年10月16日アクセス。

財務省のHP，〈http://www.customs.go.jp/tetsuzuki/kawase/index.htm〉，2010年9月5日アクセス。

サン・マイクロシステムズのHP，〈http://jp.sun.com/solutions/retail/funamoto/rfid.html〉，2006年9月1日アクセス。

シジシーのHP，〈http://www.cgcjapan.co.jp/〉，2007年11月5日，2010年9月6日アクセス。

次世代EDI推進協議会のHP，〈http://www.jipdec.or.jp/dupc/jedic/edi/extend_edi.html〉，2010年11月18日アクセス。

スーパーマーケットニュースのHP，〈http://supermarketnews.com/news/wal_mart_0113/index.html〉，2010年9月7日アクセス。

セーフウェイのHP，〈http://www.safeway.com/ourcompany.asp〉，2002年12月15日アクセス。

セブン-イレブン・ジャパンのHP，〈http://www.sej.co.jp/company/aboutsej/info_03.html〉，2010年11月20日アクセス。

テスコのHP，〈http://www.tesco.com/〉，2002年9月20日，2004年8月20日，2008年10月10日，2012年6月20日アクセス。

テスコジャパンのHP，〈http://www.tesco-japan.com/aboutus/tesco_today/〉，2010年9月4日アクセス。

フォレスター・リサーチのHP，〈http://www.forrester.com/rb/search/results.jsp?N=0&Ntk=MainSearch&Ntx=mode+MatchAllPartial&s=1&Ntt=EC〉，2000年10月4日アクセス。

流通BMS.comのHP，〈http://www.mj-bms.com/report/200912-01-01.html〉，

2010年11月15日アクセス。

（セミナー・講演・その他資料）

ECOMセミナー（2003），『ECOMセミナー第27回資料』，2003年1月22日資料。

リテールテックJALPAN 2001（2001），『GlobalNetXchange（GNX）概要―流通業界におけるグローバルなE-マーケットプレイス―』，GNXのCEOであるJoe Laughlin氏，2001年3月7日講演。

リテールテックJALPAN 2001（2001），『GNXの日本戦略―GNX-Japanのビジネス展望とITストラテジー―』，GNX-JAPAN準備室代表の飯塚博文氏，日本オラクルの営業統括本部eビジネス統括ビジネス開発部の統括マネージャー中島理人氏，2001年3月7日講演。

＊職位は講演当時のものである。

（インタビュー調査・資料）

アジェントリクス：

・アジェントリクス・エーピー代表取締役社長の飯塚博文氏，2010年11月12日於アジェントリクス・エーピー東京本社。

・アジェントリクス・エーピープロフェッショナル サービス本部本部長の岡本和之氏，2010年11月12日於アジェントリクス・エーピー東京本社。

・アジェントリクス・エーピーマーケティング マネージャーの廣瀬友子氏，2010年11月12日於アジェントリクス・エーピー東京本社。

シジシー：

・シジシージャパングループナレッジ統括室室長，取締役の芹澤政満氏，2010年11月22日於シジシー本社。

・シジシージャパングループナレッジ統括室の広報チームの水村真太郎氏，2010年11月22日於シジシー本社。

・シジシージャパン資料：シジシージャパン広報チームの菅原泰氏，2010年11月。

イオングループ：

・インタビュー資料：イオングループIT本部本部長の縣厚伸氏，2003年5月2日インタビュー資料。

・イオンアイビスビジネスソリューション本部本部長の石塚盛一氏，2010年11月19日於イオンアイビス稲毛海岸事務所。

・イオンアイビスビジネスソリューション本部B2B・間接財調達部部長の

澤田彰浩氏，2010 年 11 月 19 日於イオンアイビス稲毛海岸事務所。
＊職位はインタビュー当時のものである。

索　　引

— 事項索引 —

〔あ行〕

〔か行〕

〔さ行〕

〔た行〕

〔ゆ行〕

〔その他欧略語等〕

— 会社名・団体名等索引 —

— 人名索引 —

《著者略歴》

川端　庸子（かわばた・やすこ）

1976年　千葉県に生まれる
2005年　阪南大学経営情報学部専任講師
2006年　明治大学大学院経営学研究科博士後期課程単位修得退学
2008年　阪南大学経営情報学部准教授
2011年　明治大学大学院経営学研究科博士後期課程再入学，修了
現　在　阪南大学経営情報学部准教授　博士（経営学）
専　攻　国際マーケティング論，国際流通論，eビジネス論
著　書　『インターネット時代の経済・ビジネス』（共著）税務経理協会，2005年
『現代企業論』（共著）実教出版，2008年
『日本企業の国際化―グローバル・マーケティングへの道―』（共著）文眞堂，2009年

《検印省略》

平成24年9月20日　初版発行　　略称：小売電子調達

小売業の国際電子商品調達
―ウォルマート，アジェントリクス，シジシーの事例を中心に―

阪南大学叢書 93

発行者　中　島　治　久

発行所　同文舘出版株式会社

東京都千代田区神田神保町1-41　〒101-0051
電話　営業 (03) 3294-1801　編集 (03) 3294-1803
振替 00100-8-42935　http://www.dobunkan.co.jp

Printed in Japan 2012　　印刷・製本：萩原印刷

ISBN 978-4-495-64551-9